歎異抄
救いのことば

釈 徹宗

文春新書

1283

歎異抄 救いのことば◎目次

はじめに 11

『歎異抄』が与えた影響／原典がない！／『歎異抄』の構成／いくつかの謎を持つ『歎異抄』／著者は誰か？／「大切の証文ども」はどれ？

親鸞略年譜 26

【第一章】『歎異抄』を読んでも仏教はわからない（序、第一条） 27

序文を読む 28

第一条を読む 32

【第二章】近代知性が痺れてしまう（第二条） 39

第二条を読む 40

「身命をかへりみずして」／親鸞のオリジナリティ――縦のつながりと横の広がり／親鸞の弟子たち／唯円にまつわる伝承／「念仏して地獄におちたりとも」／息子・善鸞の問題／念仏すると無間地獄に？――日蓮と四箇格言／「地獄は一定すみかぞかし」／「愚身の信心におきてはかくのごと

し」／ともに道を歩む――真仏房への手紙／慶信房への手紙／二河白道の喩え――「慶信房への手紙（蓮位による代筆）」／「私、先に往きますので待ってますよ」――顕智と船

【第三章】「悪人こそが救われる」が持つ破壊力（第三、四条） 65

第三条を読む 66

悪人こそが救われる？／「自力作善」こそ善人／「悪人成仏」のインパクト／法然の二義性／「愚者」になる仏道、「悪人」になる仏道／世間の通念とは真逆の価値観／仏教における善と悪／善悪を超える／『無量寿経』と『観無量寿経』／社会通念上の「悪人」／罪と悪と救いの問題／悪人正機と悪人正因

第四条を読む 88

聖道門の慈悲と浄土門の慈悲／親鸞のオリジナリティ――慈悲を聖道と浄土に分ける／不完全な善――雑毒の善／親鸞から我々に出された公案／仏の船がなければ

【第四章】親鸞に弟子は一人もいない？（第五、六条） 97

今までの仏教の枠を外した法然／親鸞と同い年の僧侶・明恵／釈迦への思慕が深かった明恵／明恵の法然批判

第五条を読む 107

回向と供養／みんなむかしからのきやうだいなのだがら――一切有情の世界／捨ててこそ――徹底的に任せる／仏に成りて――この生涯だけでは足りない／有縁を度すべきなり――恩愛の情断ち難く／親鸞の直筆の手紙――家族への思い／親鸞の有縁――今御前の母と即生房は誰？

第六条を読む 122

信楽房事件／「値遇」という出会い

【第五章】 念仏して喜びがなくてもいい？（第七〜九条） 129

宗教の源泉は大洋性／「易行」と「難信」――はからわれていく自分

第七条を読む 132

無礙とは――何ものにも妨げられない／無礙とは――障害が転じていく／神祇護念説――九条武子の歌の世界／阿弥陀仏信仰と一神教信仰の神の違い／ただ一つの道を歩む

第八条を読む 142

仏に呼ばれている――そのためにこの仏はいる／わかったと思ったらひっくり返される「お好み焼き理論」／他力のややこしさ――浅原才市の歌の世界

第九条を読む 147

第九条――一「念仏申し候へども」／第九条――二「煩悩具足」／第九条――三「娑婆の縁尽きて」／「歓喜地」と喜べない自分／自分というものと誠実に向き合いながら歩む道

【第六章】　信仰と無信仰について（第十〜十二条） 161

第十条と言われている文と「中序」

第十条を読む 163

白木の念仏――念仏に色をつけない／親鸞と「自然法爾」／はからうなと言われてもはからってしまう我々の本性／「無為自然」でもなく「業道自然」でもなく「願力自然」／親鸞の思想の最も深い味わい

中序を読む 170

社会とせめぎ合って練り上げられる宗教体系／歎かれている異端――「一念義系」と「多念義系」

第十一条を読む 175

第十一条―一　それも「如来の御はからひなり」／第十一条―二　「果遂の願」／親鸞の「三願転入」

第十二条を読む 182

第十二条―一　唯円の諭し「智者遠離すべき」／第十二条―二　親鸞と「苦難の神義論」／第十二条―三　「法の魔障なり、仏の怨敵なり」／信仰の「加害者性」／無信仰の「当事者性」／愛敬相と智者遠離

【第七章】　仏教の生命観と人間観（第十三条）　199

親鸞と善鸞

第十三条を読む　202

第十三条―一　「本願ぼこり」と「宿業」／第十三条―二　「じゃあ、千人殺してくれますか」／第十三条―三　薬があるからといって毒を飲むのはおかしい／第十三条―四　「いかなるふるまひもすべし」／第十三条―五　「宿業」の捉え方／第十三条―六　煩悩を抱えたまま仏になる／「妙好人」と他力念仏の魅力

【第八章】　悟りとは何だろう（第十四、十五条）　223

第十四条を読む　224

金剛の信心があるからすでに「正定聚」／「臨終正念」をひっくり返した法然と親鸞

第十五条を読む　231

第十五条―一　善人悪人分け隔てのない教え／第十五条―二　慧解脱から信解脱に転換した浄土仏教／第十五条―三　浄土の本当の教え／宗教の善悪・社会の善悪

【第九章】　倫理と宗教を深掘りする（第十六～十八条）　241

仏教という光に触れて柔らかくなる心と身体

第十六条を読む　244
回心はただひとたび／はからいを捨てる／「こうあるべき」をへし折られて、身も心もまかす／現代倫理学の義務論・功利主義・徳倫理／義務論――どんな条件もなくただ尊重される／功利主義――幸福度が高い方が善という考え方／徳倫理――状況倫理について考える／思考実験・二律背反／空の論理／エビデンスベースとナラティブベース／事実と価値は必ずしも一致しない

第十七条を読む　264
自力念仏の人は辺地に生まれる／経典から外れてはいけない

第十八条を読む　268
法身・報身・応身／「信心かけなば、その詮なし」／柔らかな心に気付くとき／柔軟心と金剛心は同時に成立する

【第十章】「迷える私」が信心を生む（後序〜奥書）　277
生けらば念仏の功積もり、死なば浄土へ参りなん

後序を読む　278
私の信心も法然上人の信心も一つ／改名からわかる親鸞の年齢／大変な才覚のあった「四門徒五義」／「如来よりたまはりたる信心」は法然・親鸞の合作／「仏法」と「迷える私」の共同作業／「無根の信」と親鸞の緊張感／伝えようとしていることはひとつ／大切な証文は結局どれだっ

た？／「親鸞一人がためなりけり」／「機の深信」、「法の深信」／「案ずれば」――迷いを掘り下げていく／ブッダの「一切智」／「不可知」と「雑毒の善」／百分の一ばかり思い出して書きました／信心は値遇体験

「流罪記録」を読む 302

当時、問題視されていたこと／単なる謙遜ではない「愚禿親鸞」／「非僧非俗」という生き方

奥書を読む 309

蓮如の警告

あとがき 311

編集協力：多谷ピノ

はじめに

大阪の豊中市に練心庵《れんしんあん》という小さな寺子屋を開いております。本書は、そこで開催されていた「初歩からの宗教学講座」の中の「シリーズ歎異抄《たんにしょう》」をまとめたものです。「初歩からの宗教学講座」は、名前の通り、宗教について学ぶ講座です。儀礼や呪術から始まり、世界の様々な宗教について語り、「シリーズ歎異抄」へと至りました。

そもそもこのシリーズは、受講者と一緒に『歎異抄』を読むというのが主眼でした。それまでも何度か『歎異抄』を一緒に読む機会があったのですが、あるとき参加者さんから、「みんなで声を出して読むって、すごくいいですよね」との感想をいただき、「ああ、なるほど」と思ったのです。

みんなで一緒に読む。しかも、『歎異抄』を。

国語学者の人に教えてもらったのですが、文字は昔、声に出して読んでいたそうです。黙読という習慣が一般的になったのは、近代になってからです。仏教に限らず、世界中の宗教聖典は、基本的には大勢で声を出して読みます。一読しただけでは理解できなくても、みんなで読誦することによって、言葉が身体のどこかに潜みます。そのときはピンとこなくても、ずっと身体に伏流して、あるとき、自分を救ってくれたりする。

宗教聖典は、人類の智慧の結晶としての性格を持ちます。『歎異抄』も同様です。本物の言葉が内包されています。身体に潜んで、絶体絶命のときに我々を導いてくれる。と同時に、時には、自分の喉元《のどもと》に刃を突きつけてくる。

「では、お前はどうなのか」

と。そんな切れのある言葉を、みんなで一緒に読みたいとの思いで、このシリーズを考えつきました。

『歎異抄』が与えた影響

私が『歎異抄』を初めて読んだのは、大学一年生の春、十八歳のときでした。それまで自分が抱いていた宗教や仏教のイメージが変わったのを覚えています。そういう意味では、やはり影響を受けているのでしょう。

「日本の近代の思想家たちは、親鸞《しんらん》を通して、宗教的な思想について思索を深めてきた。もっと端的に言えば『歎異抄』を通してだ」

思想研究者の子《こ》安宣邦《やすのぶくに》（※一九三三年〜、大阪大学名誉教授。主著に『近代知のアルケオロジー』『歎異抄の近代』）がそうした意味のことを述べた通り、日本の近代の宗教思想について考察する際、『歎異抄』という書物は避けて通れません。思想家だけではありません。『歎異抄』に影響を受けた科学者や医学者もいます。たとえば協和発酵工業（※協和キリンの前身）の創始者の加藤辨三郎（※一八九九〜一九八三年）は、科学者としても経営者としても活躍した人でしたが、『歎異抄』をきっかけに在家仏教協会を立ち上げました。この人は、

「具合が悪ければ抑え込む『対治《たいち》』だけではなく、同じ方向に沿う『同治《どうち》』もこれからの医療は考えなくてはいけないのではないか」

と、仏教から学んだことを踏まえて提言もしました。

また、野間宏（※一九一五～九一年、小説家・評論家・詩人。主著に『真空地帯』『青年の環』）、丹羽文雄（※一九〇四～二〇〇五年、小説家。主著に『鮎』『親鸞』）、遠藤周作（※一九二三～九六年、小説家。主著に『海と毒薬』『沈黙』）、五木寛之（※一九三二年～、小説家・随筆家。主著に『青春の門』『大河の一滴』）、吉本隆明（※一九二四～二〇一二年、評論家・詩人。主著に『共同幻想論』『最後の親鸞』）などの作家ももちろん、『歎異抄』に影響を受けています。吉本隆明などは、

「『歎異抄』を読むと親鸞がいかに危ないことを言う人だったかがよくわかる」

と語っていて、面白いことを言う人だなと思ったことがあります。おそらく、第九条や第十三条のことを指しているのでしょう。

第二条、第九条、第十三条、この三つは大変ドラマティックだし、物語性も高い。よくこれを著者が書き残してくれたと思います。これらがあるために、親鸞の人格をうかがい知ることができるのです。なにしろ、親鸞は自分のことについてはほとんど書き残していないのですから。

また、親鸞自身よりも『歎異抄』に帰依《きえ》したような人もいます。実は、『歎異抄』の内容は、親鸞の思想とは異なっているという指摘もあります。しかし吉野秀雄（※一九〇二～六七年、

歌人・書家。主著に『吉野秀雄歌集』）という歌人は、それでもいいと言っています。「俺は親鸞じゃなくてもいいんだ。俺は『歎異抄』宗になるんだ」と語っていたそうです。

また、日本独特の哲学を講じてきた西田幾多郎（※一八七〇～一九四五年、哲学者・京都大学名誉教授。主著に『善の研究』『哲学の根本問題』）も、第二次世界大戦で空襲で燃える街を見たときに、「いいんだ、俺には『歎異抄』と『臨済録《りんざいろく》』（※唐の僧・臨済の言行録）があれば生きていけるんだ」と言い放ちました。

その西田の友人で、欧米に禅を紹介したことで知られている鈴木大拙（※一八七〇～一九六六年、明治～昭和期の仏教哲学者。主著に『大乗仏教概論』『禅と日本文化』）は親鸞について、『教行信証《きょうぎょうしんしょう》』（※浄土仏教を体系的に明らかにしようとした親鸞の主著）は明らかに親鸞の思想書であり、研究書であって、親鸞の生の声を聞くには『歎異抄』、もしくは『和讃《わさん》』（※仏教における和文の讃歌。親鸞は五百首以上創っている）だ」と言っています。

確かに、生の声を聞けるというのは大きい。法然（※一一三三～一二一二年、浄土宗の宗祖。主著に『選択本願《せんじゃくほんがん》念仏集』）の語りを直弟子たちが書き残したものはたくさんあるのですが、親鸞の場合、『歎異抄』以外ゼロです。性信《しょうしん》（※一一八七～一二七五年）という、横曾根門徒のリーダーが、『真宗聞書《しんしゅうききがき》』という親鸞のお話を書いたものがあったようですが、これは現存せず、タイトルだけが残っています。今に残るのは『歎異抄』のみなのです。

さて、今取り上げた以外にも多くの人々が、『歎異抄』に道を切り開いてもらった、『歎異抄』との出逢いによって後の人生を生き抜いた、と語っています。そのように、数多の人々に影響を与えた『歎異抄』ですが、今なお残された謎も多いのです。本文の解説をする前に、その謎のいくつかを、成立背景と共に紹介しておきましょう。

■原典がない！

『歎異抄』に謎が多い理由の一つに、そもそも原典がないことがあげられます。写本しか残っていないのです。

一番古いものが、室町時代の蓮如《れんにょ》（※一四一五〜九九年、本願寺第八世、浄土真宗中興の祖。主著に『正信偈《しょうしんげ》大意』『御文《おふみ》（御文章）』）による写本です。その写本は、もともと綴じた本の形態だったのですが、現在は巻子本、つまり巻物の形になって伝わっています。「蓮如本」の『歎異抄』の一番最後には、法然が四国に流されたり、親鸞が新潟に流されたりした流罪記録（※一二〇七年の「承元《じょうげん》の法難」で、法然と弟子たちが受けた処分の記録）がついています。その終盤部分には「流罪以後、愚禿《ぐとく》親鸞と書かしめたまふなり。」とあり、これによって親鸞が流罪後「愚禿親鸞」と名乗ったことがわかります。

「蓮如本」は最後に、

「右この聖教《しょうぎょう》は、当流大事《とうりゅうだいじ》の聖教となすなり。無宿善《むしゅくぜん》の機《き》においては、左右《さう》なく、これを許すべからざるものなり。」

と、蓮如によって書かれた付言が添えられています。

「誰にでも見せていいものでありませんよ」と、はっきりと蓮如は記しているのです。そして蓮如の署名と花押《かおう》。これが「蓮如本」の特徴です。

蓮如が亡くなってからしばらくしてできたのが、「永正十六年本」と呼ばれる写本です。本書のテキストに使う本願寺出版社の『歎異抄』は、「蓮如本」を原本にしたものですが、岩波文庫は「永正十六年本」を原本にしたものです。照らし合わせると、若干言葉遣いが違います。この二つは別系統じゃないかという意見もあります。「蓮如本」の写本の流れと、「永正十六年本」の流れがあるという説です。また、「永正十六年本」がより原典に近いのではないかとする見解もありましたが、最近の研究の結果、やはりこの「蓮如本」が一番古い形態だろうという結論に至りました。しかし、いずれにしても写本ですから、原典がないかぎり解明できないこともあります。

また、その他の写本などを見比べると、流罪記録がついているものとついていないものがあります。写本の系統があるのでしょう。

ところで、「『歎異抄』というのは近代になって、清沢満之《きよざわまんし》（※一八六三〜一九〇三年、真宗大谷派の僧侶・哲学者）たちが取り上げて有名になり、それ以前は全然知られていなかった。読む人も、知っている人もいなかった」などとも言われますが、そんなことはありません。江戸時代に、少なくとも五回は刊本になっているので、真宗関係者は読んでいたはずです。世間一般には広まっていなかったのかもしれませんが、刊本を元にした研究書も江戸時代にはあります。

江戸時代に刊行されたものを挙げると、『歎異抄私記』、『元禄四年本』、『首書歎異抄』、『真宗法要本』、『真宗仮名聖教本』などがあります。これらにも、流罪記録があるものとないものに分かれますが、いずれも蓮如の付言があるので、この五回の刊行の底本は「蓮如本」だと考えられます。

　近代になって、『歎異抄』を通じた思索が一際深まったのには、やはり理由があります。宗教思想や哲学が欧米からやってきた時に、日本で罪や悪の問題と向き合ってきた書として、とりわけ『歎異抄』が注目されたのです。

■『歎異抄』の構成

『歎異抄』の構成は、「序文」、「師訓編」、「中序」、「異義編」、「後序」、「流罪記録」、となっています。

　第一条から第十条までが親鸞の語録であり、「師訓編」と呼びます。その後、第十一条から第十八条までが、当時の異端を歎いた内容になっている「異義編」、いわばこれが『歎異抄』の本体の部分です。当時流布《るふ》された間違った解釈・異端・異説を、「あんな自分勝手なことを言っている人がいるなんて、悲しいなあ」と歎くのです。

　つまり『歎異抄』の内容は、第一条から第十条と、第十一条から第十八条の、大きく二つに分けることができるのです。そして長いあとがきである「後序」があります。

「第一条」や「第十八条」といった見出しが載っているわけではありません。第○条とは、後世の呼び方です。

全部合わせても原稿用紙三十枚くらいです。わずか数十文字の条もあるので、読むだけならすぐです。だが、内容となると、なかなかすんなりとはいきません。

■いくつかの謎を持つ『歎異抄』

『歎異抄』について、はっきりとわかっていない事柄についてお話ししましょう。まず、ちょっとややこしいのは第十条です。

現代の第十条の読み方は、冒頭からの、

「念仏には無義《むぎ》をもつて義とす。不可称不可説不可思議《ふかしょうふかせつふかしぎ》のゆゑにと仰せ候ひき。」

この部分だけが第十条であり、その後に続く、

「そもそも、かの御在生《ございしょう》のむかし……いはれなき条々《じょうじょう》の子細《しさい》のこと。」

の部分を「中序」（後半部の序文）としています。

本願寺出版社の「蓮如本」を底本とした『歎異抄』も岩波文庫の『歎異抄』もそのように改行されています。ところが、どの写本を見ても、そのように分かれているとは思えません。

一番古い写本の「蓮如本」（※161ページ参照）は、

「念仏ニハ無義ヲモツテ義トス　不可称不可説不可思議ノユヘニトオホセサウラヒキ　ソモソモカノ御在生ノムカシ……」

と、そのまま続けて書いてあります。ここで切れているようには読めないので、これ全部で第十条と考えるべきだとの意見もあります。しかし、内容的には確かにここで一旦切れます。

この辺り、原典がないため明瞭な結論が出せないのです。

また、師訓編と異義編が、もともとこの順番だったのかも怪しいという説もあります。先ほど言いましたように、第一条、第二条……と番号が付いているわけではありませんので。

あるいは、各条の文章の中には、主語と述語が合わないこともあり、これもどう考えればよいのかの論点となっています。

たとえば第七条に、

「念仏者《ねんぶつしゃ》は無礙《むげ》の一道なり。」

とありますが、「無礙の一道」というのは、何ものにも妨げられることのない、一筋の道という意味になります。だが、どう考えても念仏者が道だというのはおかしいのではないかと言われています。「念仏者」の部分、「者」は「は」と漢文で読む場合があるので、

「念仏は無礙の一道なり。」

と書いていたのが、写本で間違えて「念仏者」になったのではないかとの説もあります。これも原典がないため、真偽は明らかになっていません。ただ蓮如本などでは、あきらかに「念仏者は」となっています。

また、師訓編では第三条と第十条だけ、末尾に「云々《うんぬん》」と付かないことも挙げられます。それ以外の条は「云々」と結ばれているのですが、第三条と第十条だけなぜか付いていません。なぜ、ここだけ付けなかったのか。

他にも、なぜ序だけ漢文になっているのかなども不明です。

■著者は誰か？

実は『歎異抄』には著者の名前が書かれていません。どの写本にも書いていないのです。おそらく原典にもなかったのでしょう。『歎異抄』の著者は誰なのか。この謎は、江戸時代から随分取り沙汰されていたようです。

まずは覚如《かくにょ》（※一二七一～一三五一年、親鸞の曾孫）が著者だとする説があります。一番古い『歎異抄』の研究書、一雄という人が編纂した『真宗正依典籍集』に出てきます。知空《ちくう》（※一六三四～一七一八年）や月筌《げっせん》（※一六七一～一七三〇年）など本願寺派の有名な学僧も、この覚如説を採っています。

日野家（※藤原鎌足を祖先とする公卿で、十一世紀の藤原資業《すけなり》から日野を名乗る。親鸞はこの係累）の記録によると、親鸞は妻の恵信尼《えしんに》（※一一八二～一二六八？年）との間に、子供が六人いました。親鸞が恵信尼と結婚したのは京都だと推測されますが、越後へと流罪にされ、家族全員で流罪地に行き、その後関東に住み、また京都に戻る。それらどこかの時点で、恵信尼は子供の何人かを連れて越後に住みます。人生の晩年は夫婦別々に暮らしているのです。母に付いていった子供と、父と暮らした子供がいたわけです。

日野家の系図の順番でいうと、小黒女房《おぐろにょうぼう》と呼ばれる女子がいて、次に、後に親鸞が八十すぎて縁を絶たねばならない事態に至る善鸞（※慈信房。？～一二八六年）がいます。そして、明信《みょうしん》（栗沢の信蓮房）。流罪の刑期が終わってすぐくらいに生まれたようです。さらに有房《ありふさ》（益《ます》方《かた》入道）、高野《こうや》禅尼、末っ子が覚信尼《かくしんに》です。この小黒・栗沢・益方・高野などは全部、母恵信尼が住んでいた新潟の地名です。だからこの四人はおそらく恵信尼と一緒に新潟で暮らしていたのだろうと言われています。

ですが、『本願寺系図』や『日野一流系図』に印信（範意《はんい》）という第一子がいたという記録が残っており、これが誰なのかよくわかっていません。親鸞の子供だとするなら、恵信尼の前に誰かと結婚してできた子供だろうと思われます。

親鸞の現存する最後の手紙に、「即生房《そくしょうぼう》と今御前《いまごぜん》の母は大変苦労しているので、皆さんどうか助けてあげてください」と書いてあるものが残っています。「もう自分は何もしてあげることはできません、だから皆さん助けてあげてください」とあります。

この今御前の母とは覚信尼のことではないかと言われていますが、即生房が誰のことかわからない。印信じゃないかと言われています。どんな事情があったのかわかりませんが、親鸞は離れて暮らすようになった子供のことを気にしていたのかもしれません。

さて、親鸞の最期を看取った末娘の覚信尼は、父が亡くなったことを知らせる手紙を越後の母に送ります。その返信が大正時代に本願寺の蔵から見つかり、親鸞に関するいくつかのことがわかることとなったのですが、それはまたの機会に取り上げます。

覚信尼は父の御廟などを守る役を果たすのですが、この御廟が後の本願寺へとつながっていくのです。この覚信尼の息子に覚恵《かくえ》という人がいました。その覚恵の息子に覚如がいて、『歎異抄』はこの覚如が書いたんじゃないかと考えられたのです。

というのも、『歎異抄』は覚如の著作と内容が重なるからです。しかも『歎異抄』よりも細かく書かれているので、この人が作者だろうという説が生まれたのです。ところが序文を読むと明らかにわかるのですが、この『歎異抄』を書いた人は、親鸞から直接話を聞いています。覚如は曾孫なので、直接会っていません。それが覚如説への反証となります。

その他に出たのが如信《にょしん》（※一二三五～一三〇〇年、親鸞の孫）説です。寿国《じゅこく》という人が『歎異抄可笑記』という本の中で、如信が作者じゃないかと主張します。実はこの『歎異抄可笑記』に、初めて「悪人正機《あくにんしょうき》」という用語が用いられます。悪人正機という言葉は、『歎異抄』の中には一度も出てこないのですが、江戸時代の宗学用語として成立するわけです。

如信というのは、善鸞の子供です。如信は直接親鸞に教えを受けています。覚如はこの如信に宗義を教わっていまして、覚如が『歎異抄』と同じ内容を著したのも、如信から聞いたからに違いない……というわけで如信説が成立します。

深励《じんれい》（※一七四九～一八一七年。主著に『教行信証講義』）という、江戸時代の『歎異抄』研究書の傑作と言われている『歎異抄講義』の作者がいます。この深励は、現在の大谷派（通称、東本願寺）の宗学の巨人です。その深励も、この如信説を唱えている。しかし、その深励の弟子の了祥《りょうしょう》（※一七八八～一八四二年）という人が、師匠とは別の説を唱えました。それが唯円《ゆいえん》（※一二二二～八九年、親鸞の常陸《ひたち》時代の直弟子）説です。唯円が著者だとする説は、江戸時代からあり、玄智（※一七三四～九四年）や履善《りぜん》といった本願寺派の学生《がくしょう》も唱えています。

『歎異抄』の中に、「唯円」という人の名が二度出てきます。唯円は、大変才能溢れる人だったという記述も残っており、きっとこの人が著者だろうと推測されています。現在は、この河《か》和《わ》田《だ》の唯円説に収まっていて、何か新しい史料が出てこない限り動かないという状況です。

ただ、唯円という名前の人は『親鸞門侶交名牒《もんりょきょうみょうちょう》』という、親鸞のグループの名前を書いたものの中に、四人登場します。いったいどの唯円なのかという論点もあります。河和田の唯円説が一番の主流であり定説ですが、鳥喰《とりばみ》の唯円だとする説もあります。この人はどんな人かよくわからなくて、名前だけが残っています。鳥喰の唯円ではないかという学者もいるし、河和田の唯円も鳥喰の唯円も同一人物じゃないかという説もあり、その辺もわかりません。もともと現在の茨城出身だった河和田の唯円ですが、奈良の吉野で往生したと言われています。

■「大切の証文ども」はどれ？

もう一つ、謎を紹介します。「後序」には、「大切な証文を添えました」と書かれているのですが、この大切な証文がなんのことかわかりません。

唯円説を唱えた了祥の『歎異抄聞記』には、「こう書いてあるものの、紛失したんだろう」との説をあげています。梅原真隆《しんりゅう》（※一八八五〜一九六六年、浄土真宗の僧侶・仏教学者。主著に『御伝鈔の研究』）、石田瑞麿《みずまろ》（※一九一七〜九九年、仏教学者。主著に『親鸞とその弟子』『教行信証入門』）など現代の研究者の中にもこの説を支持する人がいます。

歴史学者の古田武彦（※一九二六〜二〇一五年、古代史、親鸞を中心とする中世思想史家。主著に『「邪馬台国」はなかった』『盗まれた神話』）がとった説も面白い。『歎異抄』の最後に添付されている流罪記録、これが大切な証文じゃないか」というのです。

中世の頃は、流罪記録のようなものを「証文」と呼んだらしい。流罪記録には「(流罪に関係する)書状は今も外記庁《げきのちょう》(=役所)に納められている」との添書きがあります。この書状は、現在、見つかっていないそうです。

法然グループは、世の中を乱したかのような、まるでカルト教団のような扱いをされて流罪になるのですが、法然の高弟たち、弁長(※一一六二〜一二三八年、浄土宗鎮西派の祖。主著に『浄土宗要集』『徹選択集』)や証空《しょうくう》(※一一七七〜一二四七年、浄土宗西山派の祖。主著に『選択密要決』『観門要義鈔』)などは処罰されていません。その人たちに比べたら入門してまだ六年の親鸞が処罰されています。

つまり、親鸞は法然の正統の継承者であるがゆえに厳しく処罰された、と考えることもできるわけでして。流罪記録を添えているのは、まさに親鸞こそ法然の教えをちゃんと継いでいる、だから流罪になったのである、それゆえこれが大切な証文なのだ、という説です。

さらに、「聖人の仰せ」説とでも言いましょうか、これは「後序」を読まなければ説明しづらいのですが、「後序」に、「聖人《しょうにん》(親鸞)のつねの仰せには……」と「聖人の仰せには……」という文言が出てきます。親鸞の語りを記したもので、「五《ご》劫思《こうし》惟《ゆい》の願をよくよく案ずれば、ひとへに親鸞一人《いちにん》がためなりけり。」と「善悪のふたつ、総じてもつて存知せざるなり。」を指します。

この「聖人の仰せ」が大切な証文だとする説もあります。つまり普段から、親鸞が語っていた言葉をちゃんとここに添えますよという意味だったというのです。多屋頼俊《たやらいしゅん》（※一九〇二～九〇年、国文学者・仏教文学会主宰。主著に『歎異抄新註』『源氏物語の思想』）、安良岡康作《やすらおかこうさく》（※一九一七～二〇〇一年、国文学者・東京学芸大学名誉教授。主著に『歎異抄全講読』『正法眼蔵・行持』）が立てた説です。

そして、もうひとつ、「第一条から第十条の『師訓編』が大切な証文である」という説があります。岩波文庫の校注をした金子大栄《だいえい》（※一八八一～一九七六年、真宗大谷派僧侶・仏教思想家。主著に『教行信証講読』『仏教概論』）や、姫野誠二（※主著に『歎異抄の語学的解釈』）や佐藤正英（※主著に『歎異抄論註』）がこの立場です。

考えてみれば、第十一条から第十八条の異義編が『歎異抄』の本論です。それの根拠となるのは親鸞の教えです。いわば『歎異抄』は二部構成になっていて、前半部が大切な証文、と考えられるのではないか、というわけです。この説が、現在、最も支持されています。

※『歎異抄』からの引用文は、新字・旧かなに統一しています。

親鸞略年譜

西暦	元号	年齢（※数え年）	
1173	承安3	1	京都郊外の日野（現在の京都市伏見区）に生まれる。父は日野有範公
1181	養和元	9	慈円のもとで得度し、比叡山に入る。延暦寺にて、二十年にわたる修行と修学
1201	建仁元	29	六角堂に参籠、聖徳太子の夢告により法然の門に入る
1205	元久2	33	法然に『選択本願念仏集』の書写を許される
1207	承元元	35	承元の法難が起きる。越後に流罪となり、以降「愚禿」を名乗る
1211	建暦元	39	流罪を放免される
1214	建保2	42	この頃、常陸国稲田（現在の茨城県笠間市）の草庵に移る。関東で布教
1224	元仁元	52	主著『教行信証』の草稿が完成
1235	嘉禎元	63	この頃、京都へ戻り、執筆に取り組む
1248	宝治2	76	『浄土和讃』『高僧和讃』が完成
1256	建長8	84	長男・善鸞を義絶する
1262	弘長2	90	押小路南・万里小路東の住居で入滅

【第一章】

『歎異抄』を読んでも仏教はわからない（序、第一条）

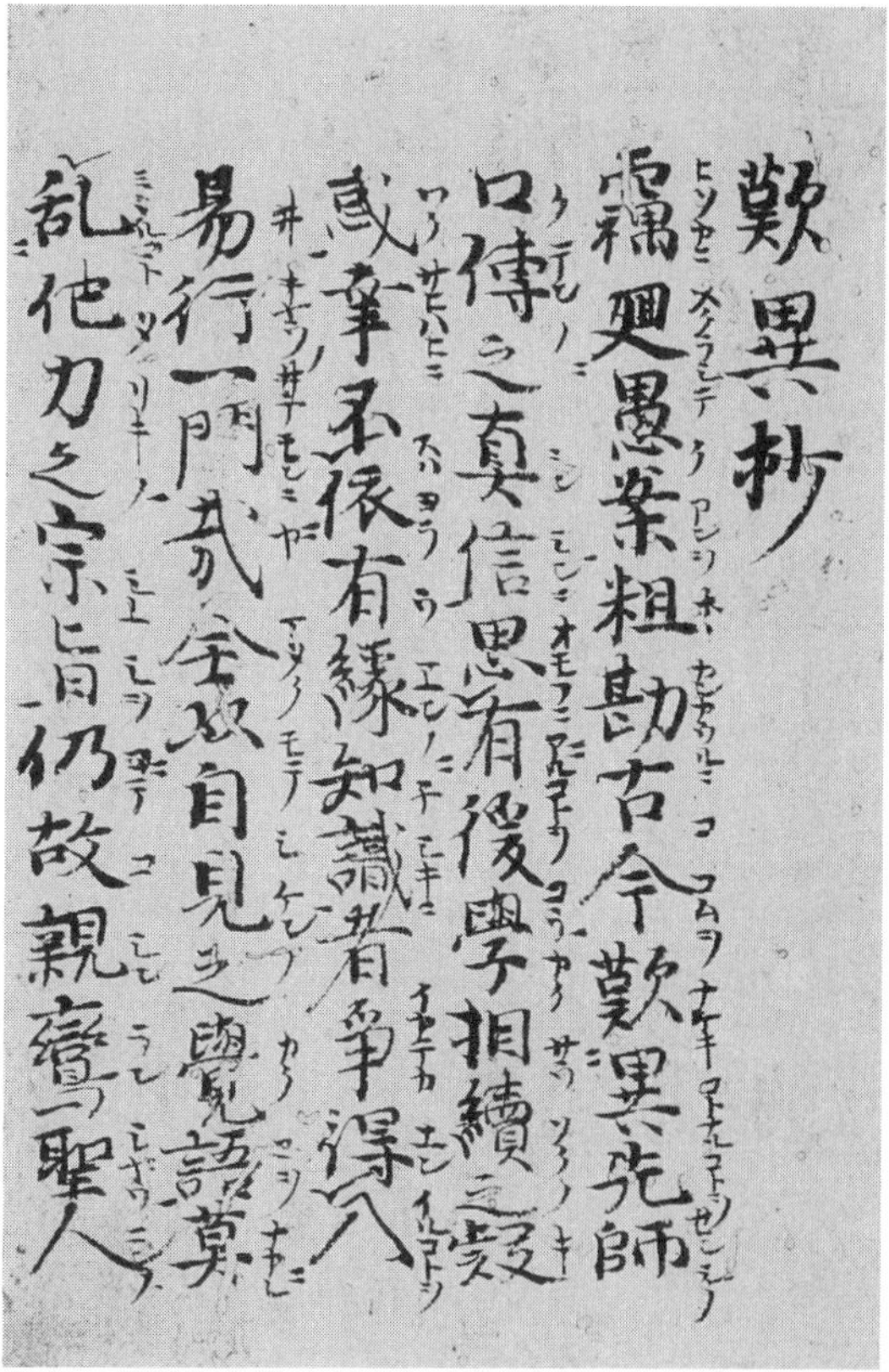
歎異抄
竊廻愚案粗勘古今歎異先師
口傳之眞信思有後學相續之疑
惑幸不依有緣知識者爭得入
易行一門哉全以自見之覺語莫
乱他力之宗旨仍故親鸞聖人

「蓮如上人書写本」（本願寺蔵）

■序文を読む

それでは、序文を読んでいきましょう。余談になりますが、『歎異抄』に出てくる親鸞の言葉の部分を声に出して読むときは、出来るだけ関西弁のイントネーションがよいかもしれません。たとえば、第十三条で、「千人ころしてんや」という言葉が出てきます。この「～してんや」というのは、古い関西弁らしく、今の関西弁で使われている「～してんか」の古い形だそうです。京都生まれの親鸞は、関西弁を喋っていたのですね。

［序］

ひそかに愚案《ぐあん》を回《めぐ》らして、ほぼ古今《ここん》を勘《かんが》ふるに、先師（親鸞）の口伝《くでん》の真信に異なることを歎き、後学相続《こうがくそうぞく》の疑惑《ぎわく》あることを思ふに、幸ひに有縁《うえん》の知識によらずは、いかでか易行《いぎょう》の一門《いちもん》に入《い》ることを得《え》んや。まつたく自見《じけん》の覚語《かくご》をもつて、他力の宗旨《しゅうし》を乱《みだ》ることなかれ。よつて、故親鸞聖人の御物語《おんものがたり》の趣《おもむき》、耳の底に留《とど》むるところ、いささかこれを注《しる》す。ひとへに同心行者《どうしんぎょうじゃ》の不審《ふしん》を散《さん》ぜんがためなりと云々《うんぬん》。

（現代語訳：わたしなりにつたない思いをめぐらして、親鸞聖人がおいでになったころと今とをくらべてみますと、このごろは、聖人から直接お聞きした真実の信心とは異なることが説かれていて、歎かわしいことです。これでは、後のものが教えを受け継いでいくにあたり、さまざまな疑いや迷いがおきるのではないかと思われます。幸いにも縁あって、まことの教えを示してくださる方に出会うことがなかったなら、どうしてこの易行の道に入ることができるでしょうか。決して、自分勝手な考えにとらわれて、本願他力の教えのかなめを思い誤ることがあってはなりません。

そこで、今は亡き親鸞聖人がお聞かせくださったお言葉のうち、耳の底に残って忘れられないものを、少しばかり書き記すことにします。これはただ、同じ念仏の道を歩まれる人々の疑問を取り除きたいからです。）※現代語訳は浄土真宗本願寺派総合研究所編纂による本願寺出版社刊『歎異抄（文庫判）』（梯實圓・解説）より引用、以下同じ。

［解説］

冒頭から著者は、「親鸞聖人のお説きになった正しい信心と異なっている現状は大変悲しい」と歎《なげ》いています。

親鸞の往生後、二十数年経ってから、唯円は亡くなっています。親鸞と四十九歳差ですから、この『歎異抄』に描かれている出来事は、唯円がまだ三十代前半、親鸞が八十代前半あたりの時期のことです。自分が若い頃に、親鸞聖人からお聞きしたことを思い出してみると、みんな随分勝手なことを言っている、と言うのです。それを歎く出だしになっています。

「後学相続《こうがくそうぞく》の疑《ぎ》惑《わく》あることを思ふ」とあるので、「勝手なことを言う人がいたらこれからこの道を歩もうとする人がきっと迷うに違いない、疑問もたくさん出るに違いない」ということですね。

「**幸ひに有縁《うえん》の知識によらずは、**」の「知識」は、自分を導いてくれる人のことなので、「ちゃんとした出会いがなければ、この易行の道を歩むのは大変難しい（**いかでか易行《いぎょう》の一門《いちもん》に入《い》ることを得《え》んや。**）」ということです。

易行という言葉について、少し説明します。

浄土教（浄土仏教）では仏教を難行道《なんぎょう》と易行道に分けて考えます。仏教全体を解釈して、我々が歩んでいる道はこういう道だと位置付けることを教相判釈《きょうそうはんじゃく》といいますが、大乗仏教（※インドで紀元前後あたりに生まれた従来とは別の仏教。大乗とは「大きな乗り物」で、一切衆生《いっさいしゅじょう》を救済するという意）はこの教相判釈をとても大事にします。もちろん、立場によって仏教の分け方は変わります。たとえば密教だと、仏教を顕教と密教に分けます。天台宗だと、釈迦の生涯を五つに分けて、『法華経』が一番大切な教えという風に組み立てる。そして浄土仏教は、仏教を、難行道と易行道に分けて考えるのです。

難行道というのは、出家して修行して悟りを開く道です。なかなか誰にでもできる道ではない。対する易行道は、仏様におまかせして、仏様に救われていくという道です。そういうふうに大きく二つに分けられています。

次の「**まつたく自見《じけん》の覚語《かくご》をもつて、他力の宗旨《しゅうし》を乱《みだ》ることなかれ。**」は、「自分勝手な解釈で他力の教えを曲げてはダメですよ」という思いが書かれています。

他力という言葉が出てきますが、これは先ほどの、難行道、易行道と合わせて考えてください。難行道が自力の道で、易行道が他力の道です。

仏教を難行道と易行道に分けたのは、ナーガールジュナ（※龍樹。一五〇年頃〜二五〇年頃、南インド出身の大乗仏教の祖）だとされています。この人は第二の釈迦と呼んでいいような人です。また中国仏教の巨人・曇鸞《どんらん》（※四七六年頃〜五四二年頃、北魏の僧。主著に『浄土論註』『讃阿弥陀仏偈』）が、仏教を自力と他力に分けました。親鸞の「鸞」は曇鸞からとったと思われます。さらに道綽《どうしゃく》（※五六二〜六四五年、中国浄土教の僧侶。主著に『安楽集』）は聖道門と浄土門に分類するのですが、今は置いておきます。

いずれにしても、仏道にはルートが二つあり、一つは出家して修行して悟りを開く道、もう一つはごく普通の生活をしながら仏様に救われていく道、というわけです。後者は、誰もが歩める道だとされます。

「この易行の道、他力の道はちゃんとした導きがなければ成り立たないし、歩むことはできない。自分勝手な解釈で他力の教えを乱してはいけません」と書かれているわけです。

ここに、『歎異抄』を書いた著者の、著作の動機が強く語られています。そして、異端を歎く。裁くのではなく、「歎く」というところが書いた人のスタンスなのでしょう。

「よつて、故親鸞聖人の御物語《おんものがたり》の趣《おもむき》、耳の底に留《とど》むるところ、いささかこれを注《しる》す。」は、「親鸞聖人が説かれた教えの内容について、覚えていることを書きます」となります。

ここで、この『歎異抄』の著者は親鸞から直接話を聞いた人、と読み取れます。この序文が、覚如説否定の論拠の一つとなっています。

さらに続いて、**「ひとへに同心行者《どうしんぎょうじゃ》の不《ふ》審《しん》を散《さん》ぜんがためなりと云々《うんぬん》。」**、ここは「同じ道

（易行の道、他力の道）を歩む人たちの、勘違いや間違いや疑問にちゃんと答えるためにこの本を書きました」となります。

序文でこの本の性格が、はっきり書かれているのがわかります。仏教全体を語った本ではないし、浄土真宗全体を語った本でもない。当時あった、自分勝手な解釈を批判する本なのです。そして、他力の道を歩む人のための本なのです。

蓮如が、「誰にでも見せていいもんじゃありませんよ」と言うのはもっともなところです。だから『歎異抄』を読んで、仏教がわかるということはないのです。浄土真宗がわかるわけでもありません。

ただ、『歎異抄』という書物は、すごく自分の中に残る魅力がある。その時はピンとこなくてもある時、立ち上がってくる言葉みたいなものがある。特に第一条から第十条までの親鸞の語録は強烈です。逆説的な表現がしばしば出てくるので、我々が今まで考えたことのない方向から宗教と向き合うことになったり、自分の中の善や悪や価値観が問われることとなります。

■第一条を読む

［第一条］

一　弥陀《みだ》の誓願不思議《せいがんふしぎ》にたすけられまゐらせて、往生をばとぐるなりと信じて念仏申さんとおもひたつこころのおこるとき、すなはち摂取不捨《せつしゆふしや》の利益《りやく》にあづけしめたまふなり。弥陀の本願には、老少・善悪のひとをえらばれず、ただ信心を要《よう》とすとしるべし。そのゆゑは、罪悪深重《ざいあくじんじゆう》・煩悩《ぼんのう》

熾盛《しじょう》の衆生《しゅじょう》をたすけんがための願にまします。しかれば、本願を信ぜんには、他の善も要にあらず、念仏にまさるべき善なきゆゑに。悪をもおそるべからず、弥陀の本願をさまたぐるほどの悪なきゆゑにと云々。

（現代語訳：阿弥陀仏の誓願の不可思議なはたらきにお救いいただいて、必ず浄土に往生するのであると信じて、念仏を称《とな》えようという思いがおこるとき、ただちに阿弥陀仏は、その光明の中に摂《おさ》め取って決して捨てないという利益をお与えくださるのです。

阿弥陀仏の本願は老いも若きも善人も悪人もわけへだてなさいません。ただ、その本願を聞きひらく信心がかなめであると心得なければなりません。なぜなら、深く重い罪を持ち、激しい煩悩をかかえて生きるものを救おうとしておこされた願いだからです。

ですから、本願を信じるものには、念仏以外のどんな善もいりません。念仏よりもすぐれた善はないからです。また、どんな悪も恐れることはありません。阿弥陀仏の本願をさまたげるほどの悪はないからです。このように聖人は仰せになりました。）

［解説］

阿弥陀仏のことを弥陀と略称したりします。「すべての人を救うという阿弥陀仏の誓願、それは我々の思慮分別を超えたものであり、その誓願によって浄土に往生する」となっています。

ここで誓願について補足します。誓願は、「総願《そうがん》」と「別願《べつがん》」に分かれます。「総願」は、すべての修行者・大乗仏教の菩薩たちが共通して立てる願いです。これは四つあり、四弘《しぐ》誓願と呼ばれています。宗派によって文言が少し異なるのですが、意味内容は同じです。

「衆生無辺誓願度」すべての衆生を救うという誓い。

「煩悩無尽誓願断」尽きることのない煩悩を断つ誓い。

「法門無量誓願学」限りがない仏教の教えを学び続ける誓い。

「仏道無上誓願成」仏道を歩み続けて無上の悟りへと達する誓い。

　これらを「総願」と言います。そして、「総願」とは別に、それぞれの特性に沿った誓いを立てます。それが「別願」です。

　薬師如来の十二大願や、阿弥陀仏の四十八願がよく知られています。阿弥陀仏の四十八願のうち、十八番目にある「念仏するすべての人を救います」という願が特に重要となります。

　この阿弥陀仏の誓願の力を他力と呼びます。それによって我々は浄土に往生するのです。

「……と信じて念仏申さんとおもひたつこころのおこるとき、すなはち摂取不捨《せっしゅふしゃ》の利益《りやく》にあづけしめたまふなり。」とあるので、「阿弥陀仏の誓願の力によって往生できると信じて念仏を申そうと思う心が起こるとき、決して捨てられることのない利益にあずかることができます」となります。

　この第一条を高く評価する人は多く、第一条に『歎異抄』の全てがある、と言う人が少なくありません。ここが好きで暗唱される人も多い。しかし、少なくとも親鸞はこんなことを一度も言っていません。唯円の解釈が混在していると言わざるを得ません。

「誓願によって、往生できると信じて、念仏しようという心が起こった時点で救いは成立する」とありますが、これは親鸞にはない思想です。微妙な表現の問題なんですけど。

こういうちょっとした齟齬《そご》みたいなものは、『歎異抄』でしばしば出てきます。どうしてこんなことになるかというと、やはり覚え書きの性格が強いからではないでしょうか。親鸞の話していたことを思い出しながら書いているので、微妙に唯円の解釈が入る。先述した、「**念仏者は無礙の一道**」みたいなことになってしまうのです。「**念仏者は無礙の一道**」など、どう考えても文脈的におかしいのですが、そう親鸞が話していたように唯円は記憶しているのでしょう。

例えば第十条にある「**念仏には無義をもつて義とす。**」も、親鸞の著作には出てきません。親鸞が「無義をもって義とす」と言うのは、「他力は無義をもって義とす」という場合だけです。これは師・法然の教えによるものです。「念仏には無義をもって義とす」というのは見当たりません。唯円が聞いたのを思い出しながら書いたのでこうなったのか、唯円の解釈なのか、その辺はわかりません。

ですがそこは一旦横に置いておいて、読み進めていきましょう。次の、「**弥陀の本願には、老少・善悪のひとをえらばれず、ただ信心を要《よう》とするとしるべし。**」ですが、先ほど述べた阿弥陀仏の四十八の願いの中、我々衆生に対する願いが十八番目と十九番目と二十番目に出てきます。この十八番目が、「すべての念仏の衆生を救う」というものです。

そしてその願いの対象は、老若男女や善人悪人といった区別がない。ただ、阿弥陀仏にお任せをする（我に任せよとの仏の願いに従う）、その信心があれば救いは成り立つ、この一点なんだ、となります。

　仏教の本来の形からいうと、ずいぶん独特の展開をした観があります。考えてみると、日本は浄土仏教が突出して発達した文化圏ですね。中国でも浄土仏教が発達しますが、禅とセットなのです。浄土教だけが独立してこんなに発達したというのは、やはり日本の特徴でしょう。

　仏教は広大な体系をもっています。それがある文化圏に流入してくると、そこに歯車が合ったものが発達する事態を繰り返してきました。アジアの東の端の列島で暮らす人たちに、浄土仏教はよほど合ったのだと思います。

「ただ信心を要《よう》とすとしるべし。」の一文も、実に独特です。

　仏教というのは本来、心身を鍛錬しながら道を歩んで、ついに到達するというような構造です。なのに、信心ひとつで救いは成り立つと言うのです。まるでキリスト教のようなタイプに近い仏教、そういう印象を持たれる人もいるかと思います。ただ、この「信心」は私たちが一般的に考える信仰とはかなり異なります。

「そのゆゑは、罪悪深重《ざいあくじんじゅう》・煩悩熾盛《ぼんのうしじょう》の衆生《しゅじょう》をたすけんがための願にまします。」は、「深い罪と悪を抱えた者、煩悩が盛んに燃え盛って次から次へ湧き出てくる者、そういう者を助けるための願いだから（老若男女・善人悪人といった選別はない）なのだ」ということです。

　ただこの善悪についても、少し考えねばなりません。

　仏教で考える善や悪は、私たちが思い浮かべる事柄とは違うからです。仏教の源流から考えると、何らかの業を生み出すものが悪なので、自分の都合を通した行為はすべて悪となります。また、悟りへの道を邪魔するものを煩悩であるとします。「悟りの障害となるもの、身を煩《わずら》わすもの、心を煩わすもの、苦悩のもととなるもの」、それが煩悩です。

つまり善人とは、きちんと自分の煩悩を断って悟りを開ける人なのです。悪人はそういうことができない人となります。だが、自分では悟りを開くことのできない、コンコンと自分の都合が湧いてきて業を積み重ねてしまうような、そんな生き方しかできない、その人のために、この仏はいるのだ、だから信心の一点において、救いは成立する。第一条はそういう内容です。**「本願を信ぜんには、他の善も要にあらず、念仏にまさるべき善なきゆゑに。悪をもおそるべからず、弥陀の本願をさまたぐるほどの悪なきゆゑにと云々。」**は、「仏様にお任せできれば、それに勝る善もなければ、その救いを妨げるほどの悪もないんだ」となります。

第一条を読むと、強さをすごく感じます。宗教を研究していると、様々な宗教者や信仰者に出会います。力強く生きておられる様子を見ていると、神に支えられた自我ほど強いものはない、としばしば感じます。それと同じ強さをここに見るのです。善もいらない、悪も妨げにならないんだ、この道を歩めば。そう言い切れる強さ。この道だけ。たった一つを選んで歩み抜く。そんな強さです。

だから危ない。

一歩間違えたら、かなり具合の悪いものになります。第一条では、宗教の強さと危なさを同時に感じます。だからこそ、『歎異抄』のような本が必要になってくる。剣が峰を歩くがごとく、そっちに逸《そ》れても間違いだし、こっちに逸れても具合が悪くなる、そういう杣道《そまみち》を行く、そこに信心の道があります。強さと危なさこそが、『歎異抄』という書物が成立した所以《ゆえん》です。『歎異抄』を読むことでそれを知ることができます。

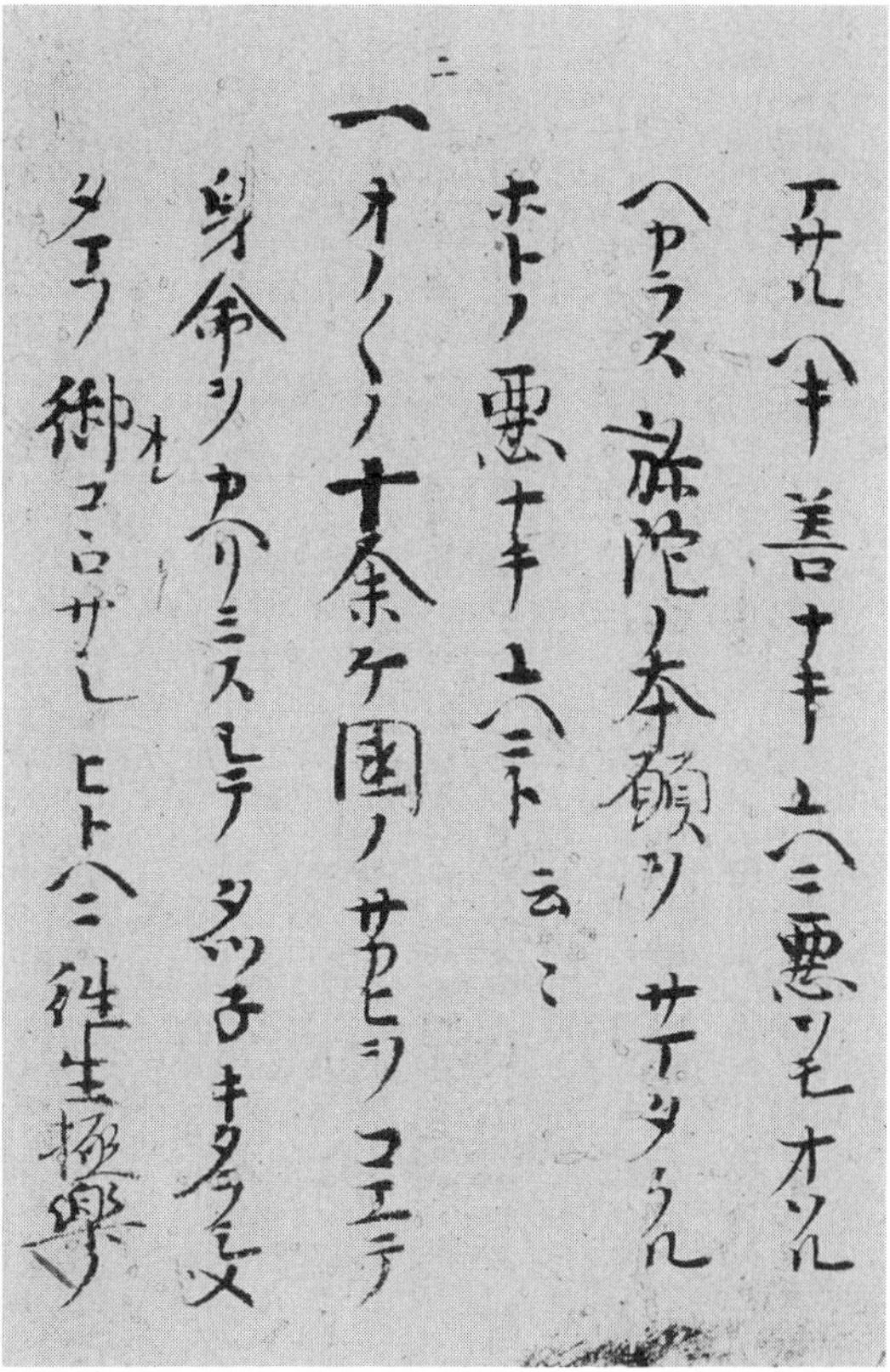
マサルヘキ善ナキユヘニ悪ヲモオソル
ヘカラス弥陀ノ本願ヲサマタクル
ホトノ悪ナキユヘニト云々
二
一 オノ〳〵ノ十余ケ国ノサカヒヲコエテ
身命ヲカヘリミスシテタツネキタラシメ
タマフ御コヽロサシヒトヘニ往生極楽ノ

「蓮如上人書写本」（本願寺蔵）

【第二章】 近代知性が痺れてしまう（第二条）

■第二条を読む

[第二条]

一　おのおの十余箇国《じゅうよかこく》のさかひをこえて、身命《しんみょう》をかへりみずして、たづねきたらしめたまふ御こころざし、ひとへに往生極楽《おうじょうごくらく》のみちを問ひきかんがためなり。しかるに念仏よりほかに往生のみちをも存知《ぞんじ》し、また法文等《ほうもんとう》をもしりたるらんと、こころにくくおぼしめしておはしましてはんべらんは、おほきなるあやまりなり。もししからば、南都《なんと》北嶺《ほくれい》にもゆゆしき学生《がくしょう》たちおほく座《おわ》せられて候ふなれば、かのひとにもあひたてまつりて、往生の要《よう》よくよくきかるべきなり。親鸞におきては、ただ念仏して、弥陀にたすけられまゐらすべしと、よきひと（法然）の仰せをかぶりて、信ずるほかに別の子細《しさい》なきなり。念仏は、まことに浄土に生《うま》るるたねにてやはんべらん、また地獄におつべき業《ごう》にてやはんべるらん、総じてもつて存知せざるなり。たとひ法然聖人にすかされまゐらせて、念仏して地獄におちたりとも、さらに後悔すべからず候ふ。そのゆゑは、自余《じよ》の行《ぎょう》もはげみて仏《ぶつ》に成るべかりける身が、念仏を申して地獄にもおちて候はばこそ、すかされたてまつりてといふ後悔も候はめ。いづれの行もおよびがたき身なれば、とても地獄は一定《いちじょう》すみかぞかし。弥陀の本願《ほんがん》まことにおはしまさば、釈尊《しゃくそん》の説教虚言《せっきょうきょごん》なるべからず。仏説《ぶっせつ》まことにおはしまさば、善導《ぜんどう》の御釈《おんしゃく》虚言したまふべからず。善導の御釈まことならば、法然の仰せそらごとならんや。法然の仰せまことならば、親鸞が申すむね、またもつてむなしかるべからず候ふか。詮ずるところ、愚身《ぐしん》の信心におきてはかくのごとし。このうへは、念仏をとりて信じたてまつらんとも、またすてんとも、面々《めんめん》の御はからひなりと云々。

（現代語訳：あなた方がはるばる十余りもの国境をこえて、命がけでわたしを訪ねてこられたのは、ただひとえに極楽浄土に往生する道を問いただしたいという一心からです。けれども、このわたしが念仏の他に浄土に往生する道を知っているとか、またその教えが説かれたものなどを知っているだろうとかお考えになっているのなら、それは大変な誤りです。そういうことであれば、奈良や比叡山にもすぐれた学僧たちがいくらでもおいでになりますから、その人たちにお会いになって、浄土往生のかなめを詳しくお尋ねになるとよいのです。

この親鸞においては、「ただ念仏して、阿弥陀仏に救われ往生させていただくのである」という法然上人のお言葉をいただき、それを信じているだけで、他に何かがあるわけではありません。

念仏は本当に浄土に生れる因なのか、逆に地獄に堕ちる行いなのか、まったくわたしの知るところではありません。たとえ法然上人にだまされて、念仏したために地獄へ堕ちたとしても、決して後悔はいたしません。

なぜなら、他の行に励むことで仏になれたはずのわたしが、それをしないで念仏したために地獄へ堕ちたというのなら、だまされたという後悔もあるでしょうが、どのような行も満足に修めることのできないわたしには、どうしても地獄以外に住み家はないからです。

阿弥陀仏の本願が真実であるなら、それを説き示してくださった釈尊の教えがいつわりであるはずはありません。釈尊の教えが真実であるなら、その本願念仏のこころをあらわされた善導大師の解釈にいつわりのあるはずがありません。善導大師の解釈が真実であるなら、それによって念仏往生の道を明らかにしてくださった法然上人のお言葉がどうして嘘いつわりでありましょうか。法然上人のお言葉が真実であるなら、この親鸞が申すこともまた無意味なことではないといえるのではないでしょうか。

つきつめていえば、愚かなわたしの信心はこの通りです。この上は、念仏して往生させていただくと信じようとも、念仏を捨てようとも、それぞれのお考えしだいです。

このように聖人は仰せになりました。）

［解説］

■「身命をかへりみずして」

親鸞は、六十二、三歳のときに北関東から帰洛しました。そのため、東国から仲間たちが命をかけて会いにくることがありました。当時の日本はいくつもの国に分かれ、それぞれに国境があったので、「十数カ国の国境を越えて」は、東国から京都まで来るのに、十何カ国を通る必要があったことを意味します。

大変な旅です。往復だけでも一カ月以上かかります。旅程は天候にも左右されますし、京都で滞在もするでしょうから、トータルで二カ月はかかっただろうと思われます。

親鸞の仲間はほとんどが武士（といっても近世の武士とは異なります）や農民や商人です。貧しい庶民が二カ月も仕事を休み、京都に行って戻ってくるのですから、とても困難なことだったでしょう。中世ですから街道も整備されていません。一人では難しいので、集団で旅をしたようです。

文字通り「**身命《しんみよう》をかへりみずして**」ですね。彼らは命がけで親鸞を訪ねてきたのです。「不惜身命《ふしやくしんみよう》」という言葉があります。貴乃花が横綱に昇進した際の口上で使われたことでも知られていますが、もともと『法華経』「譬喩品《ひゆほん》」に出てくる言葉です。命を惜しまず、仏道に邁進《まいしん》するときに使います。善導（※六一三〜六八一年、中国、唐の浄土教の大成者）もこの用語を使って歌を作っており、親鸞も引用しています。命を惜しまず道を求める状況で訪ねてくるその場面に、著者である唯円は果たして同席していたのでしょうか。聞いた話かもしれないし、実際見ていたのかもしれません。親鸞が八十二歳か八十三歳のときだろうと言われています。

京都に生まれた親鸞は、比叡山（※京都市・大津市の比叡山にある天台宗の総本山延暦寺を指す）で修行していましたが、二十九歳のときに法然の元に行きました。三十五歳で新潟に流罪になり、刑期が終わったあと、善光寺あたりで念仏聖《ねんぶつひじり》たちと交流します。そこから、現在の栃木、茨城、千葉、福島、東京、埼玉、静岡など、関東（東国）で精力的に活動しました。大勢の仲間が生まれ、たくさんの拠点ができます。親鸞の生涯の中で最も充実したときと言えます。しかし、前述したように、六十二、三歳あたりで彼らと決別して京都に戻ります。

戻ってからも苦労は多く、八十三歳で火事に遭い、焼け出されてしまう。住む場所もなくなり、同じく僧侶になっている弟の尋有《じんう》（※生没年不詳）がいた善法院に身を寄せる。この善法院に最期までいることになります。

また、八十四歳のとき、長男の善鸞と縁を切らなくては事態は収拾できないという状況になります。厳しい人生の終盤を送っている中、東国から命をかけて訪ねてきた人たちがいたわけです。

そんな背景を持つ**「おのおの十余箇《じゅうよか》国《こく》のさかひをこえて、身命《しんみょう》をかへりみずして、たづねきたらしめたまふ御こころざし、」**です。「あなたたちが十数カ国の国境をこえて命をかけてここに訪ねてこられた、そのお気持ち」は、**「ひとへに往生極楽《おうじょうごくらく》のみちを問ひきかんがためなり。」**、つまり「浄土往生の道を質問するためなんですね」となります。それが第二条の出だしです。

■親鸞のオリジナリティ――縦のつながりと横の広がり

親鸞と弟子については、『歎異抄』第六条の**「親鸞は弟子一人《いちにん》ももたず候ふ。」**という言葉がよく知られています。親鸞自身は法然を生涯の師と仰いでいたので、この言葉は師弟関係そのものを否定するのではなく、当時蔓延《まんえん》していた弟子を囲い込む風潮を批判する意味合いが強かったのではないでしょうか。少なくとも、親鸞の教えを受けた人たちは、「自分は親鸞の弟子だ」という思いがあったはずです。

特筆すべきなのは親鸞が、弟子も自分も、仏の前では皆同じ道を歩む者、というイメージを持っていたことです。この「仏の前には横並び」という親鸞の立ち位置は、仏教の中ではめずらしい思想構造です。仏教というのは基本的に、師から弟子へ、縦につながっていく図式になっていますので。

親鸞の横並びの意識と、仏道の教えが連綿と時間軸でつながっているという感覚。これが第二条では両方出てきます。注目していただきたいポイントです。

■親鸞の弟子たち

第二条を先に進む前に、親鸞の弟子たちのことを少し紹介します。親鸞の門弟の住所や名前が記された『門侶交名牒《もんりよきようみようちよう》』という記録が残っています。もともとは行政府などに提出した書類です。親鸞の教えに帰依《きえ》した念仏者は、有力な直弟子を中心に団結し、直弟子の居住する地名が集団の呼称になりました。「～門徒」というふうに呼ばれています。

［高田門徒］

高田門徒は、下野国《しもつけのくに》（現在の栃木県あたり）の高田を拠点としました。真仏《しんぶつ》（※一二〇九～五八年）、顕智《けんち》（※一二二六～一三一〇年）らが有名な直弟子です。真仏は、親鸞が常陸国《ひたちのくに》の稲田にいるときに出会い、教えを受けるようになりました。親鸞が大変信頼していた人物です。

顕智は、もともと真仏の弟子でした。ところが縁あって親鸞の直接の弟子となり、親鸞にとって身近な存在となりました。親鸞が往生した後、末娘の覚信尼《かくしんに》の世話を一生懸命にしたのも顕智です。覚信尼が建てた廟堂がやがて本願寺になることを考えれば、顕智の功績は大きいものがあります。

こういう親鸞に直接教えを受けた人を浄土真宗ではよく「面授《めんじゅ》の弟子」と呼びます。真仏も顕智もまさに面授の弟子たちでした。現在、高田派の本山・専修寺《せんじゅじ》は三重県の津市にあります。

高田派が一番親鸞の真筆を持っているんですよ。

［横曾根門徒］

下総国《しもうさのくに》（現在の茨城県南西部・千葉県北部・埼玉県東部・東京都東部）の横曾根というところに、性信《しょうしん》を中心にした横曾根門徒がいました。横曾根門徒は、横曾根や飯沼を拠点として活動していました。この性信が、のちに善鸞事件の際の収拾にあたったのです。

［鹿島門徒］

常陸国（現在の茨城県の大部分）には、鹿島に鹿島門徒がいました。鹿島神宮の大宮司・片岡信親とその子順信《じゅんしん》（※?〜一二五〇年）が共に弟子となっています。当時は今のように神道と仏教の区別が明確ではありません。片岡信親がまず親鸞の弟子になりました。それから、子の順信にも親鸞の弟子になるよう勧めました。この鹿島神宮が所蔵していた典籍類を、親鸞はかなり利用させてもらっていたとも言われています。大陸からの最新の経典を所蔵していたそうです。

［荒木門徒］

武蔵国《むさしのくに》（現在の東京都と埼玉県の大部分・神奈川県の東部）に源海（※一二一一〜七八年）という弟子を中心とするグループがおり、荒木門徒と呼ばれています。この源海が今の佛光寺派《ぶっこうじは》、興正寺派《こうしょうじは》の源流となります。

■唯円にまつわる伝承

では、この『歎異抄』の著者とされている河和田《かわだ》の唯円はどんな活躍をして、どんな人物だったのか。記述に残っているのは少しですが、親鸞がある程度高齢になってからの弟子だろうとは言われています。

前出の覚如《かくによ》（親鸞の曾孫）の伝記を絵巻物にした『慕帰絵詞《ぼきえことば》』（※全十巻、一三五一年完成）というものがあります。覚如の次男・従覚《じゆうかく》（※一二九四〜一三六〇年）が編纂しました。文章と絵で構成されています。当時の風俗をよく表しているので、歴史資料としても貴重なものです。

その中に、唯円の話が少しだけ出てきます。覚如が晩年の唯円に会ったというのです。唯円が京都に来て、覚如と会い、人々の勝手な意見を見事にさばいた場面が『慕帰絵詞』に描かれています。

「かの唯円大徳は（親）鸞聖人の面授なり。鴻才弁説《こうさいべんぜつ》の名誉ありしかば、これに対してもますます当流《とうりゆう》の気味を添《つ》けるとぞ。」とあります。つまり、「大変才能に溢れ、そしてお話も上手い人だった」と褒め称《たた》えているのです。

おそらく唯円はこのとき、六十七、八歳。当時としてはかなり高齢ですが、人々が納得するだけのものを持っていた。敬意を持たれた存在だったことが窺《うかが》えます。面授の弟子だった、とわざわざ書いてあることからも、親鸞から直接教えを聞いた弟子だったということが人々の共通認識にあったのでしょう。しかし、この唯円もその後すぐに亡くなります。老体に鞭打って京都に上ったのかもしれません。

ところで親鸞の最期を看取った末娘の覚信尼は、生涯で二度結婚しています。最初に、日野《ひの》広綱《ひろつな》という人物と結婚し子供を生みますが、夫は妻子を残して亡くなってしまいます。親鸞はかなりそのことを気にしており、自身の（現存する）最後の手紙に覚信尼と思われる人物のことを書いています。晩年になっても、息子を勘当しなくてはいけなかったり、一人で子育てをしている娘のことを気にしなくてはいけなかったりした親鸞の姿がそこにあります。

これは、やはり在俗ゆえの苦悩です。他の名僧高僧は、家族がいないのだから、そんなことを気にしなくていい。親鸞は晩年まで苦悩しました。家族を持った者の苦悩を最後まで抱えて生きました。

ここに強く胸を打たれます。みっともないといえばみっともない。世俗の問題と縁を切れない。最後までそこに立ち続けなきゃいけない。苦しみの世俗のただ中を、仏道として生き抜きました。親鸞の魅力がそこにあります。

覚信尼は、親鸞が往生した後、小野宮禅念《おののみやぜんねん》という人と再婚します。この二人の間に生まれるのが、唯善《ゆいぜん》（※一二六六～一三一七年）です。

この唯善の師匠が、唯円だとする説があります。唯善は真言や修験道の方に進んだのですが、その後、唯円に導かれて念仏の道に入ったと言われているのです。しかし別の説では、唯円は、覚信尼と結婚する前の小野宮禅念の子供、つまり唯善の異母兄だったとも言われています。

さらに覚如が作った『親鸞伝絵《でんね》』（※一二九五年成立）に、大部《おおぶ》の平太郎という人が熊野にお参りに行く話が出てきます。名前の通り、僧侶ではなく庶民です。農民か武士か、身分にはいくつかの説があります。この大部の平太郎には平次郎という弟がいました。平次郎は周りのみんなから嫌われるくらいの暴れん坊でした。時には自分の妻をカッとなって殺しそうになるほどの人だったのですが、その平次郎が唯円だという説もあります。

いずれも何かの第一次資料があるわけでなく、伝承の域を出ませんが、紹介させてもらいました。

■「念仏して地獄におちたりとも」

第二条に戻ります。

「しかるに念仏よりほかに往生のみちをも存知《ぞんじ》し、また法文等《ほうもんとう》をもしりたるらんと、こころにくくおぼしめしておはしましてはんべらんは、……」のところです。

親鸞はなんと、命をかけてやってきた相手に、「あなたたちは、命がけでやってこられた。きっと、浄土往生の道を聞くためなんでしょう。でも私は念仏以外なんにもないんですよ」と述べます。取りつく島もない態度ですね。

「こころにくくおぼしめしておはしましてはんべらん」など、言葉遣いはとても丁寧であり、普段からこういうふうに喋る人だったのでしょう。弟子たちに対しても敬語です。だが、この部分、大変丁寧な言葉を使っている割には、かなりきついことを言っています。

「念仏の他に往生の道を私が知っていて、その根拠となる経典なども知っているのではないかと疑っておられるのは大きな誤りです。もし、他にもっと深遠な教えがあり、難しい教義体系があり、そのことを知りたいというのならば、奈良や比叡山に素晴らしい先生方がおられるから、そちらへ行って聞いてください」と告げるのです。

「自分は念仏以外ないんだ」と語るばかりか、「納得できないなら、他所《よそ》へ行って、往生の要の教えを聞かれたらいかがですか」と言い放ちます。繰り返しますが、命がけで来てくれた人たちにです。

その次、**「親鸞におきては、ただ念仏して、弥陀にたすけられまゐらすべしと、よきひと（法然）の仰せをかぶりて、」**からは、さらにエッジが効いてきます。

ちなみに、ここでの**「よきひと」**は法然のことですが、他の人物を指す場合もあります。親鸞の手紙を集めた『末燈鈔《まっとうしょう》』（※一三三三年、従覚が編纂）の中では、『唯信鈔《ゆいしんしょう》』（※一二二一年撰。法然開題の専修念仏義をまとめたもの）を書いた聖覚《せいかく》（※一一六七〜一二三五年、鎌倉初期の僧）、『自力他力事』（※成立年不詳）を書いた隆寛《りゅうかん》（※一一四八〜一二二七年、平安末期・鎌倉前期の僧）など、この人たちのことも「よきひと」と表しています。

親鸞は、「よきひとである法然の仰せをいただいて、それを信じる他に、何もない」と言い、さらに、「念仏は本当に浄土に生まれるという原因となるのか、また地獄に落ちる業なのか、いずれも私は知りません」と続けます。

そして、「たとえ法然聖人に騙されて念仏して地獄に行っても後悔はないんだ」と明言します。

そういえば、オウム真理教事件が起きた時にこの文章を引いた評論家がいました。宗教にはもともと師を盲信する危うさがあるんだ、親鸞だって法然に騙されて地獄に行っても後悔しないと言っているじゃないかといった文脈で紹介していたのですが、「ちゃんと読め」と言いたい。ここだけ読むから誤読するわけであり、この文章は『歎異抄』の文脈で読まないといけません。

というのも親鸞はこの後、「念仏して地獄に行っていいんだ、なぜなら、俺はもともと地獄行きの身なんだ」と吐露しているのです。

「地獄行きの自覚」、ここに立つからこの言葉が光ってくるわけです。部分的に切り取ると具合悪いんですよ。

■息子・善鸞の問題

次へと読み進む前に、「念仏の他に往生の道を私が知っていて、その根拠となる経典なども知っているのではないかと疑っておられるのは大きな誤りです」という部分について、少し説明を足します。

「念仏の他に往生の道」とはどういうことでしょうか。親鸞は何かを隠していると思われていたのでしょうか。実は、ここには息子・善鸞の問題が関わっているだろうと言われています。

善鸞は京都で暮らしていましたが、関東へ行って活動するようになります。そこで、「俺は息子だから、父親から特別な教えを授けられている。君たちは知らないだろうけど、俺だけが知っている教えがあるんだ」と触れ回っていたらしいのです。この善鸞の活動が東国に混乱をもたらします。そんな背景にあるために、こういう言葉が出たのだろうと推測されています。

■念仏すると無間地獄に?——日蓮と四箇格言

さらにもう一つ、**「念仏して地獄におちたりとも、」**の部分なのですが、これには、当時関東で活躍していた日蓮（※一二二二～八二年、日蓮宗の開祖。主著に『立正安国論』）に関係があるかと思います。

日蓮は法然の念仏に対して厳しい批判を展開していました。日蓮が親鸞グループを直接名指しで非難していた記録があるわけではないのですが、当時の親鸞関係の門徒は随分多いのです。『門侶交名牒』に出てくるのが四十八名ほど、それ以外で、手紙に名前が出てくるだけでも、三十名はいます。親鸞に直接教えを受けてお念仏の道を歩んだ人は、中心人物だけで百名くらいいるわけです。それぞれ、数十名のグループだと考えると、当時の人口からしてかなり大きい集団でした。ですから批判の対象となっていたのでしょうね。

「四箇格言《しかかくげん》」と呼ばれるものがあります。「念仏無間《ねんぶつむけん》、禅天魔《ぜんてんま》、真言亡国《しんごんぼうこく》、律国賊《りっこくぞく》」と、仏教各派を批判した内容になっています。日蓮が直接使った言葉ではありませんが、日蓮の他宗批判を要約したものとして知られています。

「念仏無間」は、念仏するやつは無間地獄に落ちるぞ、という意味です。禅をやるのは天魔の所業であり、真言は国を滅ぼす教えであると。「律国賊」の律というのは奈良仏教のことですので、奈良仏教は国賊だというわけです。

中でも念仏批判は激烈だったんですね。その影響が関東の人たちにあったのでしょう。しかし、それに対して親鸞は、「念仏して地獄に落ちるかどうか、私にはわかりません」と言います。親鸞の真意はどこにあったのでしょうか。それはこれから先を読むことで見えてきます。

■「地獄は一定すみかぞかし」

第二条に戻ります。

「そのゆゑは、自余《じょ》の行《ぎょう》もはげみて仏《ぶつ》に成るべかりける身が、」から**「とても地獄は一定《いちじょう》すみかぞかし。」**のところです。

この**「とても地獄は一定すみかぞかし。」**の言葉と高校時代に出会い、救われた人がいます。哲学者の梅原猛さん（※一九二五〜二〇一九年。主著に『地獄の思想』『水底の歌——柿本人麿論』）です。「地獄行きの身なんだ、俺は」の言葉に救われるというのは、なかなかピンときませんが、どん底の人間にとって強烈に光を放つ言葉なのかもしれません。

先ほどの段落からの繋《つな》がりになりますが、ここを訳すと、「地獄に行くのか、浄土に往生できるのか、私にはわからない。私はただ法然聖人の教え通りに道を歩みます。それで騙されても、地獄に行ってもいいんです。なぜなら、他の行に励んで仏になれる人間が念仏して地獄に行ったら騙されたことになるかもしれませんけど、私はどの道も歩めない人間だからです」となります。

「いづれの行もおよびがたき身なれば、」

「私はどの道も歩めない人間なんだから」

「地獄は一定すみかぞかし。」

「地獄行きへ定まった身なんです」

一定とは、もうそこに定まっているという意味です。もうそこしか行き先がない。「だから、念仏して地獄に行っても騙されたことにはならないのです」。そういうことを、はるばるやってきた皆に言うわけです。

■「愚身の信心におきてはかくのごとし」

親鸞はこれまでの段落で、自分自身の信心の在りようを語りました。

そもそも法然の元に弟子入りしたときも、相当な決心を持って行きました。親鸞二十九歳。すでに二十年比叡山にいて、それなりに修行もできていました。当時の年齢からいえば、そこそこいい歳です。そんな人が百日間お堂に籠って、自分が進むべき方向を模索したのです。九十五日目に聖徳太子（※五七四〜六二二年、飛鳥時代の推古天皇の摂政で仏教興隆に尽力した）の化身である観音菩薩（※観世音菩薩。大乗仏教において特に崇拝される菩薩）が夢に出てきて、法然の元へ行くことを決心します。それから、法然の教えを百日間聞きに通います。そしてこの人だと定まった。

もしかするとすでに心は決まっていて、それを確認するために百日通ったのかもしれませんね。では読み進めましょう。

「弥陀の本願《ほんがん》まことにおはしまさば、釈尊《しやくそん》の説教虚言《せつきようきよごん》なるべからず。」から**「念仏をとりて信じたてまつらんとも、またすてんとも、面々《めんめん》の御はからひなりと云々。」**までの部分です。

阿弥陀仏の全ての念仏者を救うという願いが、仏教体系中における救済原理です。親鸞はそこを語ります。

「阿弥陀仏の本願が本物であれば、お釈迦様のお話しなさったことも本物であろう。お釈迦様のおっしゃったことが本物であれば、それをきちんと受け止めて解釈された善導という人の教えも本物に違いない。善導の教えが本物であれば、ただ善導一師に依拠すると宣言した法然上人の教えも偽物ではないだろう。法然上人が偽物でないのなら、法然上人のおっしゃる通り伝えている私の言っていることも、まんざらデタラメではないのではないでしょうか」

まさに連綿と続く教えの鎖です。

このようなところに、やはり天台で文献学を学んだ人だなという印象を受けます。当時の天台は、文献派《ぶんけんは》と勧進派《かんじんは》に大きく分かれました。文献派というのは、文字通り文献学の方法によって学ぶグループです。勧進派は、文献の学問でなく、布教・伝道を実践するグループです。

ここでは、文献派であった親鸞の姿を垣間見るような気がします。

「詮ずるところ、愚身《ぐしん》の信心におきてはかくのごとし。」は、「突き詰めたら、私の信心というのはこれで全部です」となります。これで全部。ザッツオールです。

「このうへは、念仏をとりて信じたてまつらんとも、またすてんとも、面々の御はからひなり」

「お念仏を信じてこの道を歩もうとも、この道を捨てようとも、みなさん自分で決めて行ってください」

命をかけて訪ねてきている人に**「面々の御はからひなり」**と言い放つ。そびえ立つ壁のような峻厳さを感じます。いずれ読むことになる「後序」に出てくる次の一文とリンクします。

「弥陀の五劫《ごこう》思惟《しゆい》の願をよくよく案ずれば、ひとへに親鸞一人《いちにん》がためなりけり。」

「阿弥陀仏の願いはなぜあるのか。俺一人のためだ」

親鸞というのはそういう表明をした人なのです。

蓮如なら、こんなことはしないでしょう。蓮如はやって来た人に、暑いときには冷酒を出し、寒いときには熱燗《あつかん》を出すといった細かな心遣いをする人でしたから。苦労してはるばる訪ねてきた人ならもっと歓待したと思いますね。「面々の御はからい」なんてことは言わないように思います。

親鸞は仏道に関しては、とても厳しい人だったのでしょう。近代の思想研究者たちが魅了されたのは、親鸞のこの部分です。まるで実存哲学者のような人が、中世の日本に屹立《きつりつ》していました。日本宗教文化圏ではかなり珍しいタイプです。

日本の宗教文化の風土は、なんでも融合していきます。神様も仏様もみんな融合していき、境界がどんどん溶けていく。そのような傾向が強い中、親鸞は「他の道は自分にはない。この道しかない。みなさん、この道を信じようとも捨てようとも、自分で決めてください」と言う。

近代知性が痺《しび》れるところです。そういう意味では、近代において親鸞が高く評価された要因の一つに『歎異抄』があります。『歎異抄』を通して見る親鸞によって再評価されました。おそらく前近代の親鸞のイメージと、近代の親鸞のイメージは随分違うのだと思います。

前近代は、宗派の宗祖としての親鸞像が強い。もっと温かでおだやかなイメージですね。しかし、西洋の宗教思想や哲学がどっと入って来た近代になって、罪の問題や悪の問題が日本の宗教の領域に突きつけられました。そこにがっぷり四つに組めるのは誰かといえば、やはり親鸞です。罪の問題や悪の問題に、突き詰めて取り組み、抱え続けるタイプの宗教者は日本宗教文化圏にはあまりいませんでした。その辺りも第二条から感じるところです。

■ともに道を歩む――真仏房への手紙

しかし、親鸞が独立独歩だけの人だったかと言うとそうではありません。その辺りを少しご覧いただきたく、親鸞の手紙を取り上げます。親鸞は仏道に関しては大変厳しいのですが、ともに道を歩むというところも大切にしていたのです。『歎異抄』だけで親鸞を捉えると、見落とす部分です。一緒に泣き、一緒に歌い、一緒に笑う親鸞を、遺された手紙の中からは感じることができます。この振り幅も、親鸞の魅力です。

例えば、真仏房《しんぶつぼう》への手紙があります。真仏房とは、顕智と共に親鸞に大変信頼されていたあの高田門徒の真仏のことです。「～房」というのはお互いの呼び方です。

顕智と共に関東の高田にいる真仏に宛て、親鸞は手紙を書いています。内容は、円仏房《えんぶつぼう》という人に関することです。この人物、名前は残っていますが詳細はわかりません。親鸞が、かつて火事で焼け出された時期に京都に来ていたようです。その円仏房のことを、よろしくお願いしますという手紙です。

「このゑん仏ばう、くだられ候ふ。こころざしのふかく候ふゆゑに、主《ぬし》などにもしられまうさずして、のぼられて候ふぞ。こころにいれて、主などにも仰せられ候ふべく候ふ。」

また丁寧な言葉遣いですね。

「円仏房さんが関東の方に帰られることになりました（このゑん仏ばう、くだられ候ふ）」とあります。

円仏房はとにかく志の熱い人だったようです（こころざしのふかく候ふ）。どうやら一人で京都に来たらしいのです。円仏房は小作などをして働いていたのでしょう。自分の雇用主にも断らずに勝手に親鸞のところに来たようなので（主などにもしられまうさずして、のぼられて候ふ）、帰っても具合が悪いことになるのではないかと思った親鸞が、「なんとかうまくとりなしてあげてください」と真仏に依頼する手紙なんですね。ただただ厳しさを見せるだけではない。身命をかけてやって来た人に、こういう心遣いもしていました。

■慶信房への手紙

親鸞の手紙は、四十三通残っているのですが、ほとんど七十九歳から八十八歳までの、約十年間のものです。その中でも親鸞が八十五、六歳のときの、少し珍しい手紙を紹介しましょう。

慶信房《きょうしんぼう》という人物が関東にいたのですが、彼は親鸞に質問の手紙を送っています。これに関して親鸞は丁寧に、細かな言葉遣いに訂正を入れ、こんなふうに考えるんですよと、添削をしています。通常ならそこに、親鸞からの手紙も添えて返信をするのですが、このときの親鸞は体調を崩している状況でした。代わりに、親鸞のそばでお世話をしていた蓮位《れんい》（※生年不詳〜一二七八年、鎌倉時代の僧）が代筆した手紙を添えました。それが、以下の慶信房への手紙です。

蓮位は親鸞に、自分が代筆した手紙を見せて、「これでいいですか」と尋ね、「はいこれで結構です」と了解をとっています。そんな内容も述べられています。

この長い手紙は、途中まで慶信房への返事ですが、後半は慶信房の父・覚信房の話になります。覚信房は京都に来て往生しました。そのことを関東に住む息子・慶信房に伝えているわけです。

■二河白道の喩え――「慶信房への手紙（蓮位による代筆）」

「そもそも覚信房の事、ことにあはれにおぼへ、また、たふとくもおぼへ候ふ。そのゆへは、信心たがはずして、おはられて候ふ。」

京都に向かう途中で、覚信房は体調を崩しました。同伴者は口を揃えて、もう帰ったほうがいいと言うのですが、それを振り切って京都まで向かい、往生します。その様子も述べられています。

「（中略）のぼり候ひしに、くにをたちて、ひといちとまふししとき、やみいだして候ひしか

ども、」

ひといちは地名です。今の埼玉県あたりらしいのですが、そこで病気になったようです。

「同行たちはかへれなむどまふし候ひしかども、」

「帰ったほうがいいよとみんな言うんだけれども」

「死するほどのことならば、かへるとも死し、とどまるとも死し候はむず。また、やまひはやみ候はば、かへるともやみ、とどまるともやみ候はむず。おなじくは、みもとにてこそおはり候はば、おわり候はめとぞんじてまいりて候ふ也」

「もし死ぬような病であれば戻っても死ぬし、この先旅を続けていても死ぬんだ。同じなら親鸞聖人のもとに行きたいんだ」と言って旅を続けたのです。

そして、地元に帰ることはなく、旅先の京都で往生することになります。

蓮位は、覚信房の臨終の様子に大変胸打たれたと書いています。あなたのお父さんの最期はこうだったんですよ、と筆に力が込もっています。

蓮位は「羨ましい」と綴っています。あの往生はまるで善導様がおっしゃった二《に》河白道《がびゃくどう》のようだ、と。

「善導和尚の釈の二河の譬喩《ひゆ》におもひあはせられて、よにめでたくぞんじ、うらやましく候ふ也。」

二河白道は善導のオリジナルのたとえ話です。

ある男が道を歩んでいこうと思ったとき、ぱあっと周りが見えてきた。それまでこの男は周りがよく見えていなかったのです。しかし、見えたものは左手は猛火が渦巻く火の河で、右手は津波がおし寄せる水の河です。これはもうとても前に進めない。戻ろうとすると猛獣や盗賊がこの人を殺そうとやって来た。よく見たら、二つの河の間に細い道が一本見えている。これが白道です。

　前に進んでも生きていくことはできないし、戻ることもできない、じっとしていても死ななくてはならない。これを三定死《さんじょうし》といいます。ドイツの実存主義哲学者のカール・ヤスパース（※一八八三〜一九六九年。主著に『現代の精神的状況』『哲学』）が言った「限界状況」（※人間存在を限界づける状況。極限状況とも言う）に比することができるでしょう。生きていく上で、絶体絶命の状況がある。前にも後ろにもいくことができない、どうしようもない状況。そんなときこの人は、はるか前方（西の岸）から「来い」の声を聞く。東の岸からは「行け」の声が。声を聞いたこの人は、この道へと一歩踏み出す。

　限界状況をブレイクスルーする一歩を踏み出すわけです。そういう喩えです。これを作った善導が、火や水、襲ってくるもの、聞こえてくる声、全て何の喩えなのか自ら解説しています。これを親鸞はくり返し著作に引いています。蓮位は、「まるで二河白道を歩む人のごとき最期でした」、「胸を打たれました。南無阿弥陀仏、南無無礙光如来、南無不可思議光如来と称えられて往かれました」と手紙に書いています。尊く、ありがたく、頼もしくも思えたというのです。

「ああそうか、ああやって自分も死んでいけばいいのか。彼は間違いなく自分を導いてくれるに違いない」。そんな蓮位の思いが、描写されています。

蓮位は親鸞に手紙の文章を見せ、これで送っていいですかと尋ねました。その長い文章を読んだ親鸞は、この覚信房のところで泣いたと、手紙には書かれています。

「これ以上のことはもうありませんでしょう、ありがとうございます」と答えて泣く親鸞の姿に、蓮位も**「よにあわれにおもはせたまひて候ふ也。」**と綴っています。

親鸞も老いており、身体の調子もよくなかった。八十五歳の手紙には「目もみえず候ふ。なにごともみなわすれて候ふ」とあります。そんな親鸞が胸を打たれている姿を見て、蓮位は共感したのでしょう。

付け足すと、この覚信房という人物は、親鸞に近い人だったようです。二〇一九年の六月に親鸞の新しい真筆（断片）が見つかったのですが、それは覚信房に与えたものだというのがわかっています。覚信房に和讃を書いて渡したようなのです。

また、『西方指南抄《さいほうしなんしょう》』（※全六冊、親鸞八十五歳で完成）という、親鸞が編纂した法然の法語録があるのですが、これも覚信房に与えたものが見つかりました。たまたま表紙を修復するとき、裏に覚信房と書いてあったのです。覚信房は親鸞に『西方指南抄』をもらっていました。

■「私、先に往きますので待ってますよ」——顕智と船

親鸞という人物には、そびえ立つ孤高の実存哲学者のような面がある一方で、一緒に泣いたり笑ったり田植えをしたりする面がありました。手紙の中には、「先に浄土へ往った方は待っ

ていてください。私もこれから参りますので。私が先に往った場合は皆さんを待ってますよ」といった文面もあります。この親鸞の振り幅は魅力でもあるし、興味深い。

例えば、先ほども出て来た顕智。親鸞の弟子の中では若いほうですが、彼は決して船には乗らなかったそうです。というのも、あるとき親鸞を訪ねる途中で船に乗った顕智は嵐に遭い、九死に一生を得たらしいのです。無事京都に辿り着き、親鸞に報告すると、親鸞はそれをとても心配したんですね。

そのことを申し訳ないと感じた顕智は、それ以降、決して船に乗りませんでした。船に乗った方が近くて便利な、わずかな距離のところでも乗らない。自分以外の全員が乗っていても、一人だけ遠回りで陸を歩く。

「そんなに船が怖いのか」と皆から笑われると、顕智は、「いや、船は全然怖くないんだよ、事故に遭って息を引き取るのも怖くない。ただ、もし船で事故に遭って往生したとしたら、浄土で、親鸞聖人にお会いしたとき、『船で死にました』と言いたくないんだ」と言ったそうです。

そんなことになったら、心配してくれた聖人に申し訳ない、ということですね。だから自分は船に乗らない。ちょっとばかばかしいと思うかもしれませんが、これは常に先に往った人の目を意識しながら暮らすという態度です。

先に往った人にまた会える世界があるなら、そのときに少しでもいい話がたくさんできるような生き方をしていこう、それが暮らしの規範となるのです。考えてみれば、長生きすればするほど、意識しなくてはいけない先に往った人が増えていきますよね。それが長生きの値打ちです。

宗教人類学的に言っても、死者の目を意識して生きるというのは、人間にとってとても重要なことです。宗教や宗派を超えた問題です。死者とどう関わるか、死者の目をどう意識するか、死者の声にどう耳を傾けるかというのは、人類の知情意の根源なのです。

あらゆる知情意はここをベースにして育まれてきたのではないか。

そんなことを考えながら、第二条と手紙を合わせて読むと、味わいも深まります。

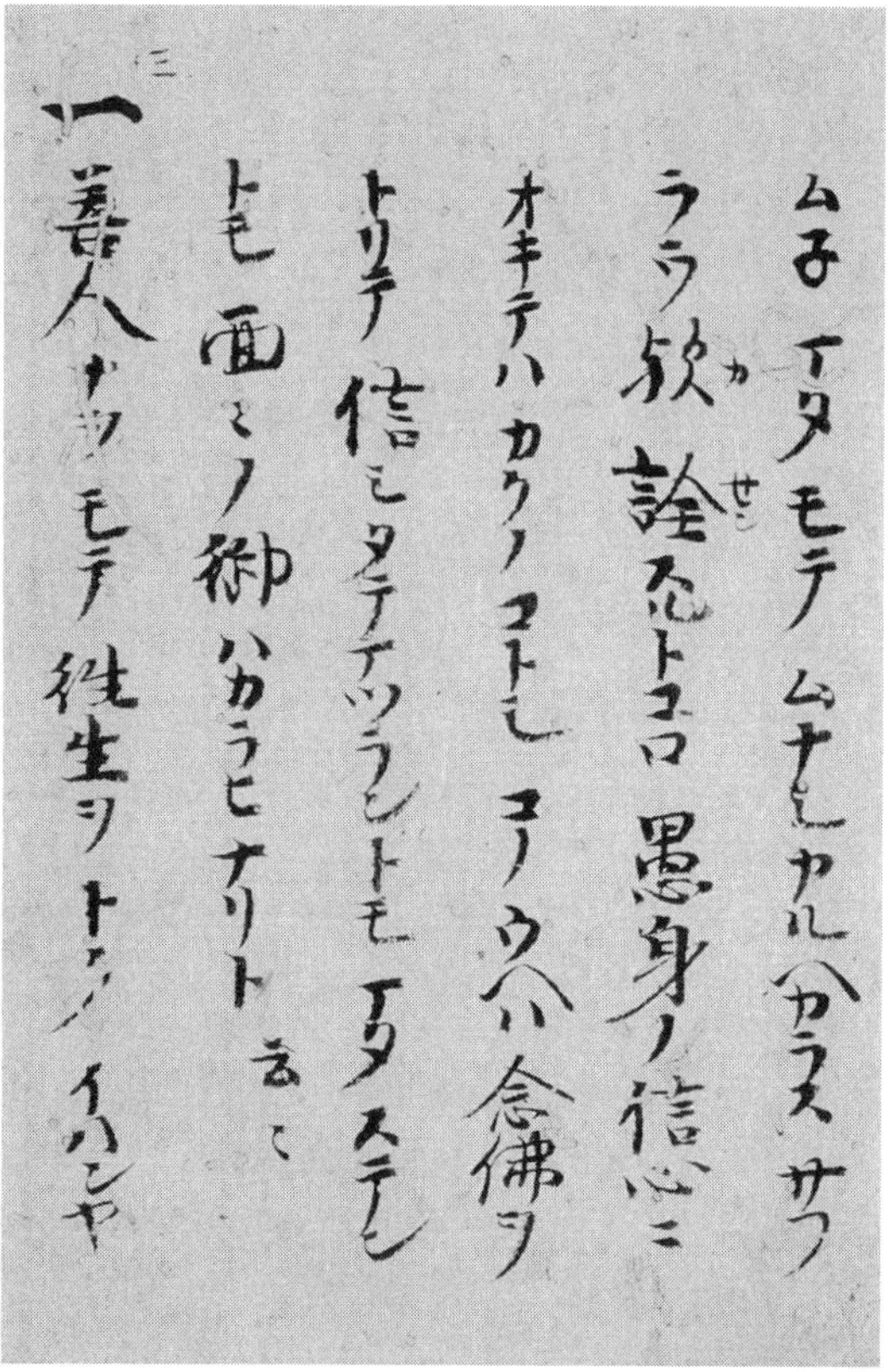
ムネマタモテムナシカルヘカラスサウ
ラウ歟《カ》詮《せん》スルトコロ愚身ノ信心ニ
オキテハカクノコトシコノウヘハ念佛ヲ
トリテ信シタテマツラントモマタステン
トモ面々ノ御ハカラヒナリト云々
三
一善人ナヲモテ往生ヲトクイハンヤ

「蓮如上人書写本」（本願寺蔵）

【第三章】「悪人こそが救われる」が持つ破壊力（第三、四条）

■第三条を読む

［第三条］

一　善人なほもつて往生をとぐ。いはんや悪人をや。しかるを世のひとつねにいはく、「悪人なほ往生す。いかにいはんや善人をや」。この条、一旦そのいはれあるに似たれども、本願他力の意趣《いしゅ》にそむけり。そのゆゑは、自力作善《じりきさぜん》のひとは、ひとへに他力をたのむこころかけたるあひだ、弥陀の本願にあらず。しかれども、自力のこころをひるがへして、他力をたのみたてまつれば、真実報土《しんじつほうど》の往生をとぐるなり。煩悩具足《ぼんのうぐそく》のわれらは、いづれの行にても生死《しょうじ》をはなるることあるべからざるを、あはれみたまひて願《がん》をおこしたまふ本意、悪人成仏《あくにんじょうぶつ》のためなれば、他力をたのみたてまつる悪人、もつとも往生の正因《しょういん》なり。よつて善人だにこそ往生すれ、まして悪人はと、仰せ候ひき。

（現代語訳：善人でさえ浄土に往生することができるのです。まして悪人はいうまでもありません。

ところが世間の人は普通、「悪人でさえ往生するのだから、まして善人はいうまでもない」といいます。これは一応もっともなようですが、本願他力の救いのおこころに反しています。なぜなら、自力で修めた善によって往生しようとする人は、ひとすじに本願のはたらきを信じる心が欠けているから、阿弥陀仏の本願にかなっていないのです。しかしそのような人でも、自力にとらわれた心をあらためて、本願のはたらきにおまかせするなら、真実の浄土に往生することができるのです。

あらゆる煩悩を身にそなえているわたしどもは、どのような修行によっても迷いの世界をのがれることはできません。阿弥陀仏は、それをあわれに思われて本願をおこされたのであり、そのおこころはわたしどものような悪人を救いとって仏にするためなのです。ですから、この本願のはたらきにおまかせする悪人こそ、まさに浄土に往生させていただく因を持つものなのです。

それで、善人でさえも往生するのだから、まして悪人はいうまでもないと、聖人は仰せになりました。）

［解説］

■悪人こそが救われる？

「はじめに」で、加藤辨三郎という科学者にふれました。協和発酵工業の創始者として知られています。ガチガチの科学者だったのが、仏教と出会ったことで人生が変わったという人です。在家仏教協会を立ち上げ、科学と仏道を一つの道として歩みました。加藤がまだ宗教や仏教に興味がない頃、たまたま本屋で『歎異抄』を手に取り、パラッと開いたところが第三条で、「悪人こそが救われる」と書いてある。「誤植じゃないか」と思ったそうです。「納得いかない」と感じ、『歎異抄』の講座へ足を運んだのが転機となったんですね。

第三条といえば、日本がＧＨＱに占領されているときに、作家の司馬遼太郎（※一九二三〜九六年。主著に『竜馬がゆく』『坂の上の雲』）が司令部に呼び出されたエピソードも興味深いものがあります。

当時、産経新聞の宗教担当の記者だった司馬は米軍将校から、「本願寺は悪人こそ天国にゆけると鼓吹しているそうだが、ほんとうか」と聞かれ、「その悪人は凡人のことなんだ。自分で自分を救助《サルヴェーション》できない人間という意味なんだ」と力説しましたが、納得してもらえませんでした。

司馬遼太郎はこのことを何度か書いたり、インタビューで答えたりしています。悪人正機の話は通じなかったというわけです。ですが、もしこの将校がちゃんとしたクリスチャンだったりしたなら、司馬の言っている意味がわかったと思います。

■「自力作善」こそ善人

『歎異抄』で一番有名な第三条です。読んでいきましょう。

「善人なほもつて往生をとぐ。いはんや悪人をや。」

「善人でさえ、往生することができます。まして、悪人はいうまでもありません」

「しかるを世のひとつねにいはく、『悪人なほ往生す。いかにいはんや善人をや』。」

「ところが世間の人は、『悪人さえ往生できるんだから、まして善人は言うまでもない』と言う」

まあ一般的にはそう考えるでしょうね。

「この条、一旦そのいはれあるに似たれども、本願他力の意趣《いしゅ》にそむけり。」

「これはもっともなことのようですが、他力の救いの教えから見ればそうはなりません」

ここで、世間の論理と、宗教的な救いの論理が違う、ということが語られます。

このあと、「なぜなら、自力で修めた自らの努力精進、善や功徳、そういうものによって往生しようとしている人は一筋に本願にお任せする心が欠けている。それは、阿弥陀様の願いにはかなっていないんだ」と続きます。そして、「しかし、自分自身の力をあてにする心を捨て、他力にお任せすれば、その人だって真実の浄土に往生することができます」と述べています。

この**「自力作善《じりきさぜん》」**の人こそ、善人ということになります。

■「悪人成仏」のインパクト

続いて、**「煩悩具足《ぼんのうぐそく》」**のところから読みます。**「煩悩具足」**の「具足」というのは、もう全部完備している、といった意味です。

「煩悩具足のわれらは、いづれの行にても生死《しょうじ》をはなるることあるべからざるを、」

「あらゆる煩悩を備えているようなこの我々は、どのような仏道、修行を実践していても、迷いの世界を離れることはできない」

「生死」というのはこの場合、迷いの世界を指します。煩悩を具足している我らはどんな修行を実践しても、この迷いの世界を離れられない悪人であるというわけです。

「あはれみたまひて願《がん》をおこしたまふ本意、悪人成仏《あくにんじょうぶつ》のためなれば、」

「そういう人を憐れに思って、救う願いを仏様はおこされたのであり、それが仏様の本意なので、悪人成仏なんだ」

それにしても、**「悪人成仏」**という四文字熟語には、大変な破壊力があります。「悪人」と「成仏」という両極端なものを、一言で表しているのですから。元々の仏教の思想からすると、かなり変質していると言わざるを得ません。

「他力をたのみたてまつる悪人、もつとも往生の正因《しょういん》なり。」

「その悪人を救うための願いであり、悪人を救うための仏様なんだ、だから悪人が往生の正因なんだ」

「正因」とは、「浄土に往生するための原因」です。だから、悪人こそが、往生するための原因なんだと言うのです。この部分は後でもう少し考えたいところです。

「よつて善人だにこそ往生すれ、まして悪人はと、仰せ候ひき。」

「善人でも往生できるんだから、自力の人でも往生できるんだから、仏様を頼まなきゃ救われない悪人は当然往生できます、とおっしゃいました」

そもそも煩悩具足の我らを救うための仏であり、願いなのであるから、悪人こそが救われる。でも、善人も救いますよ。そういう理屈です。

■法然の二義性

正機《しょうき》と傍機《ぼうき》という仏教用語があります。正機が一番の対象、そこからちょっとずれた対象が傍機です。

法然の著作『選択本願念仏集《せんじゃくほんがんねんぶつしゅう》』（※一一九八年完成、浄土宗の根本聖典）に、**「浄土宗の意、本《もと》**

凡夫のためなり、兼ねては聖人のためなり。」という一文があります。

「浄土宗の教えは、もともと自分で悟ることのできない凡人のためである。だが、聖人のためでもあるんですよ」という意味です。つまり、凡夫が正機であって、立派な人が傍機なんですね。

この文章は元暁《がんぎょう》（※六一七～六八六年、朝鮮・新羅の学僧で浄土教の先駆者。主著に『金剛三昧経論』『華厳経疏《けごんきょうしょ》』）の『遊《ゆ》心安楽道《しんあんらくどう》』からの引用です。しかし、元暁が「浄土の宗意は」と書いていたところを、法然は「浄土宗の意は」としました。ここから浄土宗という、独立する名称ができたのです。

第三条の**「善人なほもつて往生をとぐ。いはんや悪人をや。」**はとても有名ですが、今日では、法然の言葉であったことがわかっています。実は法然は『一紙《いっし》小消息《こしょうそく》』という手紙で、**「罪人なほ生る、いかに況《いわん》や善人をや。」**（罪を犯した人でも救われますよ、まして善人は当然救われます）とも書いています。全く逆ですよね。そのためかつては、「悪人こそ救われる」は親鸞独特のものだと言われてもいました。

しかし、大正六年に、京都の醍醐寺の三宝院で『法然上人伝記』（※全十八巻、一三一二年頃の成立）が見つかり、法然の言葉として、**「善人尚以往生況悪人乎」**（善人なおもって往生す、いわんや悪人をや）と漢文で書かれていたのが確認されました。

この『法然上人伝記』には、「龍樹、あるいは天親（※あるいは世親。四〇〇年頃～四八〇年頃、インドの仏教思想家、「唯識論」の大成者。主著に『阿毘達磨倶舎論』『唯識二十論』）、曇鸞のような偉大な人だって浄土の往生を願ったんだから、まして我々のようなものは浄土往生を願うべきなんだ」といった文章も書かれています。

とにかく、他力の教えは、自分で悟りを開けないもののための仏道であり、そのための仏が阿弥陀仏なのです。川で溺れている人と、土手にいる人とがいれば、溺れている人を救いますよね。それが、凡人が正機、聖人が傍機ということです。

『法然上人伝記』は通称『醍醐本』と呼び、著者の源智（※一一八三～一二三八年、平家の武将の遺児）は、親鸞よりも年下の兄弟子です。子供の時からずっと法然についており、最期も看取りました。その源智が書いたものなので、一次資料として読める価値があります。ですから、法然が第三条のようなことを言っていたのは間違いありません。法然は、「悪人だって救われますよ、まして善人は」とも、「善人だって救われますよ、まして悪人は」とも両方言ったのです。

法然にはそういうところがあると思います。法然と親鸞、思想は同じなのですが、語りのリズムが違う気がするのです。それはパーソナリティの相違に起因するのかもしれません。親鸞の語りは、重く、どんどんどん……と胸の深いところへ突き刺してくるようなリズムを感じるのですが、法然はもっと当意即妙です。法然のQ&Aが数多く残っているのですが、これが実に明快なのです。指導者としても大変な才能を持った人だったのでしょう。だから、場合によっては言い方を変えた可能性があります。

あるいは文脈で考えていたのかもしれません。

例えば「善人だって往生するんだ、ましてや悪人は」というのは仏の慈悲という文脈で語り、「悪人だって往生します、まして善人は」というのは我々の生き方という文脈で話したこともあり得ます。文脈によって表現を変えることのできた法然は、あるときは我々の側から考え、あるときは仏の側から考えたというわけです。

前にも少し話しましたが、第三条には最後**「云々」**という言葉がついていません。師訓編では第三条と第十条だけないのです。そのため、第三条と第十条は親鸞ではなく、法然の言葉なんじゃないかと推理する人もいます。ただ、室町時代の、『歎異抄』の写本には、第三条にも**「云々」**とついているものがあります。原典がないので、なんとも言えません。おそらく、この**「仰せ候ひき。」**は、「法然上人がそうおっしゃっていたよ、と親鸞聖人が言った」ということではないかと思います。

■「愚者」になる仏道、「悪人」になる仏道

少し考察を進めます。

そもそも阿弥陀仏というのは、「悪人を救うための仏」です。まさに、「悪人正機」です。病院などで「患者さんの具合によっては診察の順番が変わります」と書いてあるところがありますよね。そんなふうに、重症の人は先ですよ、というのが「悪人正機」なのです。

ただ親鸞の場合は、さらに、自分の罪悪性への眼差しがあります。

「自分は地獄行きの身であって、この道以外はない」

そう語る人だったのは、これまで読んできた通りです。親鸞が第三条の、**「善人なほもつて往生をとぐ。いはんや悪人をや。」**以下の文章を語っていたとしたら、自己の内面の表出といった面も含んでいたことでしょう。

そうなると、おかしな表現ですが「本当の悪人に成る」とでも言いますか。悪人に成る仏道とでも言いましょうか。そのような話になってくると思います。

法然には「還愚《げんぐ》」（※愚痴にかえること、自分の愚かさを徹底的に自覚すること）の教えがあります。言ってみれば法然の仏道は愚者になる仏道、還愚して往生する仏道です。

ニュースで見たのですが、どこか仏教系大学の入学式の学長挨拶が、「みなさん、この大学は四年間でみなさんを愚者にする大学です」というものだったそうです。出席した方たちはかなり驚いたでしょうね。それだけご自身の仏道への味わいが感じられる素晴らしい挨拶です。いっそ、「みなさん、この大学は四年間でみなさんを悪人にする大学です」といった挨拶も可能かもしれません（いくらなんでもインパクトありすぎか）。

第三条からうかがえるのは、自らの悪性と向き合い続け、決してごまかさない親鸞の姿です。それが「悪人に成る」ということです。

また、仏の眼から見れば誰もが等しく悪人である、とも言えるでしょう。第六条に、それに近い話が出てきます。みんな仏の弟子だ。あの人の弟子、私の弟子、ということはない。仏の眼から見たらみんな平等であり、同時に誰もが悪人。

逆に自分が善人だと思っている人がいれば、それはそれで危ういでしょう。

いずれにしても、この「悪人こそが救われる」という表現は、罪の問題、悪の問題、そしてそれと共に浮上する救いの問題に関わることは間違いありません。

さらには、社会的な問題も指摘されています。「当時悪人とされていた人たち」と親鸞との関係です。この辺りは後ほどお話ししたいと思います。

■世間の通念とは真逆の価値観

第三条のポイントの一つとして、世間の通念とは真逆の理屈であることがあげられます。社会とは別の価値観が提示されているということ。ここにやはり宗教の本領があります。社会と同じ価値観しか提示できないのであれば、宗教の存在意義はほとんどないと思います。世間と別の価値体系を持っているからこそ、人は救われるのです。

イエス・キリストも、「今、泣いているもの、貧しいもの、苦しんでいるもの、あなたたちこそが幸せである。なぜなら神はあなたたちのためにいるから」と説いています。神の国はあなたのために開いているんだ、と。だから救われる。

ただ、こういう理屈を強調する宗教というのは弱者の宗教タイプですね。ニーチェ（※フリードリヒ・ニーチェ。一八四四～一九〇〇年、ドイツの哲学者。主著に『ツァラトゥストラはかく語りき』『権力への意志』）は、キリスト教は弱者の怨念でできた宗教だと批判しました。同様に浄土真宗も、弱者の仏道、愚者の仏道、悪人の仏道、といった独特の面をもっています。

■仏教における善と悪

善と悪は『歎異抄』のテーマとして、何度も繰り返し出てきます。**「悪をもおそるべからず」**（第一条）という話もありましたし、「後序」には**「善悪のふたつ、総じてもつて存知せざるなり**（善と悪、どちらも私は知らないんだ）**」**、との親鸞の言葉が出てきます。

そこで、仏教における善と悪を少し点検してみましょう。

［初期仏教の善悪］

初期の仏教（※釈迦や直弟子たちによる時代から、部派の分裂前までの仏教）あたりは、善悪に関する考察は比較的シンプルです。原則は「善因楽果」（※よい行いには必ずよい果報があること）、「悪因苦果」（※悪因は必ず悪果をもたらすこと）です。

インド宗教は、我々の行為はすべて、業として蓄積されていくと考えます。良いことをすれば良い業が蓄積され、良い結果がもたらされる。悪い行為によって悪い業が蓄積され、悪い結果がもたらされる。

また、初期仏典には、人のためになるのが善、人を害するのが悪といった理論が説かれています。善をアルタと言うのですが、アルタは「義」とか「利」も意味します。だから、人を利するのが善、人に不利益を被らせるのが悪です。

「七仏通戒偈《しちぶつつうかいげ》」をご存知ですか。お釈迦様よりも先に六人の仏がおられて、お釈迦様が七番目。この七人全員に共通する教えとされています。次のような偈です。

「諸悪莫作《しよあくまくさ》　衆善奉行《しゆうぜんぶぎよう》　自浄其意《じじようごい》　是諸仏教《ぜしよぶつきよう》」

「諸々の悪をなさず、様々な善を行い、心を清らかにする、これが仏の教えである」

初期仏典の『ダンマパダ』などに説かれています。この「七仏通戒偈」に関しては、中国の白居易《はくきょい》（※七七二〜八四六年、唐の詩人。『長恨歌』が有名）と鳥窠道林《ちょうかどうりん》（※七四一〜八二四年、唐代の禅僧）の有名なエピソードがあります。

鳥窠（鳥の巣）と呼ばれたお坊さんが中国にいました。木の上で座禅をよく組んでいたそうです。噂を聞いた白居易が会いに行ったら、やはり木の上で座禅を組んでいました。

「おーい危ないぞー」と白居易が叫んだら、「お前こそ危ないぞー」と返します。

白居易は木の上が危ないと言っているのですが、鳥窠道林は「お前の生き方はそれでいいのか」という意味で言っています。そして白居易が鳥窠道林に、仏の教えとはどのようなものなのかと聞きますと、この「七仏通戒偈」を口にしたそうです。白居易はすごくがっかりして、「そんなのは三歳の子供でも知ってるじゃないか」と言います。すると、鳥窠道林は、「三歳の子供でも知っていることを、八十になっても実践できないじゃないか」と説くのです。

哲学者のロバート・フルガム（※一九三七年〜、米国の作家・哲学者）の著書『人生に必要な知恵はすべて幼稚園の砂場で学んだ』を連想しますね。真理はいつもシンプルなんだ、でも実践できないだろ、というわけです。

［大乗仏教の善悪］

初期の仏教に比べて、大乗仏教では懺悔《さんげ》や内省によって悪や罪と取り組む態度が重要な課題となっていきます。

仏典ですごく悪者に描かれているダイバダッタ（※提婆達多。釈迦のいとこで弟子だが、釈迦の殺害を企てたとされる）やアジャセ王（※阿闍世。古代インド・マガダ国の王。父王を獄中で餓死させ王位に就く。その行為を悔いて仏教に帰依した）をご存知でしょうか。初期仏典を読むと、ダイバダッタもアジャセもあんまり悩んでいないのです。大乗仏典だったらアジャセは深刻な苦悩に身をこがします。

そしてやはり、悪や罪と救いの問題を主題とし続けてきたのは浄土教です。浄土教はこの問題に取り組み続け、ついには仏教の殻まで破って飛び出した感さえあります。浄土教がこの問題を徹底的に考えたからこそ、諸宗教との対話の回路が開かれたと思います。その代わり、仏教が持っているオリジナリティはかなり棄損されたかもしれませんね。浄土教の果たした役割のユニークなところです。

大乗仏教には、「十善戒《じゆうぜんかい》」（※十善を守るための戒律）というものがあります。先ほど業の話をしましたが、「身業《しんごう》」「口業《くごう》」「意業《いごう》」というものがあります。

身体的行為の業が「身業」、言葉の業が「口業」、そして心の業が「意業」です。

それぞれに十善戒が振り分けられていて、不殺生《ふせつしよう》、不偸盗《ふちゆうとう》、不邪淫《ふじやいん》が身体的行為による善業。言葉を使った善業は、不妄語《ふもうご》、不綺語《ふきご》、不悪口《ふあつく》、不両舌《ふりようぜつ》。心で行う善業は、不慳貪《ふけんどん》、不瞋恚《ふしんに》、不邪見《ふじやけん》、となります。

こうしてみると、言葉に関するものが一番多いですね。いかに仏教が言葉に対して警戒してきたかが見受けられます。

このように大乗仏教になってから、罪の問題、懺悔の問題などへの考察が深められていきました。だから『観無量寿経』も成立し、大乗『涅槃経《ねはんぎょう》』も成立してきた。そんなふうに捉えることができるでしょう。

■善悪を超える

仏教という宗教の面白いところは、初期から、善悪を超える境地を語っているところです。『スッタニパータ』（※仏教最初期のパーリ語の経典）から少し紹介します。

「平静となり、善悪を捨て、俗塵を離れ、この世とかの世とを知り、生死を超越した者、彼こそ、まさに沙門と呼ばれる」（『スッタニパータ』５２０）

また、こういうものもあります。

「うるわしい蓮華の泥水に染まらないごとく、あなたは善と悪との両者に汚されない」（『同』５４７）

このように、善と悪を超えていくんだ、という思想を仏教は持っていました。これがさらに大乗仏教になると善悪不二《ぜんあくふに》（※善も悪も二つのものではなく、仏法の平等無差別の一理に帰着するということ）など、かなり哲学的な表現へと進んでいきます。

■『無量寿経』と『観無量寿経』

いずれにしても、浄土教はずっと、悪や罪と救いの問題と取り組んできたのです。

『無量寿経』（※浄土三部経の一つ）に「三輩段《さんぱいだん》」と呼ばれる部分があります。仏道の歩みを「上輩《じょうはい》」「中輩《ちゅうはい》」「下輩《げはい》」に分けたものです。「上輩」が大乗仏教の仏道、「中輩」がいわゆる小乗と呼ばれるような出家者の戒律を守る生き方、「下輩」がこの世間の中を生きる仏道です。

　これが後に成立した『観無量寿経』（※浄土三部経の一つ）になると、もう少し細かく分かれて「九品《くぼん》」となります。多くの論者はこの『無量寿経』の「上輩」「中輩」「下輩」と、『観無量寿経』の「九品」をほぼ同じ意味だと捉えています。厳密にいうとちょっと違うのですが、とりあえずは同じだとお考えください。

「九品」はまず、「上品《じょうぼん》」「中品《ちゅうぼん》」「下品《げぼん》」と三つに分かれます。そしてそれぞれに「上生《じょうしょう》」「中《ちゅう》生《しょう》」「下生《げしょう》」があり、それらが組み合わさって、「上品上生」「上品中生」「上品下生」、「中品上生」「中品中生」「中品下生」、「下品上生」「下品中生」「下品下生」、というように、九つに分類されます。そして細かに、「上品上生」の人はどういう歩みか、「上品中生」の人はどういう人か、と述べられているのです。

　簡単に説明しますと、「上品上生」「上品中生」「上品下生」が「行福《ぎょうふく》」と呼ばれる人のことです。この場合の「福」は「善」と同じ意味です。大乗仏教の実践を見事にする人が「上品」なのです。

　そして、「中品上生」「中品中生」を「戒福《かいふく》」と呼びます。出家者の戒律を守る生き方、そういう善を指します。

「中品下生」は「世福《せふく》」と言い、これは世間の善です。親孝行するとか、人の役に立つとか、いわゆる善行を修めることが「中品下生」なのです。

最後に「下品上生」「下品中生」「下品下生」。ここが「愚人《ぐにん》」となります。愚かな人が「下品」になるのです。

比べてみると、罪とか悪の問題に関しては、『無量寿経』よりも『観無量寿経』の方が、思想が進んでいますね。愚者が救われる道がある、それは人間が本質的に抱える罪の問題まで及んでいるのです。

ところでこの「三輩段」について、一遍（※一二三九〜八九年、鎌倉時代の僧、時宗の開祖）が面白いことを言っています。

「一番素晴らしい人は、普通に家庭生活や社会生活を営んで、しかもなお仏道を見事に歩む人。それが上輩だ」と捉えるのです。「中輩」は、家庭を持つとこだわりや執着が出て、仏道を歩めないので独身で暮らしながら仏道を歩む人。「下輩」は、それもできないので仕方なく遊行する人。そう一遍は考えました。

この捉え方は、本来の仏教と真逆ということがお分かりでしょうか。本来は出家者が「上輩」ですが、一遍は逆なのです。普通に暮らしていたら執着が生まれるので、仕方なく出家するのが中輩。遊行する人が一番ダメな人。一番すごい人は、普通に暮らしながら仏道を歩む人。

これこそ、「ザ・日本仏教」という感じがします。こんな価値を持った仏教は、ちょっと世界に見当たらない。本来の仏教の価値を丸々逆転している。日本仏教の大変ユニークなところだと思います。

■社会通念上の「悪人」

さて、先ほど少し保留した、社会的問題の件。ここで触れたいと思います。

服部之総《はっとりしそう》（※一九〇一～五六年、日本史学者・法政大学社会学部教授。主著に『黒船前後』『親鸞ノート』）は、「当時『悪人』とされている人たちが視野に入っているからこそ、この第三条は成り立っている」と主張しました。東国（※平安時代以降は、箱根・足柄・碓氷《うすい》以東の国）で抑圧されていた農民たち、「悪人」の中にはその人たちが入っているというわけです。

その後、研究がだんだんと進み、家永三郎（※一九一三～二〇〇二年、歴史学者。教科書裁判の原告として知られる）や笠原一男（※一九一六～二〇〇六年、歴史学者・東京大学名誉教授。主著に『真宗教団開展史』）なども、抑圧された農民たちと悪人とを結びつけて論じました。

それに対して、定時制高校の教師であり、在野の研究者として素晴らしい論文をたくさん書いた河田光夫（※一九三八～九三年。主著に『歎異抄をよむ』『親鸞と被差別民衆』）や、松野純孝《じゅんこう》（※一九一九～二〇一四年、歴史学者・上越教育大学学長。主著に『親鸞　その行動と思想』）などは、農民というよりはむしろ、漁師とか商人のことなんだと立論します。「悪人」を社会的にどう捉えるか、この議論が盛んになったのです。

親鸞が生きたのとほぼ同時代に刊行された『塵袋《ちりぶくろ》』（※鎌倉時代中期に編纂、編者不詳）という当時の百科事典の文言を引用します。

「天竺ニ『旃陀羅《せんだら》』ト云フハ『屠者《トシャ》』也。イキ物ヲ殺テウル、エタ体《てい》ノ悪人也。」

「旃陀羅」というのは、当時日本で差別用語として使われていた言葉です。もともと、インドの「チャンダーラ」の音写です。賤民として差別された人々です。

「旃陀羅」は、「生き物を屠る人たちのこと」で、「イキ物ヲ殺テウル、エタ体ノ悪人也」と書かれています。この人たちは当時、「悪人」と呼ばれていたのです。

日蓮も同じようなことを書いています。「世間で言う悪人とはどういうものか、魚、鳥、鹿という生き物を殺して生計を立てている人たちである。これらは罪なれども、仏法を失う縁とはならず」と。

「世間ノ悪人ハ魚鳥鹿等ヲ殺テ世路ヲ渡ル、此等ハ罪ナレドモ仏法ヲ失フ縁トハナラズ」（『題《だい》目弥陀名号勝劣事《もくみだみょうごうしょうれつじ》』）

日蓮は、自分は「旃陀羅」の子だとも述べています。

また、藤原景清（※？〜一一九六年。平安末・鎌倉初期の武将。叔父を早合点で殺した）が悪《あく》七兵衛《しちびょうえ》と呼ばれたように、「悪人」は尋常じゃないパワーを指してもいたと思われます。

とにかく、当時「悪人」といえば社会から排除された人たち、逸脱した人たちを指していたとすれば、親鸞の視野にはそれが入っていたとも考えられます。実際に親鸞の仲間には、社会から排除された人たちもたくさんいたと、以前から指摘されています。

親鸞は、**「いし・かはら・つぶてのごとくなるわれらなり。」**と『唯信鈔文意《ゆいしんしょうもんい》』（※法然門下の先輩・聖覚の著『唯信鈔』の経釈の要文に親鸞が注釈を加えたもの）に書いており、我々はその辺に転がっている石のような存在であると言っています。
『烏龍山師並屠児《うりゅうさんしならびにとに》宝蔵伝《ほうぞうでん》』（※中国唐代、烏龍山に浄土の道場を建立した少康と、捨身往生した宝蔵の伝記を収録した書）の中にある「屠殺を生業とするものは往生する」という話も、親鸞は書写しています。真筆で残っています。親鸞がこの問題に関心があったのは、可能性としてかなり高いでしょう。

親鸞の生涯を絵と文で書いた『親鸞伝絵《でんね》』にはいくつかのバリエーションがあるのですが、その中で、親鸞が火葬されている場面で、覆面をした男たちが泣いているところを描いているものがあります。

男たちは白い覆面をしており、柿渋の着物を着ています。被差別者の印です。これは犬神人《いぬじにん》だろうと言われています。今の祇園の八坂神社に所属していた遺体を運ぶ人たちのことです。「つるめそ」とも呼ばれます。親鸞のお葬式の場面で、つるめそが泣いている。慕われていたんじゃないか、交流があったんじゃないか、との推測が成り立ちます。

日本だけではなく、世界各地の古代や中世の社会で、罪や悪は穢《けが》れの問題と密接です。穢れや不浄が悪とされる。

ご覧になったことがあるかもしれませんが、「安城《あんじょう》の御影《ごえい》」という親鸞の肖像画があります。親鸞の生前に描かれたもので、八十三歳の姿だと考えられています。そこには、猫の皮の草履と、狸の皮の敷物と、桑の鹿杖《かせづえ》、そして火桶が描かれています。どうしてこんなものを後世にまで残る肖像画にわざわざ入れたのでしょうか。お坊さんの肖像画としては異色です。ここか

「親鸞聖人影像」（「安城御影」、西本願寺蔵）

ら猟師や商人（この当時の商人はほとんど行商人）たちとの交流を読みとることができるかもしれません。

あるいは、これは聖のスタイルなので、念仏聖《ねんぶつひじり》（※浄土信仰を広めていった一群の遊行者の総称）としての親鸞の姿である可能性もあります。火桶などを描いてあるところを見たら、みんなからのプレゼントを愛用品として、わざわざ描かせたのかもしれないですね。猟師や商人からプレゼントされたということも考えられます。

■罪と悪と救いの問題

そんなわけで、社会問題の「悪人」も含めた上で、「悪人正機」を考えることもできます。ただ、『歎異抄』第三条の文章だけでは、そこまでは読めません。第三条は、自力作善の人が善人、自分で悟りを開けない人が悪人、悪人が悪人のまま救われるから悪人成仏、そういう話です。

悪人のまま成仏するというのは、いいお医者さんに診てもらうようなものです。電話して「熱があるんです、しんどいんです」と言ったら、「すぐそのまま来なさい、なんならいきましょうか」と言うのがいいお医者さんですよね。「熱があるんです、しんどいんです」と言っているのに、「熱が下がってから、元気になってからおいで」と言われても……。それに熱が下がったら行く必要ないし。そのままに救われる、そのための仏ということです。

仏教体系の中で、そのままで救われていくといった教えは傍流です。しかし、仏教体系の中に間違いなくあります。愚者が救われ、悪人が救われる、そういう救済原理があります。

唐代の僧・善導が、「摂取して捨てたまわざるが故に阿弥陀と名づけたてまつる」と書いています。つまり、仏教体系における救済原理を阿弥陀と呼ぶわけです。

■悪人正機と悪人正因

少し、ややこしいところは、第三条は悪人が「正因」だと書いているところです。これ、どう読んだらいいのでしょうか。

正因というのは「正しい原因」です。しかし、浄土教（浄土仏教）では、悪人が正しい往生の原因という教えはないのです。また、親鸞は信心が正因だと言っています。この「信心正因」については別の機会があれば説明したいのですが、とにかく信心を正因とするのは親鸞思想の柱です。ですが、悪人が正因だとなれば齟齬が起きます。

だから、伝統的に悪人正因説と言わず、悪人正機説（※正機＝仏の教えや救いをうける資質をもつ人々）と言ってきました。悪人が正機であることは、古来ずっと浄土教が述べてきたことなので問題ありません。しかし、悪人正因と言われると、どう解釈すればいいのか、となります。

『歎異抄』の現存している写本、すべてが正因と書いてあります。ということは、可能性としては唯円が書き間違えた、あるいは聞き損なった、あるいは、親鸞がそう言っていた（正因と言うこともあった）等が考えられます。

もし正因と言っていたとしたら、今の浄土真宗の教義や教学にもうまく当てはまりません。

もちろん、今の教義や教学が、親鸞を全部捉え切れていない可能性もあります。先述のように、法然は愚者に成って往生すると言いましたが、親鸞は悪人に成って往生する仏道を構築しており、時には悪人正因の教えを話していたのかもしれません。

■第四条を読む

［第四条］

一　慈悲に聖道《しょうどう》・浄土のかはりめあり。聖道の慈悲といふは、ものをあはれみ、かなしみ、はぐくむなり。しかれども、おもふがごとくたすけとぐること、きはめてありがたし。浄土の慈悲といふは、念仏して、いそぎ仏《ぶつ》に成りて、大慈《だいじ》大悲《だいひ》心《しん》をもつて、おもふがごとく衆生《しゅじょう》を利益《りやく》するをいふべきなり。今生《こんじょう》に、いかにいとほし不便《ふびん》とおもふとも、存知のごとくたすけがたければ、この慈悲始終なし。しかれば、念仏申すのみぞ、すゑとほりたる大慈悲心にて候ふべきと云々。

（現代語訳：慈悲について、聖道門と浄土門とでは違いがあります。

聖道門の慈悲とは、すべてのものをあわれみ、いとおしみ、はぐくむことですが、しかし思いのままに救いとげることは、きわめて難しいことです。

一方、浄土門の慈悲とは、念仏して速やかに仏となり、その大いなる慈悲の心で、思いのままにすべてのものを救うことをいうのです。

この世に生きている間は、どれほどかわいそうだ、気の毒だと思っても、思いのままに救うことはできないのだから、このような慈悲は完全なものではありません。ですから、ただ念仏することだけが本当に徹底した大いなる慈悲の心なのです。

このように聖人は仰せになりました。）

〔解説〕

■聖道門の慈悲と浄土門の慈悲

仏教を「聖道門」と「浄土門」に分けて考えたのは、善導の師である道綽《どうしゃく》です。「聖道門」は修行して悟りを開くルート、「浄土門」は仏に任せて救われていくルートです。また、それに先立って曇鸞が仏教を「自力」と「他力」に分け、さらに遡れば龍樹が「難行道」と「易行道」に分けました。それぞれ意味は、「聖道門」「浄土門」と同じです。

慈悲にも種類がありまして、「大慈大悲」もあれば「中慈中悲」もあり、「小慈小悲」もあります。

「小慈小悲」は、世間の慈悲です。我々も家族に対してだと慈悲の心が起こったりします。慈悲の慈は「楽を与える」、悲は「苦を抜く」と説明されます。「慈経」（※『スッタニパータ』に収められている経）には目の前にいる人をたった一人の我が子と思う心を起こす、と書かれています。本当の我が子であれば慈悲心も出やすいでしょう。それが「小慈小悲」ということになります。「中慈中悲」とは、仏道を歩む上で出てくる慈悲です。「大慈大悲」は、仏のようなパーフェクトな慈悲です。

この慈悲に、「聖道門」の慈悲と「浄土門」の慈悲があるというところから、第四条は始まります。

「慈悲に聖道《しょうどう》・浄土のかはりめあり。」

「慈悲には、聖道門の慈悲と浄土門の慈悲がある」

「聖道の慈悲といふは、ものをあはれみ、かなしみ、はぐくむなり。」

「聖道門の慈悲というのは、気の毒だと思い、悲しく思い、慈しみ育むことです」

「コンパッション」という言葉があります。日本語では共苦《きょうく》と訳されています。目の前の人の痛みを我が痛みと感じる、それが慈悲の心ですね。

「しかれども、おもふがごとくたすけとぐること、きはめてありがたし。」

「しかし、本当にきちんと思い通りに救うことは極めて困難である」

「浄土の慈悲といふは、念仏して、いそぎ仏《ぶつ》に成りて、大慈《だいじ》大悲《だいひ》心《しん》をもつて、おもふがごとく衆生《しゅじょう》を利益《りやく》するをいふべきなり。」

「一方、浄土門の慈悲というのは、念仏して往生を遂げ、仏と成ってこの世界に還り、大慈悲心で人々を救うことだ」

他力の教えには、「往相回《おうそうえ》向《こう》（※阿弥陀仏の本願力によって浄土へ往生すること）」と「還相回《げんそうえ》向《こう》（※極楽浄土に往生した人が、阿弥陀仏の回向によって再びこの世に還り、生きとし生けるものを教化し救済すること）」があります。

「往相回向」の「往相」というのは浄土に往くことです。「還相」は浄土から還ってくること。回向は阿弥陀仏による本願力です。浄土に何のために往くのかというと、悟りを開いて仏と成るためです。さらに、還相の菩薩に成るためです。菩薩はこの世俗の中で活動するので、菩薩と成って人々を救う。それが「還相回向」です。

浄土の慈悲は、仏と成って、思うように衆生を利益する、という慈悲なのです。

「今生《こんじょう》に、いかにいとほし不便《ふびん》とおもふとも、存知のごとくたすけがたければ、この慈悲始終なし。」

「この世に生きている間は、どれほど愛《いと》しい、気の毒だと思っても、思うように助けられないでしょう。つまりこの慈悲は不完全なのです」と親鸞は言います。

「しかれば、念仏申すのみぞ、すゑとほりたる大慈悲心にて候ふべきと云々。」

「だから、念仏して浄土に往生して人々を救う、それが徹底した慈悲なのです」

第四条は、そんな教えになっています。

■親鸞のオリジナリティ——慈悲を聖道と浄土に分ける

実は仏教では、慈悲を聖道と浄土に分けたりしません。これは親鸞のオリジナリティに富んだところです。

この思想の源流は曇鸞にあります。曇鸞は、天親（または世親）の『浄土論』（※インド浄土教の論書。正しくは『無量寿経優婆《むりょうじゅきょううば》提舎願生偈《だいしゃがんしょうげ》』）の、何倍もの長さの注釈書『浄土論註』を著述しています。そこで、「往相回向」と「還相回向」があると書いています。親鸞はそれを受けているのです。

■不完全な善――雑毒の善

この第四条は時に、「我々の善は不完全な善だから、最高の善である念仏以外はダメなんだ」という話になります。

じゃあ念仏者は世のため人のため何にもしないのか、といった論点があるんですよ。ここのところをどう考えるのか。確かに我々が為すのは不完全な善です。「雑毒《ぞうどく》の善」（我々の善は自分の都合という毒が混じっているのだ）とも言います。

それは間違いのないことでしょう。では、仏教者の社会実践はどうなるのでしょう。ここが『歎異抄』の表現の際どいところです。

私は、第四条はむしろ真剣に人を救おうとした人の言葉じゃないかと思います。自分でもNPOの活動やボランティアをしたときに、第四条が、「それ、突き詰めたら自分の都合でしょ」と囁《ささや》いてくるときがあるのです。

この囁きがあるので、活動を続けられるようなものです。自分がいいことをしている気になったら、続かないかもしれません。何をやっても、それ雑毒の善ですよ、不完全ですよと、教義体系が導いてくれるのです。

■親鸞から我々に出された公案

久松真一（※一八八九～一九八〇年、仏教学者・京都大学教授。主著に『禅と美術』『東洋的無』）が、「禅の公案を徹底的に突き詰めれば、何もできないときに何をするかということなんじゃないか」と言っています。面白いなと思います。

公案というのはご存知のように、禅の修行で師匠から弟子に出す問題ですが、なかなか理屈では解けないものばかりです。ですが、すべての公案を突き詰めたら、何もできないときに何をするのかが問われているんじゃないかというのです。第四条もそう言っているんじゃないでしょうか。本当に何もできないとわかったときに、自分は何をするのか。

これは、親鸞から我々に出された公案のような気がするのです。

親鸞という人は本当に自分の力に絶望していたのでしょう。目の前で苦しむ人をたくさん見て、何もできない自分というのを痛感した。だからこんな言葉が出てくるのです。

法然・親鸞の時代は、大災害が続きました。大きな地震も起こったし、大飢饉が繰り返し起こったことは、いろんな記録にも残っています。だから日蓮は『立正安国論』（※一二六〇年成立。当時の天変地異を『法華経』に背いた結果と断じ、『法華経』を信じなければ安国にならないと述べた）を書いたのです。このままではこの国はダメなんじゃないか、みんなが仏道に帰依して仏教王国にしないと救われないだろうと主張したのは、もう絶望的な状況だからです。人々が飢えて屍肉を食べたという記述があります。親を亡くした子供たち、子供を亡くした親だってたくさんいます。我々も阪神・淡路大震災や東日本大震災の時にそういうことを痛感しました。
親鸞は越後から東国にかけてを家族と共に旅をするのですが、幼い明信の手を引きながら見た光景があまりにひどいので、自分に何かできないかとの思いに駆られます。その苦悩はその後、十数年を経ても夢に見るまで抱え続けました。その夢が、妻・恵信尼の手紙に記されています。もちろん自分の親しい人も亡くなっただろうし、同じ念仏の仲間も亡くなっていく。大勢の苦しむ人たちを見て、だからこそ、ああ、とても思い通りには救えないと実感する。その実感と、「だから何にもしなくていい」という話とは、レイヤー（階層）が違うでしょう。

■仏の船がなければ

もう一つ、善鸞の問題が影響した可能性もあります。我が子でさえ救えなかった、そんな思いが親鸞の中にあり、第四条のような表現になったのかもしれません。
親鸞の和讃をご紹介します。

「小慈小悲もなき身にて　有情利益《うじょうりやく》は思ふまじ　如来の願船《がんせん》いまさずば　苦海をいかでか渡るべき」

「安楽浄土にいたるひと　五濁悪世《ごじょくあくせ》にかへりては　釈迦牟尼仏のごとくにて　利益衆生はきはもなし」

小慈小悲さえない身であると告白しています。だから、仏のごとき仏の誓願がなければこの苦難の人生を生きることはできない、まして浄土に往生することはできないということなのでしょう。

また浄土に往生して、もう一度この俗世に還ってくる。そうしたら釈尊のように人々を救えるんだ、と親鸞はリアルに感じていたわけです。還相の菩薩となったら、あらゆる手段で人を救えるそうです。山口県に深川倫雄《りんゆう》（※一九二三～二〇一二年、浄土真宗本願寺派勧学。親鸞の教えを説いた。主著に『観経疏玄義分講讃』『仏力を談ず』）という人がいたのですが、「わしは還相の菩薩になったら、まず蚊に生まれて、ご法話で寝ている人を刺そうと思うんだ。痒くなって起きて、仏法を聞くだろう。あるいは犬になって、お寺にお参りに来ない人に吠えて、法座へ行くようにしむけるんだ」と、みんなを笑わせたそうです。息を引き取ったら全てが終わるのではなく、その先ははるかに続く道を歩む。それは、ひとつの生命観であり、生きぬく道です。とても大切なことだと言えます。

白隠《はくいん》（※一六八五～一七六八年、江戸時代中期の臨済宗の僧。主著に『荊叢毒蘂《けいそうどくずい》』『夜船閑話』）が「病床の三用心」というのを書き遺しているのですが、これがなかなかユニークです。白隠は「よく考えたら出家などしなくてもよかった。誰もが老病死と向き合い、世俗から離れる時がある。それは出家と同じだ」などと言い放ちました。そして、病床についたとき、三つの用心があると言うのです。

一つ目は、我が身を他者に委ねる覚悟を持ち、そして自分は呼吸に専念すること。二つ目は、徹底的に死と向き合うこと。三つ目はたとえ朝露の一滴になろうとも、何かに生まれ変わってきて人を救うという思いを持つこと。これを「病床の三用心」としています。

そう考えると、死をも越えて続く仏道を歩むことは、実に大きな思想体系だと思います。先ほど、社会とは別の価値観を説いてこそ宗教と言いました。と同時に、この世界を超える領域を説いてこそ宗教だと思います。例えば浄土があるからこそ、この世界が相対化されて見えてくる。仏様がいるからこそ自分の有様が見えてくる。自分が相対化されてくるということが起こります。

親鸞は自己の罪悪性や人間の抱える罪悪性というものと、徹底的に向き合いました。その結果、自分はとことん自分の都合でしか生きられないな、とやはり徹底的に自覚します。

そのとき、悪人となって往生する、悪人となって成仏する、そういう扉が開いたのではないか、そう思えるのです。

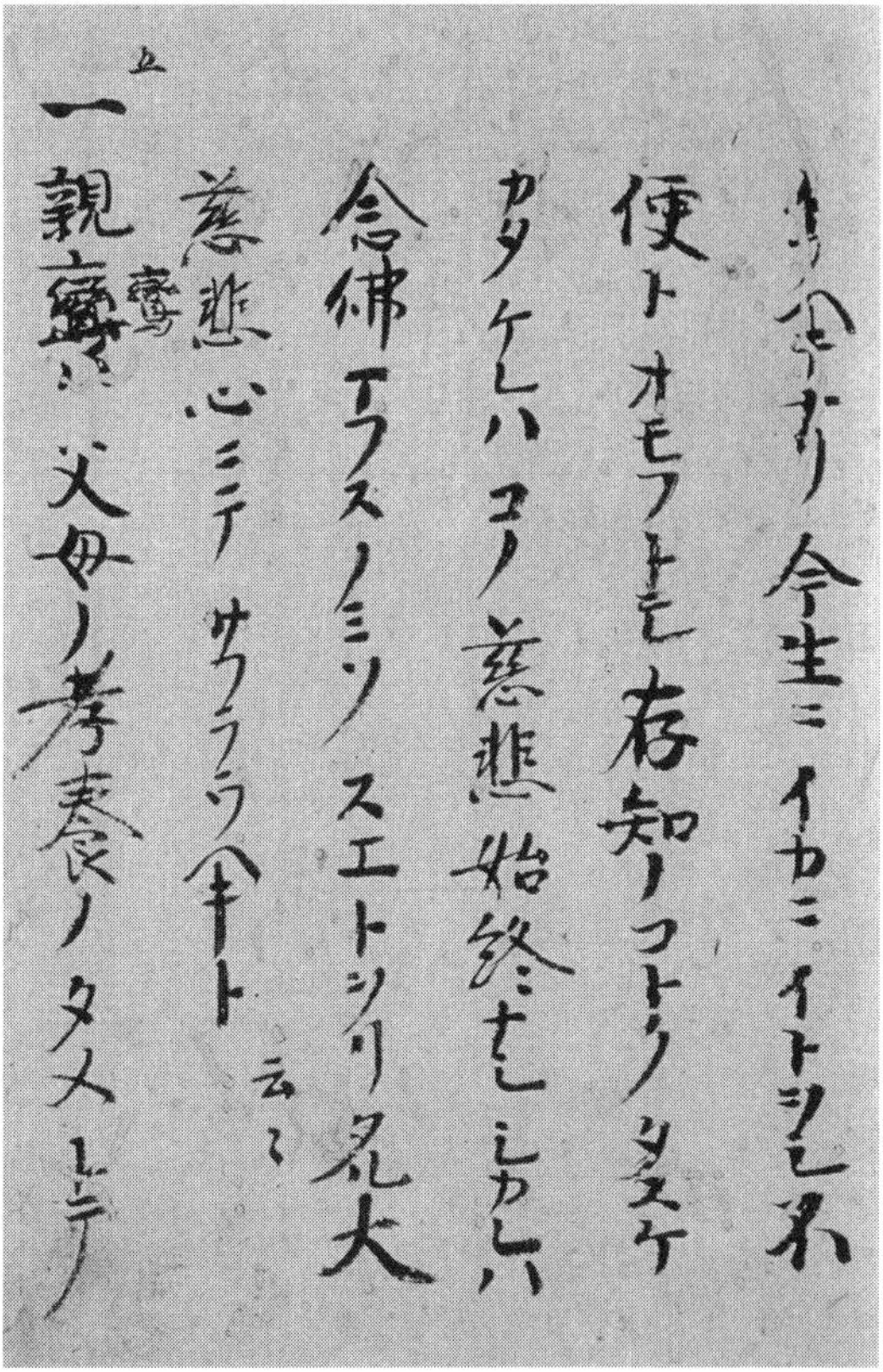
ヘキナリ今生ニイカニイトヲシ不
便トオモフトモ存知ノコトクタスケ
カタケレハコノ慈悲始終ナシシカレハ
念仏マフスノミソスエトヲリタル大
慈悲心ニテサフラウヘキト云々
五
一親鸞ハ父母ノ孝養ノタメトテ

「蓮如上人書写本」（本願寺蔵）

【第四章】　親鸞に弟子は一人もいない？（第五、六条）

さて、一旦ここまでを、少し振り返りましょう。

序文は、著者がなぜこの『歎異抄』を執筆したのかを、流麗に綴っていました。

第一条は、念仏と信心の話でした。他力の信心の人は、何をも恐れることのない道を歩む。また、嘘をつく弱い人、人を傷つける人間の本性、悪を重ねて生きるしかない凡人、宗教的に言えば悪人、この人たちのための教えなんですと、書いていました。早くも第一条で、善と悪の問題に触れています。

第二条は少し時間をかけて読みました。関東のお弟子さんたちがやってきて、親鸞に質問します。親鸞は、それを撥《は》ね付けるかのような厳しさを見せます。ドラマティックな場面です。

第三条が、有名な悪人正機の条です。悪人こそ正因である、というところを読みました。

第四条は、慈悲には「聖道の慈悲」と「浄土の慈悲」があるという話でした。「聖道の慈悲」は自分の精進努力で行う慈悲の活動ですが、これはどこまで行っても不完全。本当にその人を救うことにならないので、「浄土の慈悲」を目指す。還相回向の話につながりました。

前章の繰り返しになりますが、慈悲を「聖道」と「浄土」に分けるというのは、親鸞のオリジナルです。しかし、これは明らかに法然の影響を受けて、構築したものだと思います。

■今までの仏教の枠を外した法然

法然というのは、本当に頭の良い人だと感じます。広大な仏教フィールドを分類し、我々にはこの道しかないという結論まで論理的に組み立てていきます。

法然でないと、こんな大仕事はできなかったでしょう。何しろ、一生かかっても読みきれない分量の『一切経《いっさいきょう》』（※仏教の聖典と注釈書を総集したもの。『大蔵経』とも言う）を五回も読んだ人なのです。法然の言葉に、次のようなものがあります。

「三心《さんじん》に智具《ちぐ》の三心あり、行具《ぎょうぐ》の三心あり。」（法然『東大寺十問答』）

「智具の信心」と「行具の信心」。信心を二つに分けてしまうのです。「智具の信心」というのは、自分の努力と精進で修行して悟りを開くという信心、「行具の信心」は、お念仏して仏様にお任せし、往生していく信心です。これは法然のオリジナルです。法然は、善導の影響を受けてこの理論を構築していきました。親鸞は、法然のこういう構造を自分のものとして「慈悲」を考えたのだと思います。

独特の仏教思想を展開したために、法然はかなり批判されます。死後も、墓を掘り起こされるほどの排斥が行われます。

宋から日本に臨済宗を持って帰ってきた栄西《えいさい》（※一一四一～一二一五年、日本臨済宗の開祖。主著に『一代経論釈』『喫茶養生記』）は、禅の仏道の扉を日本で開いた人です。その栄西も、法然を批判しています。

「然《しか》れば即ち八宗之行処《はつしゆうのぎようしよ》区別すると雖《いえど》も、証位《しようい》に至るに必ず禅を用ふ。乃至《ないし》称名念仏之行も、禅非ずば順次の業を成ぜ不る也。」（栄西『興禅護国論』）

禅定を実践しない仏教なんてない、称名念仏するだけの仏教なんて世界のどこにもないぞ、というわけです。

さらに、道元（※一二〇〇～五三年、鎌倉中期の禅僧。主著に『正法眼蔵』）も法然を批判していました。

「又読経念仏等のつとめにうるところの功徳を、なんちしるやいなや、たたしたをうこかし、こゑをあくるを、仏事功徳とおもへる、いとはかなし。仏法に擬するに、うたたとほく、いよいよはるかなり。」（道元『正法眼蔵』弁道話）

称名念仏するだけの仏教なんかない、仏教からははるか遠くに離れるようなものだ。このように、法然は批判されていました。

法然の最期の言葉である『一枚起請文《いちまいきしょうもん》』は、法然を看取った源智が書き写した名文です。わずかな分量ですが、胸打たれます。是非読んでください。子供のときから法然の愛弟子だった源智は、法然に信頼され、臨終の言葉を記述します。そこに法然が、両手の手形を捺します。その印影を見ると、とても小さい手なので驚かされます。高齢で小さくなった手で、弱々しく捺したのでしょうか。源智は、やがて『歎異抄』にも登場しますので、記憶に留めていただければと思います。

その『一枚起請文』に載っている法然の教えですが、至ってシンプルです。

「ただ往生極楽のためには南無阿弥陀仏と申して、疑ひなく往生するぞと思ひとりて申す外には別の子さい候はず。（ただ極楽に往生するためには、南無阿弥陀仏と申して、阿弥陀仏の本願を信じて疑いなければ、まちがいなく往生をする。これ以外には何もない）」

法然はどうしてこんな極限まで多くのものを削ぎ落とした仏道を提示したのでしょうか。

それは今までの仏教の枠では救われない人のためです。今までの枠だとこぼれる人のために、仏教の枠を外しました。当然、批判は受けます。

■親鸞と同い年の僧侶・明恵

法然の批判で最も的を射るのは、明恵《みょうえ》（※一一七三〜一二三二年、鎌倉時代の華厳宗僧侶。主著に『摧邪輪《ざいじゃりん》』『華厳唯心義』）です。的確な批判をします。

親鸞と同じ年に生まれた明恵は、生涯、仏教の教え通りの聖なる生活を送ります。生き物を殺さないように暮らし、精進食だけ食べ、女性と交わることもない。そういう一生を過ごしました。

和歌山県の有田の武士の家に生まれた明恵は、ものすごい美男だったそうです。二歳で清水寺にお参りに連れて行かれたときに、なんて仏様は尊いんだと思った明恵は、お母さんが「あそこで太鼓叩いて面白いことやってるよ」と引っ張っていこうとしても動かなかったと言われています。

四歳のとき、父親が烏帽子《えぼし》をかぶせて、この子は可愛らしいからこのまま公家にしようじゃないかと、面白がります。幼い明恵は、自分はお坊さんになりたいのに、このままだと容姿が美しいために公家にさせられてしまうと、縁側から飛び降りて醜くなろうとしたり、焼け火箸を顔に当てようとしたりします。ところが顔より先に手に当たり、そのあまりの熱さにやめました。ですが後年、集中力を高めるために、自分の耳を切り落としています。極端な人という感じはします。

八歳で両親とも亡くし、九歳でお寺に入ります。とにかくいつも父母の恩を思って暮らしていました。鳥を見ても牛を見てもその他の動物を見ても、お父さんの生まれ変わりかも、お母さんの生まれ変わりかも、と拝んでいたそうです。行基《ぎょうき》（※六六八〜七四九年、奈良時代の僧）の歌に、「山鳥の　ほろほろと鳴く　声聞けば　父かとぞ思ふ　母かとぞ思ふ」とありますが、それと同じ心ですね。あるとき、ついうっかりと子犬をまたいで、ああ、この犬がお父さんだったらお母さんだったらと思って、ひたすら謝ったという話も残っています。

有名な話ですが、この人は夢がすごいのです。チベットには今でも夢の修行というのがありますが、まさにそんな感じです。インドへの想いが尋常じゃないくらい強い明恵は、とにかくお釈迦様と同じ時代に生まれなかったというのを、生涯激しい悲しみとして抱いていました。インドのお坊さんが仏法を説く夢を見て、自分の理解を深めたりしています。華厳宗のお坊さんなのですが、弘法大師（※空海。七七四〜八三五年、真言宗の開祖。主著に『三教指帰《さんごうしいき》』『秘《ひ》蔵《ぞう》宝鑰《ほうやく》』）が夢で密教に進めと言うので、それを学び始めたなどのエピソードもあります。

二十歳の時から六十歳で死ぬまで四十年間、夢日記をつけています。フロイト（※ジグムント・フロイト。一八五六〜一九三九年、オーストリアの精神医学者、精神分析の創始者。主著に『夢判断』『精神分析入門』）が聞いたら泣いて喜ぶでしょう。どうして精神分析の人たちがこぞって明恵を研究しないのか不思議なぐらい、世界的にも貴重な事例です。日本では河合隼雄さん（※一九二八〜二〇〇七年、臨床心理学者・元文化庁長官。主著に『ユング心理学入門』『明恵夢を生きる』）が、梅原猛さんに勧められて、明恵の『夢記《ゆめのき》』を分析しています。

■釈迦への思慕が深かった明恵

明恵は、とにかく純粋でした。お経を読んでいても、釈迦への思いがこみ上げてきて涙で読めない、そんな人でした。

京の高雄山にいたのですが、ここではダメだと和歌山に戻って修行したり、栂尾《とがのお》に移って木の上で座禅したり、石の上で座禅したりしています。栂尾の山中で明恵が座らなかった石はなかったと言われるくらいでした。そういう寝る間も惜しむ修行を、生涯続けます。

歌も有名です。

「浪《なみ》の上《え》に　咲《えみ》を含みし　顔《かん》ばせを　想像《おもいやる》にも　袖はぬれけり」

波を見て、そこに微笑む釈迦を見るのです。「この海はインドに繋がっているんじゃないか」「ここを乗り越えてインドに行きたい」、そう思い、泣けて泣けて、袖が濡れます。実際に、何度かインドに向かおうとするのですが、その都度、病気になるなどして、思いを果たすことができませんでした。

月を詠む歌が多いので、月の詩人とも呼ばれています。

「心月《しんげつ》の　澄むに無明の　雲晴れて　解脱の門《かど》に　松風ぞ吹く」

夜を徹して座禅や瞑想をしていると、空気の澄んだ山中に、綺麗な月が出て、雲が晴れて、そこに風が吹く。それがまるで悟りへの導きのように感じると詠んだ歌です。また、

「あかあかや　あかあかあかや　あかあかや　あかあかあかや　あかあかや月」

というのもあり、こういう言語感覚も普通じゃないですよね。

厳しい精進のエピソードに溢れていますが、『夢記』を見ると露骨な性の夢を見ています。そしてそれもちゃんと書き残しています。この辺りも、大変興味深い事例だと思います。

あるいは、島にラブレターを書いているのも記録に残っています。島ですよ、みなさん。和歌山県の湯浅に苅藻《かるも》島という島があります。明恵の時代は「苅磨《かるま》島」と呼ばれていたそうです。その島に宛てて書いた手紙を、使者に持っていくように命令します。

「ご無沙汰しております。お変わりありませんか。ご挨拶もできず、寂しいです。あなたと遊んだことが何よりも美しい思い出でして、本当に心が通いあうのはあなたしかいないと、心に深く決めております」というような内容を、切々と書いています。華厳宗の人なので、大変難しい『華厳経』の教えを延々と島にわかるように説いたりしています。

「取り急ぎしたためました、また書きます、島殿へ」と宛て、使者に託すのですが、使者が、「これ、誰に渡したらいいんですか」と尋ねたら、「とりあえず島に着いたら、大声で明恵からの手紙を持参いたしましたと叫んで、その辺に捨ててこい」と、そんな指示を出したみたいです。

■明恵の法然批判

その明恵の法然批判ですが、大きなところが二点あります。「法然は菩提心を否定した」、また「聖道門を否定した」と言うのです。

菩提心というのは悟りを求める心です。仏様にお任せするという仏道だと、菩提心が成り立たないではないか、と明恵は善導の論理を使って批判します。全面的に善導に依拠している法然に、善導の論理を使って批判する。頭のいい人です。見事な論理展開です。

ただ、二つ目の「聖道門を否定した」、つまり、普通の修行をして悟りを開く道を否定したという点ですが、これは若干、明恵の勘違いが入っています。

先述のように、『歎異抄』の第四条、「聖道門の慈悲」「浄土門の慈悲」というのは、法然の論理を使って生まれたものだと私は想像します。その法然の論理は善導の論理なのです。

法然の論理は、広大な仏教フィールドをまず大きく二つに分けて、「お釈迦様のような宗教的天才であればこっちへ行けばいいけど、凡人はこっちにいくんだ」とし、これをまた二つに分けて、「まずはこっちから着手せよ」とします。それをまた二つに分けて、「ここから始めるんだ」とし、最後にたった一つ、念仏だけを選び取るという理屈になっています。

この論理構造がないと、親鸞みたいなタイプの宗教者は生まれませんでした。機会があればその辺りもお話ししたいところです。親鸞という宗教的人格を生み出したのは、法然の論理構造です。

今でも歴史の授業で使う言葉なのでしょうか、鎌倉新仏教などと言うでしょう。法然、親鸞、日蓮、道元たちを指します。一方、明恵などは旧仏教側とされます。

しかし、最近はだんだん枠組みが変わってきました。今まで旧仏教だと言われてきた人たちも、新しいムーブメントを起こしていたというのが、研究の結果わかってきたのです。叡尊《えいそん》（※一二〇一〜九〇年、鎌倉時代の真言律宗の僧）や忍性《にんしょう》（※一二一七〜一三〇三年、鎌倉時代の真言律宗の僧）など、従来、旧仏教にカテゴライズされてきた人たちも、この鎌倉仏教の新しい波です。

生命学者の森岡正博さん（※一九五八年〜、早稲田大学人間科学部教授。主著に『無痛文明論』『宗教なき時代を生きるために』）が、「世界に誇る日本のオリジナリティは、鎌倉新仏教とサブカルチャーだけじゃないか」と言っていました。確かにオリジナリティに溢れていますね。

薬師寺の管主で二十世紀最後の怪僧と呼ばれた橋本凝胤《ぎょういん》（※一八九七〜一九七八年。主著に『仏教教理史の研究』）を、ご存知でしょうか。今の薬師寺の長老たちは、この橋本凝胤のお弟子さんです。東京帝国大学で学んだ経歴を持つのですが、死ぬまで天動説を信じていました。科学的知識はよくわかっているのですが、自分の実感では天動説の方がしっくりくると言って譲りませんでした。また弁が立つので、高名な学者ともやり合ったりした人でした。

この橋本凝胤がインタビューに答えて「今の新仏教の奴らは」と言っている箇所を読んだことがあります。昭和の人なので、創価学会や立正佼成会のことかと思いましたが、いやいや、そんなことはない。じゃあ鎌倉新仏教のことかと読み進めたら、なんと天台と真言を新仏教と言っていたのです。法相宗から見れば天台と真言が新仏教か、と驚いた覚えがあります。

明恵は、「もともと一味（一つの味）だった仏教を、甘いと辛いに分けたのが法然だ」と、痛烈な批判をしています。先ほど言ったように、法然の思想の構造自体がそうなっているので、的確な批判であると言えますね。

ただ前にもお話ししましたように、第四条の「浄土の慈悲」というのは、本当に人々を救う道を求めた人の言葉です。

取り繕いじゃダメだ、その場しのぎじゃダメだ、本当の救いとは何かと、とことん考えた人でないと、この理屈は出てこないでしょう。自分が行う慈悲の行為、善の行為が常に、「それは偽物じゃないか」という声に導かれる。簡単には着地させない。人が救われるとはどういうことかと、苦悩に苦悩を重ねた故に出た思想です。

仏教が最初期から説いてきた、愛の想いが強ければ強いほど人は苦悩しなければならないというところに肉薄する部分が第四条にはあります。

■第五条を読む

［第五条］

一　親鸞は父母《ぶも》の孝養《きょうよう》のためとて、一返《いっぺん》にても念仏申したること、いまだ候はず。そのゆゑは、一切の有情《うじょう》はみなもつて世々生々《せせしょうじょう》の父母・兄弟なり。いづれもいづれも、この順次生《じゅんじしょう》に仏《ぶつ》に成りてたすけ候ふべきなり。わがちからにてはげむ善にても候はばこそ、念仏を回向して父母をもたすけ候はめ。ただ自力をすてて、いそぎ浄土のさとりをひらきなば、六道四生《ろくどうししょう》のあひだ、いづれの業苦《ごっく》にしづめりとも、神通方便《じんずうほうべん》をもつて、まづ有縁《うえん》を度すべきなりと云々。

（現代語訳：親鸞は亡き父母の追善供養のために念仏したことは、かつて一度もありません。というのは、命のあるものはすべてみな、これまで何度となく生れ変り死に変りしてきた中で、父母であり兄弟・姉妹であったのです。この世の命を終え、浄土に往生してただちに仏となり、どの人をもみな救わなければならないのです。

念仏が自分の力で努める善でありますなら、その功徳によって亡き父母を救いもしましょうが、念仏はそのようなものではありません。

自力にとらわれた心を捨て、速やかに浄土に往生してさとりを開いたなら、迷いの世界にさまざまな生を受け、どのような苦しみの中にあろうとも、自由自在で不可思議なはたらきにより、何よりもまず縁のある人々を救うことができるのです。

このように聖人は仰せになりました。）

[解説]

ここは親鸞の語録部分なので、冒頭の「**親鸞**」は、「私」ということになります。「**孝養**《きょうよう》」は、亡くなった父母の追善供養のことです。

「**親鸞は父母**《ぶも》**の孝養のためとて、一返**《いっぺん》**にても念仏申したること、いまだ候はず。**（私は、亡くなった人に供養をしていく、その追善供養としての念仏は一回もしたことがない）」

仏教に対する我々のイメージからすると、「えっ」と思いますよね。法事というのは追善供養のためではないのかと思いますが、親鸞はそういう念仏はしたことがないと言うのです。両親とも早くに亡くしたと言われてきた親鸞ですが、最近の研究では父の方は長生きしていたことがわかりました。とはいえ、『歎異抄』は八十歳を過ぎての語りなので、当然両親はどちらもおりません。その父母の追善供養のための念仏はしたことがない、と切り出します。

「そのゆゑは、一切の有情《うじょう》はみなもつて世々生々《せせしょうじょう》の父母・兄弟なり。（なぜなら、すべての生きとし生けるもの、命のあるものはみんな輪廻転生を繰り返して、あるときには父となり、あるときには母となり、あるときには息子となり、あるときには娘であったからです）」

「**有情**」というのは衆生と同じ意味です。感情がある生き物のことになるので、動物も入ります。ここでは多く訳されている例にならって、「生きとし生けるもの」という言葉を使ってみました。

「いづれもいづれも、この順次生《じゅんじしょう》に仏《ぶつ》に成りてたすけ候ふべきなり。」

「いずれの人も来世（順次生）では、仏と成って救うべきなのです」

「わがちからにてはげむ善にても候はばこそ、念仏を回向して父母をもたすけ候はめ。」

「私の力で励む善、自分の積んだ善根であれば、念仏を回向して父母を救うということもできます」

親鸞は、念仏は私にとっては不回向だと言います。仏から見たら回向です。仏は回向するのですが、私の力でやっているわけではないと言います。

それはそうでしょう。第四条を思い出してください。目の前で苦しんでいる人だって救えないのです。だから先に往った人を本当に救う力が、我々にあるはずもない。あると思うならそれは、自力の念仏なんだ、ということです。

だから親鸞は、「**ただ自力をすてて、いそぎ浄土のさとりをひらきなば、**（その自力の心を捨てて、浄土に往生して悟りを開いて）」、そして今度は仏と成って救うんだ、と言うのです。

「**六道四生《ろくどうししょう》のあひだ、いづれの業苦《ごつく》にしづめりとも、**」

「**六道**」はご存知でしょうか。地獄、餓鬼、畜生、修羅、人間、天上、と仏教が考えるパラレルワールドです。異質の世界が平行に存在していると考えます。

「**四生**」というのは古代インドの生物学です。生まれる形態によって生物を分類しました。胎生《たいしょう》、卵生《らんしょう》、湿生《しっしょう》、化生《けしょう》の四形態です。お腹から生まれる胎生、卵から生まれる卵生、この辺はわかりやすいのですが、面白いのは湿生です。湿気から生まれる。雨季のインドに行くと実感するそうですが、本当に湿ったところから生まれるように、虫が発生するらしいのです。ああいうところに暮らせば湿生という考えが出てくるのも当然だと聞いたことがあります。もう一つは化生。化生というのは、忽然として生まれることです。浄土には化生します。蓮の花の上に化生するのです。

つまり、「**六道四生**」とは、生と死を繰り返すことを意味します。「輪廻において、いずれの世界に生まれようとも」と続きます。

「**神通方便《じんずうほうべん》をもつて、まづ有縁《うえん》を度すべきなりと云々。**」

「仏の力をもってまずご縁のある人から救っていきましょう」

世々生々、誰もが父母兄弟だと言いながら、まずは自分の身近な人から救っていこうというのは、ちょっと矛盾しているような気もするので、この部分は後で考えてみようと思います。

自分の力で積んだ功徳であれば追善供養できるけれど、我々は生きている人を救うこともできないし、死者を救うこともできない。だから仏様にお任せする、そういう心でお念仏をする。自分の力で救ってやるんだ、というお念仏ではありませんよ。まずはそんなふうに読んでいきましょう。

■回向と供養

『地蔵菩薩本願経《じぞうぼさつほんがんきょう》』（※地蔵菩薩の本願功徳を説いた経典）などを読むと、「七分獲一《しちぶんぎゃくいつ》」という考えが出てきます。これは仏教の回向の法則で、自分の積んだ功徳は七分の一しか回向できないというのです。七分の六は自分の功徳。そうなると大変努力しないと追善回向になりません。この回向という理念も、仏教の面白い思想だと思います。

回向は「パリナーマ」というのがもともとの原語です。「回転趣向《えてんしゅこう》」の略だと聞いたことがあるかもしれませんね。方向を変えるという意味です。

他者へと自分の功徳を差し向けるという意味と、自分の向いている方向を変えるという意味と、二つの意味があります。だから、汲々《きゅうきゅう》として世俗の価値を追い求めている自分が仏教へと心を振り向けるとか、浄土の方に心を振り向けるのもやっぱり回向というのです。

さらに「回自向他《えじこうた》」の意味でも使われます。これはまさに、自分の積んだ功徳を人に振り向けるという回向です。この「回自向他」が大乗仏教になると強調され、もともと自分が悟りを開くことを目標にしていた宗教だったのが、自分を救うだけではなくて、人々の悟りを考えるようになります。大きな乗り物、大乗と表現されるような仏教ムーブメントが起こるのです。

そういう意味では、回向というのは非常に重要な教えです。また、供養も考察ポイントです。「供養」とは「プージャナー」の翻訳なのですが、もともと敬意を持って礼拝《らいはい》する意味で使われていました。転じて、飲食物や服や場所を提供するときにも使われるようになりました。

有名な仏教説話の「貧者の一灯《いっとう》」をご存知でしょうか。

お釈迦様に光を捧げるという供養を、アジャセ王が開催します。大金持ちや裕福な人は、大量のお皿に油を入れて火を灯す万灯供養《まんとうくよう》をします。お釈迦様の教えを聞いて生きる力をもらった物乞いの老女も、自分もなんとか供養したいと思います。しかし、一日頑張った物乞いのお金では、その一皿の油も買えません。仕方がないので自分の髪の毛を切って、一皿の油と交換し、お釈迦様に供えます。そこに大風が吹きます。みんなの火は消えてしまいますが、老女の火だけは消えなかったというお話です。

供養も仏教の大切な教えです。

ただ、親鸞は、回向も供養も厳しく問いなおします。自分に本当にそんなことができるのかと、問う人なのです。

■みんなむかしからのきやうだいなのだから――一切有情の世界

第五条のポイントとして「一切有情《いっさいうじょう》」があります。

自分の父母だけの問題ではなく、「一切有情は父母兄弟なんだから」という理屈が、第五条に出てきます。

「袖振りあうも多生《たしょう》の縁」と言いますが、これ「多少」ではありませんからね、「多生」です。何度も生まれ変わるから、「多生の縁」。ちょっとしたご縁も、これまで長い生き死にを重ねてきた、ご縁なんですよ、といった味わい深いことわざですよね。

生命はつながっている。人間だけではなく、他の生命もつながっていると捉える。仏教の大きな特徴です。

宮沢賢治（※一八九六～一九三三年、大正～昭和期の詩人・童話作家。主著に『春と修羅』『銀河鉄道の夜』）は、世界全体が幸福にならないと自分の幸福はないと言いました。一切有情とは、この感覚です。

ご存知のように、宮沢賢治の最愛の肉親であった妹・トシは二十四歳で亡くなります。結核でした。賢治は失意のどん底に落ちます。トシは家族の中で唯一の味方だったのです。兄のことを敬愛していたトシは、賢治のよき理解者でした。宮沢賢治の生家は、とても熱心な浄土真宗の門徒だったのですが、賢治は志を持って国柱会《こくちゅうかい》（※田中智学が創設した蓮華会が始まり。一九一四年に国柱会と改称）という『法華経』系の教団に入ります。賢治の勧めでトシも入ります。

「永訣の朝」という詩がありますよね。妹との別れの日がついにきた。妹は「あめゆじゅとてちてけんじゃ（雨雪を取ってきてください）」と頼む。

家族は国柱会を認めないので、トシの葬儀は浄土真宗で勤めることになります。反発した賢治は、参列せず、家から離れたところで一心に『法華経』を読むのです。ただ、そこで賢治は苦悩します。俺は本当に間違っていなかったのか。トシは本当に救われたのか。幸せだったのか、と。

そのときの苦悩を元に「青森挽歌」という詩を書きました。その詩の最後を少し引用します。賢治はトシの死で苦悩する中、こんな声を聞くのです。

「《みんなむかしからのきやうだいなのだから　けつしてひとりをいのつてはいけない》」

それに対して賢治は、こう応じます。

「ああ　わたくしはけつしてさうしませんでした
あいつがなくなつてからあとのよるひる
わたくしはただの一どたりと
あいつだけがいいとこに行けばいいと
さういのりはしなかつたとおもひます」

賢治の「せめてこれだけは言える」、そんな思いで綴られています。賢治に聞こえてきたこの声は、明らかに『歎異抄』第五条だと思います。

若いときからずっと『歎異抄』を聞いていた賢治です。『歎異抄』の講座にも参加していました。そうであるとはどこにも書いていませんが、どう考えても『歎異抄』の第五条が聞こえてきたのだと思うわけです。そういう意味では、以前にも述べたように、「どん底で立ち上がる言葉」「どん底で聞こえてくる言葉」、そういうところが『歎異抄』にはあります。

■捨ててこそ——徹底的に任せる

第五条のポイントの二つ目として、「自分の善根功徳ではない」があります。

これは先ほどご説明した通り、自分の積む功徳の念仏だと、自力の念仏であり、まだきちんと仏様に全てをお任せすることができていない、というわけです。

徹底的に任せられないとは、捨て切れていないことでもあると思います。「捨てる」は、まさに仏教の最初期からの王道です。捨ててこその仏教なのです。

仏教を一言で、「捨ててこそ」と言ったのが空也《くうや》（※九〇三〜九七二年、平安中期、民間の浄土教の祖とも言うべき僧）です。これを受けて一遍も「捨ててこそ仏教だ」と言います。そういう意味では、一遍は法然の曾孫弟子でもありますが、空也系の人でもあるのです。

空也は、ボロボロの衣を着て鉦《かね》を叩いて、京都市内を回っていた人です。千観《せんかん》（※九一八〜九八四年、平安時代中期の天台宗の僧）という、立派な衣を着て、御所にも出入りするようなお坊さんがいて、大きな牛車に乗って京都市内を移動しているとき、牛車の窓から空也を見つけます。ボロボロの衣を着て、鉦を叩いて念仏している。あれは本物だと直感して、牛車から降りて空也に言います。

「ぜひ、仏道とは何かをお教えください」

これは大したものだと思います。立派な袈裟《けさ》を着ている人は、なかなかそんなことしないでしょう。しかし、空也は一瞥《いちべつ》もせずそのまま念仏して行ってしまいます。千観は、もう一度しがみついて「なんとか一言」と縋《すが》るのですが、空也は振り払って行ってしまう。もう一回縋って、「何か一言お願いします」と懇願したら、空也は千観をじろっと見て、「捨ててこそ」と言うのです。

そしてまた行ってしまう。千観はその場で着ていた衣を脱ぎ捨てて出直したそうです。この「捨てる」と「任せる」というのは、同じところに行き着く行為だと思います。

■仏に成りて——この生涯だけでは足りない

第五条のポイント、三つ目は**「仏《ぶつ》に成りて」**です。

本当の救いというのは、仏に成って完成するわけです。前章で触れた、還相回向の問題です。つまりこの道は、今回の生涯だけでは完成しないということです。我々の道は、この生涯だけじゃ足りません。死を越えて続く仏道を歩まなければならない。

■有縁を度すべきなり——恩愛の情断ち難く

先ほど保留にした、「まずは有縁を」の部分。これをどう読むか考えましょう。

「一切有情は父母兄弟なり」と言いながら、最後に**「まづ有縁を度すべきなり」**と述べています。まずは縁のある人たちから救っていきましょうと語るわけです。

法然もやはり、浄土に往生して、仏に成って救うんだと考えていました。

「かかる不信の衆生をおもへば、過去の父母・兄弟・親類なりとおぼしめし候て慈悲をおこして、念仏申て極楽の上品上生にまゐりてさとりをひらきて、生死に返りいりて誹謗不信の人をもむかへむと、おぼしめすべき事にて候也。このよしを御心え候べきなり。」（法然『和語燈録』三巻）

一切の有情を過去世の父母・兄弟・親類と考えて、往生して悟りを開き、生死に返り（迷いの世俗へ還り）、人々を救うことを説いています。

となれば、誰れ彼れ関係なく平等に救えばいいわけです。しかし、一方では、**「まず有縁を度すべきなり」**と言う。これは家族を持った親鸞の実感から出た思想のように思います。この部分に、親鸞独自の立ち位置と言いましょうか、親鸞の持っていた情念の部分を感じるのです。「一切有情を救う」というのが仏教の理想なのですが、親鸞は「まず有縁から度したい」といった思いを抱えながら生きたのかと想像します。

言い換えれば、家族を持った者の苦悩です。どこまで行っても、理想通りの人生を歩むことはできない。やはり自分の縁のあるものから救いたいという思いを、読み取ることができるのではないかと思います。

親鸞独特のところです。

浄土真宗本願寺派による葬儀の際に読む「表白《ひょうびゃく》」がありまして、そこには、「およそ生あるもの、かならず死に帰するは世の習いなりといえども、恩愛《おんない》の情断ち難く、別離の悲しみいうべからず」とあります。誰もが死んでいくと頭ではわかっていますし、すべての生命はつながっていると説かれても、「恩愛の情断ち難く」なのです。

■親鸞の直筆の手紙――家族への思い

そこで、前にも少しお話ししましたが、親鸞最後の手紙をご紹介します。親鸞が亡くなる二週間ほど前のもので、直筆で残っています。

簡単に意訳しながら見ていきましょう。厳密な逐語訳ではなく、わかりやすくお話ししますね。

「このいまごぜんのははの、たのむかたもなく、そらうをもちて候はゞこそ、ゆづりもし候はめ。」

「今御前の母は頼りにする人もいなくて、もし自分が所領などを持っていたとしたら、譲ってあげて助けてあげることもできるのだけれど、そんなものは私にはありません」

「せんしに候ひなば、くにの人々、いとをしふせさせたまふべく候。」

「私が先に死んだらどうぞ気の毒に思ってあげてください」

「このふみをかくひたちの人々をたのみまいらせて候へば、申をきて、あはれみあはせたまふべく候。このふみをごらんあるべく候。」

「常陸の人たちを頼りに思っていますので、どうぞ気の毒に思ってあげてください。この手紙を見せてください」

「このそくしやうばうも、すぐべきやうもなきものにて候へば、申おくべきやうも候はず。」

「即生房にも暮らしていく手立てが何にもないんです。だからもう何にもしてあげることはできません」

「みのかなはず、わびしう候ことは、たゞこのことおなじことにて候。ときにこのそくしやうばうにも、申をかず候。」

「大変心細く思っています。今御前の母と同じく、即生房も先行き不安な状態です。このことは即生房には言わずにおきます」

「ひたちの人々ばかりぞ、このものどもをも、御あはれみあはれ候べからん。いとをしう、人々あはれみおぼしめすべし。このふみにて、人々おなじ御こゝろに候べし。あなかしこ、あなかしこ。」（『親鸞聖人真筆消息』『浄土真宗聖典全書』（二））

このように、「どうか気の毒に思って気にかけてください。この手紙を読まれたらどうか配慮してあげてください、謹んで申し上げます」とお願いしています。

九十歳の高齢者で、しかも臨終間近の人です。何もできるはずがありません。

■親鸞の有縁——今御前の母と即生房は誰？

さて、これも前にも述べましたが、この〝即生房〟と〝今御前の母〟が誰かわかっていません。今御前の「母」というからには女性なので、親鸞の先妻ではないかという説、あるいは、親鸞の息子のうち、誰かの奥さんの母だから今御前の「母」と言っているのではないかという説もあります。今のところ末娘の覚信尼がそばにいて最期を看取っていますので、この人を今御前とする説が有力ですね。

即生房は誰なのでしょう。前述した親鸞の第一子らしき人物である印信（範意《はんい》）が即生房じゃないかと言われています。印信のことが「即証房」と表記されているものもあります。字は異なりますが、読みは同じです。

親鸞の子供たちですが、恵信尼の書簡から確実に存在が確かめられるのは、小黒女房・善鸞・明信（栗沢）・有房（益方）・覚信尼・の五人です。

親鸞が死んでから七十年くらい経って、覚恵の子供の覚如の文章で、高野禅尼が確認されます。それで六人になります。この辺りまでは確実かと思いますが、さらに親鸞の死後二百七十年経ってから「本願寺系図」と「日野一流系図」に印信が出てきます。

今のところ確たるものがないのでよくわからないのですが、系図によると七人、覚如の文章によると六人、夫婦の手紙だと五人、ということになります。

善鸞は縁を切って関東にいるから別として、明信・有房・小黒女房・高野禅尼の四人は母である恵信尼と一緒に越後にいます。だから印信と覚信尼が京都で親鸞のそばにいて、最期を看取ることになり、この二人、どうしてあげることもできませんので皆さんどうぞ憐れに思ってください、という状況はあり得る話です。

ですがそれだと、この二人はそばにいるのにわざわざ常陸国に手紙を出すというのが理屈に合いません。だから結局はよくわからないと言わざるを得ないのです。

この手紙を取り上げたのは、有名な僧侶の最後の手紙にしては、ちょっとみっともない感じがするからです。

もう自分は何もできないので皆さんお願いしますと、家族のことを頼みながら往生していかねばならない。他の祖師方はそんな心配はいりません。家族がいないのですから。

しかし親鸞は、家族を持った苦悩を抱えて、最後まで生きなくてはならなかった。家庭生活を営む、社会生活を営む、家族のことを心配しなければならない、そういう仏道です。それが親鸞の仏道なのです。

仏教の理想と、断ち難い恩愛の情と、この二つが混在し、せめぎ合っていると考えれば、第五条の世界が拡がりますよね。

例えば第五条に基づいて、「父母の供養などできないなら、法事などは意味がない」との極論だって展開できそうですが、親鸞も法然の法事をちゃんと勤めています。だから決して死者儀礼としての法事・法要を否定する話ではありません。先に往った人を縁として法事を勤める、縁を結ぶというのは親鸞も大事だと思っていたわけです。

他力の仏道を見事に歩んでこそ本当の父母の孝養である、そんなふうに考えていたから、「まず有縁を度すべし」と最後に出てくるのではないでしょうか。「この道を歩め」という教えでもある条ですね。

■第六条を読む

[第六条]

一　専修念仏《せんじゅねんぶつ》のともがらの、わが弟子、ひとの弟子といふ相論《そうろん》の候ふらんこと、もつてのほかの子細なり。親鸞は弟子一人《いちにん》ももたず候ふ。そのゆゑは、わがはからひにて、ひとに念仏を申させ候はばこそ、弟子にても候はめ。弥陀の御もよほしにあづかつて念仏申し候ふひとを、わが弟子と申すこと、きはめたる荒涼のことなり。つくべき縁あればともなひ、はなるべき縁あればはなるることのあるをも、師をそむきて、ひとにつれて念仏すれば、往生すべからざるものなりなんどいふこと、不可説なり。如来よりたまはりたる信心を、わがものがほに、とりかへさんと申すにや。かへすがへすもあるべからざることなり。自然《じねん》のことわりにあひかなはば、仏恩《ぶつとん》をもしり、また師の恩をもしるべきなりと云々。

（現代語訳：同じ念仏の道を歩む人々の中で、自分の弟子だ、他の人の弟子だという言い争いがあるようですが、それはもってのほかのことです。

　この親鸞は、一人の弟子も持っていません。なぜなら、わたしのはからいで他の人に念仏させるのなら、その人はわたしの弟子ともいえるでしょうが、阿弥陀仏のはたらきにうながされて念仏する人を、わたしの弟子などというのは、まことに途方もないことだからです。

　つくべき縁があれば一緒になり、離れるべき縁があれば離れていくものなのに、師に背き他の人にしたがって念仏するものは往生できないなどというのは、とんでもないことです。如来からいただいた信心を、まるで自分が与えたものであるかのように、取り返そうとでもいうのでしょうか。そのようなことは、決してあってはならないことです。

本願のはたらきにかなうなら、おのずから仏のご恩もわかり、また師の恩もわかるはずです。

このように聖人は仰せになりました。）

［解説］

「親鸞は弟子一人《いちにん》ももたず候ふ。」、実に切れ味の鋭い言葉です。また、**「つくべき縁あればともなひ、はなるべき縁あればはなるることのある」**、この態度は大事だと思います。さらに**「如来よりたまはりたる信心」**、これは『歎異抄』のキーワードです。

簡単に訳をつけて見ていきましょう。

「専修念仏《せんじゅねんぶつ》のともがらの、わが弟子、ひとの弟子といふ相論《そうろん》の候ふらんこと、もつてのほかの子細なり。」

「他力念仏の道を歩む人たちに、自分の弟子、人の弟子、そういう争いがあるようですが、とんでもないことです」

ここでの**「相論」**とは、議論の域を越えている、かなり激しい争いをイメージしてください。

第六条は、結構表現が厳しいのです。「とんでもないことだ」と言います。親鸞の強い語調が伝わってくるようです。

「親鸞は弟子一人ももたず候ふ。」

「この私は一人の弟子もおりません」

「そのゆゑは、わがはからひにて、ひとに念仏を申させ候はばこそ、弟子にても候はめ。」

「なぜなら自分の力、自分の思惑でひとに念仏をさせている、自分の指導で念仏させた、そんなことであれば師匠や弟子なども成り立つでしょうけれど」

「弥陀の御もよほしにあづかつて念仏申し候ふひとを、わが弟子と申すこと、きはめたる荒涼のことなり。」

「仏様に導かれてお念仏している人を自分の弟子ということ、途方もないほどの馬鹿げたことなのです」

　ここの**「きはめたる荒涼のことなり」**も、かなり厳しい表現ですね。

「つくべき縁あればともなひ、はなるべき縁あればはなるることのあるをも、師をそむきて、ひとにつれて念仏すれば、往生すべからざるものなりなんどいふこと、不可説なり。」

「ご縁があれば一緒に歩み、離れる縁があれば離れることもある。師匠に背いて、他の人に指導を受けて念仏したら往生できない、などということは不可説です」

　我々の人間関係にも言えること、学ぶべきことですよね。そして、不可説とあります。そんなのは全く成り立たないんだと言います。

「如来よりたまはりたる信心を、わがものがほに、とりかへさんと申すにや。」

「阿弥陀如来からいただいた信心を、まるで自分が与えたものであるかのように取り返そうと言うのでしょうか」

信心も念仏も仏様からの回向だと考える親鸞は、「仏様から回向された信心を自分の力だと考えているのではないのか」と、かなり強く批判します。**「如来よりたまはりたる信心」**は、これからも丁寧に考えていきたいと思います。

「かへすがへすもあるべからざることなり。自然《じねん》のことわりにあひかなはば、仏恩《ぶつとん》をもしり、また師の恩をもしるべきなりと云々。」

「何度も言いますけれど、そんなことはあり得ない。仏様の働きにかなっていれば、仏様の恩もわかり、師匠の恩もわかってくるものなのです」

「自然のことわり」とはこの場合は、仏様の働きのことです。師匠が、「お前は俺の弟子だ」と言うのではないのです。仏様に導かれたら、「ああ、あの人のおかげで、お念仏と出会うことができた」と、師匠の恩がわかるということです。

浄土真宗教団の、横並び意識の強さのベースを窺い知ることができます。基本的に仏教は、師から弟子へと繋がっていくものです。師資相承《ししそうじょう》と言いますし、師匠と弟子が言葉を使わずダイレクトに心と心を直結して伝えるので以心伝心とも言います。こちらの器に入っているものを一滴残らずそのまま弟子に注ぐ、そういうイメージです。しかし、親鸞は仏の前では師匠や弟子などないんだとするのです。

藤本義一（※一九三三〜二〇一二年、小説家・放送作家・司会者。主著に『鬼の詩』『螢の宿』）は、大阪人の権威嫌いや横並びの意識の強さは、真宗の風土によるものだと言っていました。大阪は、かつて石山本願寺を中心とした寺内町があった地ですし、船場は浄土真宗の門徒たちが集った町です。その意味では大阪人の横並びの意識や、自治意識の高さは、真宗の風土が影響しているのかもしれません。

■信楽房事件

実は第六条の背景には、「信楽房《しんぎょうぼう》事件」があります。ここを押さえなければ、第六条も誤読する可能性があるのです。

覚如が書いた『口伝鈔《くでんしょう》』（※一三三一年頃成立。親鸞の教えを孫の如信が受け継ぎ、それを伝授された覚如が内容をまとめたもの）上巻・第六条に、常陸国の新堤《にいづつみ》にいた信楽房という人が、親鸞の教えを求めて京都まで来て弟子入りする話が述べられています。ところが、教えが納得できないと言って、信楽房は反発して故郷に帰ってしまうのです。すでに経典を与えて法名も授けていたので、周囲の者たちは親鸞に進言します。

「あの男、あの調子だと親鸞聖人の署名が入ったお聖教《しょうぎょう》をどこかに捨てるかもしれません。法名と合わせて、取り返さなくてはいけないのではないですか」

しかし親鸞は、取り返すなどとんでもない考え違いだ、と答えます。

そして、このときにこの言葉が出たのです。

「親鸞は弟子一人も持たず」

信楽房が、経典を野原に捨ててもいい。誰かが拾って読むかもしれない。それで仏教に出会って救われるかもしれないじゃないか、親鸞はそんなことを語ったのです。

結果としては、この信楽房は戻ってきて大変熱心なお弟子さんになり、二十四輩に名前が残りました。そういう事件も背景にあっての第六条です。

第二条もそうでしたが、『歎異抄』は背景を知らないと誤読するというところがあります。例えば第四条も、聖道の慈悲だから何にもしなくてもいいということになれば、それは誤読だと私は思います。第六条も、弟子というのは一切ないと読んだとしたら、そうではないのです。

親鸞も法然と出会い、法然を生涯の師と思い、この仏道に歩みを進めていきました。すべての師弟関係を否定するのは少し違うかと思います。師との出会いまで否定していないのです。『歎異抄』の言葉だけではなく、どうして、こういう言葉を唯円は書き残したか、唯円はなぜこのことを大切と思って残したかというところに思いを巡らさないと読み解けないものがあります。

■「値遇」という出会い

覚如の『口伝鈔』によると、親鸞は法然の前でこう誓ったそうです。

「人師《にんし》、戒師《かいし》停止《ちょうじ》すべきよし、聖人の御前にして誓言発願《せいごんほつがん》」

「自分は生涯、人の師となって法門伝授を行ったり、人々に戒律を授ける戒師となったりせず、ただひたすら仏法を聴聞しつづけます」

これが親鸞の姿勢です。しかし、真仏、顕智、性信などを親鸞の弟子と呼んではいけないわけではありません。自分の弟子や人の弟子、あるいは「この人の弟子でないと往生できない」

などというものはないんだ、そういう教えなのです。仏教においても、人との出会いはとても大事です。そうでないと、仏法とは出会えません。自分を導いてくれる人を善知識と言います。

こんな喩えがあります。電車に乗りたいのに、線路の周りをうろうろしているだけでは、いつまで経っても乗れない、駅に行って切符を買いなさい。それが師との出会いだというのです。人と出会わないと、いくら線路を歩いていても一向に電車には乗れません。

ただ、「この駅でなければ乗れない」ということはありません。どんな駅でもいい。小さな駅でも無人駅でも大きな駅でもいいのです。つまり、この人でなければ仏法と出会えないということはないのです。誰でもいい。でも出会いがないとやっぱり仏道の歩みは始まらない。

親鸞は「値遇《ちぐう》」という言葉を使っています。

「遇」は、「たまたま、会う」ということ、「値」は、「寸分狂いなく、ピタッと合わさる」ということ。商売の「値段」はそこからきています。売り手と買い手の思いが合わさって、値段が成立するからこの字なのだそうです。

親鸞は、まさに自分のための教えと出会ったという思いがあったのでしょう。だから、念仏の道に出会ったことを値遇と表現しています。そして、たまたま、法然と出会えた。ピタッと合わさった。そんな思いもあったのでしょう。

親鸞の思いが込められている言葉です。

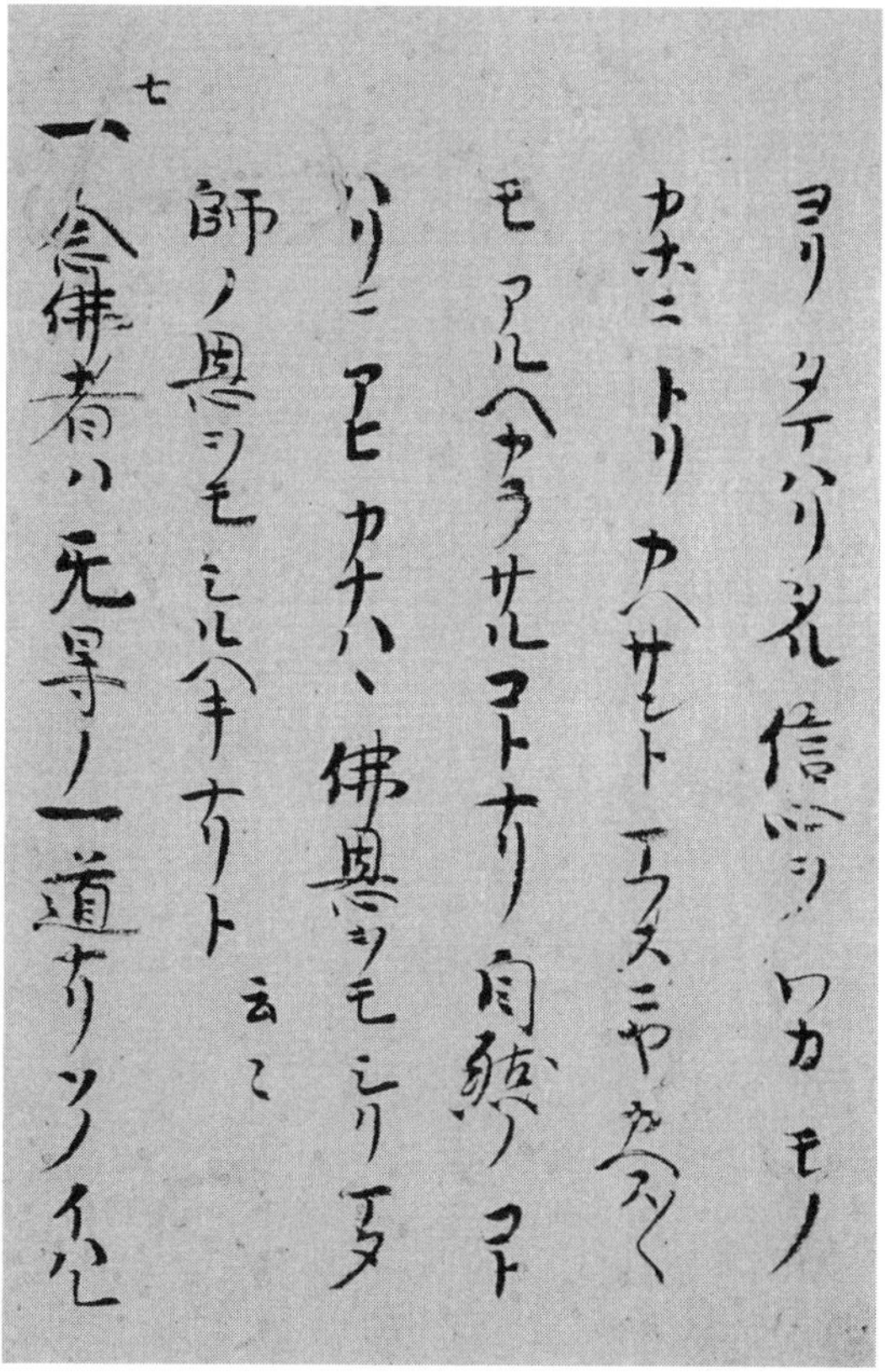
ヨリタマハリタル信心ヲワカモノ
カホニトリカヘサントマフスニヤカヘス〳〵
モアルヘカラサルコトナリ自然ノコト
ハリニアヒカナハヽ佛恩ヲモシリ又
師ノ恩ヲモシルヘキナリト 云々
七
一 念佛者ハ无㝵ノ一道ナリソノイハレ

「蓮如上人書写本」（本願寺蔵）

【第五章】 念仏して喜びがなくてもいい？（第七～九条）

■宗教の源泉は大洋性

ロマン・ロラン（※一八六六〜一九四四年。主著に『ジャン・クリストフ』）をご存知でしょうか。フランスの文学者で、社会思想家で、ファシズムに抵抗した活動家でもありました。第一次世界大戦時から反戦運動を行い、日本の満州国建国にも反対の声を上げています。

そのロマン・ロランは、『歎異抄』を戯曲にした倉田百三《ひゃくぞう》（※一八九一〜一九四三年、劇作家・評論家）の『出家とその弟子』（※一九一六〜一七年発表）を読んで、大変感銘を受けました。倉田百三に直接手紙を送っています。『出家とその弟子』のフランス語訳の序文は、ロマン・ロランが書いているのです。『歎異抄』が海外にも影響を与えた例ですね。

『出家とその弟子』は、近代思想に彩られた『歎異抄』です。キリスト教の影響も受けていて、愛の問題も語られています。子供の頃、お寺の日曜学校でよく上演されていたのを覚えています。クリスマスになると教会で子供たちがイエス生誕のお芝居をしますが、あんな感じです。

ロマン・ロランは、フロイトとも知り合いでした。フロイトの宗教論を読んだロマン・ロランが、君は宗教を全くわかってないと批判の手紙を送ったのが遺っています。

フロイトにとって宗教は、幼児性に根差したものであり、寄る辺のない心のありようであり、強迫神経症である。それがフロイトの宗教観です。

またフロイトは、部族の長を殺したトラウマが一神教を生み出したという推論を立てました。フロイトの宗教のイメージは、ユダヤ教やキリスト教を対象にしたものだったのです。

フロイトの宗教論を読んだロマン・ロランは、「君は宗教の源泉がわかっていない。宗教の源泉はどの人間にもある大洋性だ」と反論します。「大洋性」とは、ロマン・ロラン独自の表現です。我々の奥底には、自分というものと自分以外というものを繋ぐ「大洋性」がある。外部世界の全体とともに生きている、結びつきの感情。それが宗教の源泉だと、ロマン・ロランはフロイトに手紙で説きました。フロイトも、返信しました。

「僕の心の隅々まで調べたが、どこにもその大洋性はなかった」

もしかしたら、フロイトがきちんと仏教に出会っていたら、その宗教論は変わっていたかもしれませんね。

■「易行」と「難信」――はからわれていく自分

さて、読み進めてきた『歎異抄』ですが、そろそろ「他力の迷路」に入っていきます。誰もが歩める仏道だと聞いていたのに、一体どこが易行の仏道なんだと言いたくなるかもしれません。

法然が説いた、誰もが実践できる「易行」。南無阿弥陀仏と称える称名念仏。親鸞は、その「易行」とともにあるのは「難信」だと語ります。「この道」を歩むこと、我が身を委ねることは難しい。どうしても自分というものがコンコンと湧き出てくる。

「難信」には、「信罪心《しんざいしん》」や「信福心《しんぷくしん》」が内包されています。自分は本当にダメだなあという強い内省の心が「信罪心」。俺はもう大丈夫だ、救われるんだ、とするのが「信福心」。どちらも間違っていると親鸞は説きます。

いずれも自分勝手な判定であり、自分の都合ではからっているだけだ、もっと大きなもので自分がはからわれていくんだというわけです。称名の「称」の心は、「はからわれていく」です。称えれば称えるほど、自分のあり方、自分の存在自身が、照らされていき、はからわれていくのです。

この「信心」と「念仏」が、他力の仏道の二本柱になります。

■第七条を読む

［第七条］

一　念仏者は無礙《むげ》の一道なり。そのいはれいかんとならば、信心の行者《ぎょうじゃ》には、天神・地祇《じぎ》も敬伏《きょうぶく》し、魔界・外道《げどう》も障礙《しょうげ》することなし。罪悪も業報《ごうほう》を感ずることあたはず、諸善《しょぜん》もおよぶことなきゆゑなりと云々。

（現代語訳：念仏者は、何ものにもさまたげられないただひとすじの道を歩むものです。それはなぜかというと、本願を信じて念仏する人には、あらゆる神々が敬ってひれ伏し、悪魔も、よこしまな教えを信じるものも、その歩みをさまたげることはなく、また、どのような罪悪もその報いをもたらすことはできず、どのような善も本願の念仏には及ばないからです。

このように聖人は仰せになりました。）

［解説］

『歎異抄』には、念仏という言葉が四十二カ所登場します。出てこないのは、第三条と第十五条と第十七条の三つだけ。それ以外、全編にわたって、念仏が出てきます。

『歎異抄』の主要テーマは信心の問題なのですが、常に念仏の話をしています。信心と念仏が、表裏の関係なのです。

第七条も、念仏という言葉から始まります。しかし、この**「念仏者は無碍《むげ》の一道なり。」**の一文は前にもお話ししたように、間違いではないかとの説があります。

そもそも「念仏者が道」では、文章的におかしいですよね。「念仏者《ねんぶつは》」と漢字で書いていたのを写し間違えて「念仏者は」となったのではないかとする説を、仏教学者の早島鏡正《はやしまきょうしょう》（※一九二二～二〇〇〇年。主著に『親鸞入門』）、安良岡康作、多屋頼俊、姫野誠二などが論じています。

ただ、現在残っている写本のどれを見ても、明らかに「念仏者は」と書いています。「念仏は」と書いているものはありません。

あるいは、後に続く**「信心の行者《ぎょうじゃ》」**、これが「念仏者」のことであるのは明らかなので、一行目も「念仏者」と読むべきではないかという説もあります。「念仏者は無碍の一道を行くものなり」と書くところを、唯円が「を行くもの」を書かず、「念仏者は無碍の一道なり」となったのではないかと考えられるわけです。そんなことを踏まえながら、読み進めていきましょう。

「念仏者は無礙の一道なり。」

「念仏者は何ものにも妨げられることのないただ一筋の道を歩むのです」

「そのいはれいかんとならば、信心の行者には、天神・地祇《じぎ》も敬伏《きょうぶく》し、魔界・外道《げどう》も障礙《しょうげ》することなし。」

「それはなぜかと言いますと、阿弥陀仏の本願を信じて念仏する人は、あらゆる神々が敬い、悪魔も仏教以外の宗教も、何ものにも妨げられることはありません」

天神・地祇は、もともとはインドの天の神・地の神でしたが、日本では天津《あまつ》神《かみ》と国津《くにつ》神《かみ》に当てはめられました。天津神は神々の国の神でイザナギ・イザナミや天照大神《あまてらすおおみかみ》など、国津神は私たちの国に現れた神で、大国主命《おおくにぬしのみこと》や建御《たけみ》名方命《なかたのみこと》などです。その神々が、念仏者を敬ってくれるんだ、となります。

外道というのは、仏教以外の宗教です。現代では悪口のように使われていますが、悪口ではありません。

「罪悪も業報《ごうほう》を感ずることあたはず、諸善《しょぜん》もおよぶことなきゆゑなりと云々。」

「様々な罪も悪も、業の報いを受けることがなく、どのような善もこの念仏に勝るものはないからです」

この道を歩めば、悪も善も越えていくんだというのは第一条にも出ましたが、また出てきました。善悪を越える道を歩むというのが、第七条にも記されています。

■無礙とは――何ものにも妨げられない

「無礙」について、少し考えてみましょう。

無礙には、「障《さわ》りがない、障害にならない」という意味があります。例えば、阿弥陀仏のことを、「仏の光は何ものにも遮られることなく、私に届くんだ」の意で「無礙光仏《むげこうぶつ》」と言います。

他にも、限りない命の働きを意味する「無量寿仏《むりょうじゅぶつ》」、限りない光の働きを意味する「無量光《むりょうこう》仏《ぶつ》」などの別称が阿弥陀仏にはあります。光の働きは様々に喩えられ、十二の光の働きで仏様を称える「十二光讃《じゅうにこうさん》」という表現が古くからあります。

智慧光《ちえこう》の働きを表す智慧光《ちえこう》。決して絶えることのない働きとしての不断光《ふだんこう》。喜びに満ち満ちる働きの歓喜光《かんぎこう》などがあるのです。

このあたり、イスラム教におけるアッラーの九十九の名前を連想させます。

イスラム教では、神を褒め称える言葉が九十九あり、慈悲深きお方、全てを所有するお方、全知全能の神などと、『コーラン』に出てきます。

同様に、様々な光の表現を使って、仏を称え、讃嘆するのです。その中の一つである無礙光の障害なきイメージ。**「念仏者は無礙の一道なり。」**は、「仏の光に照らされた念仏者は、何ものにも妨げられることのない道を歩む」となります。

では、「妨げられない」とはどういうことでしょうか。真っ先に浮かぶのは、「自由」ですよね。実は、歩みが定まるということは自由になることなんです。

「私はこの道を歩みます」となれば、他の道は必要ありません。

武道家の甲野善紀《よしのり》さん（※一九四九年〜。主著に『古武術からの発想』）は、「人間の運命は完璧に決まっていて、同時に完璧に自由である」というのをご自分の宗教信条にされていますが、わかる気がします。この道はこうでしかない、自分にはこの道しかないと定まると、様々な軛《くびき》から解放されますよね。

無礙とは、そういうことかと思います。

■無礙とは——障害が転じていく

さらに無礙とは、「障害や妨げが転じていく」ことでもあるでしょう。

「罪障功徳《ざいしょうくどく》の体《たい》となる　こほりとみづのごとくにて　こほりおほきにみづおほし　さはりおほきに徳おほし」（親鸞『高僧和讃《こうそうわさん》』）

親鸞の和讃です。煩悩を抱えていれば抱えているほど、大きな悟りに到達するとあります。それを氷と水の関係に喩えているんですね。抱えている煩悩が、質的な転換を起こして悟りになるというわけです。苦しんでいる人ほど喜びも大きいでしょう。問題を抱えている人ほど、真摯《しんし》に道を歩む場合もあるでしょう。

我々は煩悩を抱えているからこそ、仏道を歩みます。苦悩なく暮らしている人には、宗教は無用です。いかんともしがたいものを抱えているからこそ、仏教の教えが必要であって、それを抱えているからこそ、悟りという救いへと到達するのです。

苦悩を抱えているからこそ、その身のまま仏に委ねることができれば、それがそのまま転換を起こすというのは、大乗仏教思想の大きな特徴です。唯識（※自己およびこの世界の諸事物はわれわれの認識の表象にすぎず、認識以外の事物の実在しないことをいう）では「転識得智《てんじきとくち》」と表現します。我々の苦しみの発生源である識が転換して智慧となるのです。

『維摩経《ゆいまぎょう》』（※大乗仏教経典の一つ）というお経には、「三界、これ道場なり」とあります。人生は苦悩を抱えながら生き抜く道場なんですね。しかし、仏法の導きによって、大きな喜びに転換していくんだという教えです。親鸞の信心も、同じ大乗仏教の理屈になっています。

■神祇護念説——九条武子の歌の世界

ところで、第七条の、

「天神・地祇《じぎ》も敬伏《きょうぶく》し、魔界・外道《げどう》も障礙《しょうげ》することなし。」

この部分、随分力強い表現だと思われたのではないでしょうか。

親鸞の時代は、それぞれの神様はもともと仏様だったという本地垂迹説《ほんじすいじゃくせつ》が主流でした。しかし、法然と親鸞は、神祇護念説《じんぎごねんせつ》を取ります。仏教と神道が融合して、神祇護法（神々が仏法を守護する）の立場が生まれます。そして、法然と親鸞は神々が念仏者を守護し念持する（神祇護念）と捉えるのです。この二人の特徴です。

本地垂迹説ではなく、神祇護念説の立場に立っていると思えば、親鸞がたくさん作っている和讃の理解も深まります。

「南無阿弥陀仏をとなふれば　梵王・帝釈帰敬す　諸天善神ことごとく　よるひるつねにまもるなり」（親鸞『浄土和讃』）

念仏を称えれば、梵天や帝釈天などの諸天や神々もすべて、夜も昼も念仏者を守ってくださる。むしろ神々は、念仏の教えが素晴らしいことを証明してくれるような存在だ、だからなにも恐れることはない。そんな思想を構築しました。

神祇護念説がうまく表現されていると思うものに、九条武子（※一八八七～一九二八年。歌集に『金鈴』『白孔雀』）の歌があります。浄土真宗西本願寺二十一世門主明如《みょうにょ》（※一八五〇～一九〇三年）を父に持ち、大谷光瑞《こうずい》（※一八七六～一九四八年、西本願寺二十二世。機関誌『大乗』を刊行）を兄に持つ歌人です。

九条武子は、社会活動家でもありました。大正三美人の一人とも呼ばれます。関東大震災の復興に尽くし、若くして敗血症で亡くなりました。

武子は、関東大震災で孤児となったたくさんの子どもたちを保護し、あそか病院という病院を建てました。また、女子教育者としても尽力し、京都女子大学の設立活動もしています。

あそかの花をタイトルにした『無憂華《むゆうげ》』という歌集を残しており、その中に「聖夜」という詩があります。メロディーをつけて今なお歌い継がれています。浄土真宗の仏教婦人会を立ち上げた人でもあるので、仏教婦人会ではこの「聖夜」をよく歌います。「聖夜」といえば「きよしこの夜」が有名ですが、仏教讃歌にも「聖夜」があるのです。いい歌ですよ。

「星の夜空の　うつくしさ　たれかは知るや　天《あめ》のなぞ

無数のひとみ　輝けば　歓喜《かんぎ》になごむ　わがこころ
ガンジス河の　真砂より　あまたおわする　ほとけたち
夜ひるつねに　まもらすと　きくに和《なご》める　わがこころ」（「聖夜」作詞・九条武子）

「空に輝く星は無数の仏の眼差しであり、その輝きに私の心は喜び和みます。仏たちが夜昼つねに守ってくださるという教えを聞いて、和んだ思いになります」

先ほどの親鸞の和讃に通じるような世界観が歌われています。武子は親鸞の和讃をよく理解していたのでしょう。

また、親鸞は『教行信証』「化《け》身土《しんど》巻《かん》」に、『大集経《だいじっきょう》』「月蔵分《がつぞうぶん》」「日蔵分《にちぞうぶん》」を引用し、星の運行と仏の働きについて書いています。武子の味わいもそこからきたのかもしれません。

■阿弥陀仏信仰と一神教信仰の神の違い

ところで、ここまで読み進めて、「阿弥陀仏って、一神教の神みたいだな」と思われた人もおられるでしょう。確かに似たところがあります。でも、根本的に異なるんですよ。

そもそも阿弥陀仏という存在は、苦悩する人がいないと成り立ちません。苦悩する人がいるからこそ、法蔵菩薩は悟りを開いて阿弥陀と成ったのです。

対する一神教の神は、たとえ人間がいようがいまいが、この世界があろうがあるまいが、絶対的に存在する神です。創造主です。ここが一神教の軸の強さですね。

その意味において、阿弥陀仏は、世界の創造主でもなければ、絶対なる存在でもありません。

また、唯一絶対神と違い、他の神々を否定するものではありません。だからこそ、「神々は念仏者を守るんだ」という理屈になります。

この辺りは、『阿弥陀経』というお経に表現されています。この世界に満ち満ちる諸仏が阿弥陀仏の教えは正しいと証言する、という場面が出てきます。

このような神祇護念の立場と共に、親鸞には神祇不拝の立場があります。ここは、浄土真宗が一神教的な性格が強いと言われる所以でもあります。我々は念仏者なので神様を拝みません、とする神祇不拝の態度をはっきりさせているのです。

かつて、神棚下ろしの慧雲《えうん》（※一七三〇〜八二年、江戸時代中期の浄土真宗の僧）と呼ばれる人が広島にいました。浄土真宗の御門徒のお宅に伺って神棚があったら、やめましょう、と外したそうです。広島で浄土真宗が広まり、安芸門徒と言われる真宗王国になったのは、慧雲の存在が大きく影響しています。

■ただ一つの道を歩む

関連文章を少しご紹介します。『教行信証』の「行巻《ぎょうかん》」、『華厳経』の引文《いんもん》の部分です。

「道は無礙道なり。経（華厳経）にいはく、十方《じっぽう》の無礙人、一道より生死を出でたまへりと。一道は一無礙道なり。無礙は、いはく、生死すなはちこれ涅槃と知るなり。」

「一道」はこの道、「生死」は迷いのことです。つまり、「私が歩むこの唯一無二の道、これはまさに何の妨げもなく歩める道であり、迷いや煩悩は涅槃なのだ、と『華厳経』に出てくる」

というわけです。この「生死即涅槃」や「煩悩即菩提」については、後ほど少し取り上げたいと思います。

さらに『教行信証』の「信巻《しんかん》」には、『涅槃経』の文章を引用しているものがあります。

「また二種あり、一には道ありと信ず、二には得者《とくじゃ》ありと信ず。この人の信心、ただ道ありと信じて、すべての得道の人ありと信ぜざらむ。これを名づけて信不具足《しんふぐそく》とすといへり。」

「信心に二種ある。一つは悟りに至る道があると信じる。二つには、その道を歩み会得した人がいることを信じる。単に道があるとだけ信じて、道を得た人がいることを信じなければ、不完全な信心である」

そんな内容になっています。

これはもちろん浄土真宗だけに限りません。私はこの道を歩むと定まった、その心の強さ、生きる姿勢の強さは、すべての宗教に共通しています。この道と定まれば、自分の人生の大きな軸ができ、いろんな問題も解決するでしょう。

そんなふうに、何ものにも妨げられない光に照らされて、この道を歩みます。我々は、これが善だ、これが悪だと、自分の都合を振り回していましたが、それを越える道が見えてくる、それが第七条だと思います。

■第八条を読む

[第八条]

一　念仏は行者《ぎょうじゃ》のために、非行《ひぎょう》・非善《ひぜん》なり。わがはからひにて行ずるにあらざれば、非行といふ。わがはからひにてつくる善にもあらざれば、非善といふ。ひとへに他力にして、自力をはなれたるゆゑに、行者のためには、非行・非善なりと云々。

（現代語訳：念仏は、それを称えるものにとって、行でもなく善でもありません。念仏は、自分のはからいによって行うのではないから、行ではないというのです。また、自分のはからいによって努める善ではないから、善ではないというのです。念仏は、ただ阿弥陀仏の本願のはたらきなのであって、自力を離れているから、それを称えるものにとっては、行でもなく善でもないのです。このように聖人は仰せになりました。）

[解説]

「**念仏は行者《ぎょうじゃ》のために、非行《ひぎょう》・非善《ひぜん》なり。**（念仏は称える人にとっての、行でもなければ善でもない）」とあります。

なぜなら「自分のはからいによって実践しているのではないので、行ではない。また自分のはからいによってつくる善でもないので、非善なんだ」というわけです。これも独特の思想ですね。本来、念仏は仏教における代表的な行なんですから。

この第八条では、本当の念仏は自分のはからいで称えているのではないことを説いています。仏の回向によって私の口から出てくるのが、他力の念仏です。

非行・非善は、他力の行であり、他力の善です。仏の働きであり、仏様の功徳なのです。親鸞は「私」から「仏」へと、主語を変えてしまいます。これが他力の仏道の思想体系の特徴となります。

念仏だけではなくて、信心もそうだと親鸞は言います。『歎異抄』の「後序」には「たまわりたる信心」と述べられています。だからこそどんな人においても信心は平等だと言うのです。親鸞は、「仏からたまわりたる信心、その信心が智慧であり、仏性なのです」と、独特の思想を展開しました。

■仏に呼ばれている——そのためにこの仏はいる

「南無」は、もともと「帰依する」の意です。「帰命《きみよう》」とも訳されます。「お任せする」という意味ですので、口に「南無阿弥陀仏」を称えるというのは、「阿弥陀仏にお任せします」「帰依します」との表明になります。

阿弥陀仏は、限りない光と限りない命の働きですので、「南無阿弥陀仏」は、「この世界に満ち満ちる、限りない光と限りない命の働きにお任せします」という意味になります。

しかし親鸞はこれを、帰命や帰依ではなく、本願の呼び声だとするのです。「お任せします」ではなく、「任せてくれ」と仏から呼ばれているのですね。

念仏を称えるという体験は、自分の意思や力ではなく、仏に導かれて口から出るということなのでしょう。

親鸞は、しばしば仏典を独特の読み方で受け止めていきます。数多くの読み替えがあって、ご紹介すると長くなってしまうのですが。ひとつ取り上げてみますね。

「不得外現賢善精進之相内懐虚仮（外に賢善精進《けんぜんしょうじん》の相を現して内に虚仮《こけ》を懐くことを得ざれ）**」**

中国の善導の思想です。善導は、「賢善精進の姿を現して、内面にニセモノを懐いてはいけない」という文章を書いています。外と内との一致を説いているのです。親鸞はそれを、**「外に賢善精進の相を現すことを得ざれ、内に虚仮を懐けばなり。**（立派そうな姿を見せてはダメだ、中身はニセモノじゃないか）」と読みます。

そもそも善導は、自分の文章を細かく規定しており、勝手に読み替えるなと言っています。親鸞はそれを百も承知なのです。しかし、そうとしか読めない人なのでしょう。

誤読と言えば誤読です。その通りには読んでいません。ですが、大変クリエイティブです。これは創造的誤読とでも言うべきものでしょうか。

創造的誤読というのは井筒俊彦（※一九一四〜九三年、哲学者・言語学者。主著に『イスラーム思想史』『神秘哲学』『意識と本質』）の論です。「本来のテキストを読むことからは許されないが、たった一つだけ創造的誤読が許される場合がある。それは、命をかけて読む場合だけだ。創造的誤読は身命を賭して読むときだけ許される」というわけです。親鸞のこの独特の経典の読み方に、同じものを感じます。

もちろん親鸞は、きちんとした読み方も知っていました。何しろ二十年、文献学を学んだ人です。それでも、「私にはこうとしか読めない。だって中身はニセモノじゃないか。私はとても仏にすべてを任せたりできるような人間じゃないんだ。だからこそこの仏はいるんだ」という理屈を展開するのです。

■わかったと思ったらひっくり返される「お好み焼き理論」

そういう意味では、私自身も若いときに読んでいたのと今読むのとでは、『歎異抄』から受ける印象が随分違うことに気がつきます。若いときは頭で読んでいると言いましょうか、

「念仏は自分の善じゃないし、自分の行じゃないんだ」

「聖道の慈悲は不完全だ」

「父母の孝養のために念仏をするのではないんだ」

など、『歎異抄』のフレーズをその通り受け止めていました。

しかし、今読むと逆に、「だからこそ、供養しろ」「だからこそ、その社会に関われ」と言われているような気がします。

ここが〝道〟の面白いところです。

歩めば歩むほど、最初わかったことがひっくり返って聞こえてきます。時にはまるで別のことを説いているように思えてきます。司馬遼太郎が、無人島にたった一冊だけ本を持っていくとしたら『歎異抄』だと言っているのは、このように何度も自分がひっくり返されるような書

物だからでしょうか。

これを私は自分の中で、「お好み焼き理論」と名付けています。

焼けてきた頃にひっくり返されます。わかったと思ったらひっくり返されます。

もうすっきりさせてくれ！　と、思うときもありますが、なかなかすっきりさせてくれません。振幅を伴いながら、歩みは進んでいくのかもしれません。

■他力のややこしさ——浅原才市の歌の世界

他力のややこしさが、少しわかっていただけたでしょうか。他力というのは宗教性の異名そのものです。あらゆる宗教性の本質は、他力という表現と寸分違わない気がします。

しかし、こんな難しい理屈を全く知らなくても、ちゃんとわかる人は昔からいます。浅原才《あさはらさい》市《ち》（※一八五〇～一九三二年）の歌をご紹介しましょう。

浅原才市は、石見（島根県）に生まれた市井の人です。船大工でしたが、高齢になってからは下駄職人になりました。下駄を削って出る木屑に、自分の内面から込み上げた言葉を墨で書きとめました。それを「口《くち》あい」と呼びます。当て字だらけで読みづらいのですが、それがたくさん残っています。次に挙げるのは、口あいの一つです。

「かぜをひけばせきがでる　さいちが御法義のかぜをひいた　念仏のせきがでるでる」

自分の意思や自分の都合ではなく、風邪をひいて咳が止まらなくなるような念仏。どこからかやってきて自分の中に働くような、導かれるような、そういう念仏のイメージを「御法義のかぜをひいた」と表現しています。

仏法の風邪を引いて念仏のせきが止まらない。端的に表しています。この人は、難しい勉強はしていません。長年修行した高僧も及ばぬ境地を、厳しい修行をしたわけでもありません。ただ、お念仏してお寺でお話を聞いていただけです。それがここに到達する。驚くべきことです。浄土真宗という仏道の真面目なところです。

浅原才市の人生や口あいに胸を打たれた鈴木大拙や柳宗悦《むねよし》（※一八八九〜一九六一年、思想家・民芸運動の創始者）が著作で取り上げたために、この人は世界的にも有名になり、研究もされています。

第九条を読む

第九条は以前から言及しているように、大変ドラマティックです。是非ともイメージを膨らませて読んでください。登場人物は唯円と親鸞の二人だけ。まず唯円が口火を切ります。

［第九条］

一　念仏申し候へども、踊躍歓喜《ゆやくかんぎ》のこころおろそかに候ふこと、またいそぎ浄土へまゐりたきこころの候はぬは、いかにと候ふべきことにて候ふやらんと、申しいれて候ひしかば、親鸞もこの不審ありつるに、唯円房おなじこころにてありけり。よくよく案じみれば、天にをどり地にをどるほどによろこぶべきことをよろこばぬにて、いよいよ往生は一定とおもひたまふなり。よろこぶべきこころをおさへてよろこばざるは、煩悩の所為《しょい》なり。しかるに仏《ぶつ》かねてしろしめして、煩悩具足の凡夫と仰せられたることなれば、他力の悲願はかくのごとし、われらがためなりけりとしられて、いよいよたのもしくおぼゆるなり。また浄土へいそぎまゐりたきこころのなくて、いささか所労《しょろう》のこともあれば、死なんずるやらんとこころぼそくおぼゆることも、煩悩の所為なり。久《く》遠劫《おんごう》よりいままで流転せる苦悩の旧里《きゅうり》はすてがたく、いまだ生れざる安養浄土《あんにょうじょうど》はこひしからず候ふこと、まことによくよく煩悩の興盛《こうじょう》に候ふにこそ。なごりをしくおもへども、娑婆《しゃば》の縁尽きて、ちからなくしてをはるときに、かの土《ど》へはまゐるべきなり。いそぎまゐりたきこころなきものを、ことにあはれみたまふなり。これにつけてこそ、いよいよ大悲大願はたのもしく、往生は決定《けつじょう》と存じ候へ。踊躍歓喜のこころもあり、いそぎ浄土へもまゐりたく候はんには、煩悩のなきやらんと、あやしく候ひなましと云々。

（現代語訳：念仏しておりましても、おどりあがるような喜びの心がそれほど湧いてきませんし、また少しでもはやく浄土に往生したいという心もおこってこないのは、どのように考えたらよいのでしょうかとお尋ねしたところ、次のように仰せになりました。

　この親鸞もなぜだろうかと思っていたのですが、唯円房よ、あなたも同じ心持ちだったのですね。よくよく考えてみますと、おどりあがるほど大喜びするはずのことが喜べないから、ますます往生は間違いないと思うのです。喜ぶはずの心が抑えられて喜べないのは、煩悩のしわざなのです。そうしたわたしどもであることを、阿弥陀仏ははじめから知っておられて、あらゆる煩悩を身にそなえた凡夫であると仰せになっているのですから、本願はこのようなわたしどものために、大いなる慈悲の心でおこされたのだなあと気づかされ、ますますたのもしく思われるのです。また、浄土にはやく往生したいという心がおこらず、少しでも病気にかかると、死ぬのではないだろうかと心細く思われるのも、煩悩のしわざです。果てしなく遠い昔からこれまで生れ変り死に変りし続けてきた、苦悩に満ちたこの迷いの世界は捨てがたく、まだ生れたことのない安らかなさとりの世界に心ひかれないのは、まことに煩悩が盛んだからなのです。どれほど名残惜しいと思っても、この世の縁が尽き、どうすることもできないで命を終えるとき、浄土に往生させていただくのです。はやく往生したいという心のないわたしどものようなものを、阿弥陀仏はことのほかあわれに思ってくださるのです。このようなわけであるからこそ、大いなる慈悲の心でおこされた本願はますますたのもしく、往生は間違いないと思います。

おどりあがるような喜びの心が湧きおこり、また少しでもはやく浄土に往生したいというのでしたら、煩悩がないのだろうかと、きっと疑わしく思われることでしょう。このように聖人は仰せになりました。）

［解説］

第九条は長いのでいくつかに分けます。

■第九条——一　「念仏申し候へども」

「念仏申し候へども、」から**「いよいよ往生は一定とおもひたまふなり。」**までです。

まずは冒頭の**「念仏申し候へども、」**ですが、これは唯円の言葉です。

往生されましたが梯實圓《かけはしじつえん》（※一九二七～二〇一四年、仏教学者・浄土真宗教学研究所元所長）という立派な念仏者が、この**「念仏申し候へども、」**の出だしに、大変感銘を受けるとおっしゃっていました。

「唯円は、言おうか言うまいか、ずっと躊躇《ためら》っていたのでしょう。このとき親鸞は八十三、四歳。唯円は三十代半ばくらい。孫とおじいちゃんくらいの歳の差があります。おそらく、たまたま親鸞と二人きりになり、今こそ聞こうか、いやいやこんなこと言っていいのかというためらいの中、思い切って、『念仏申し候へども……』と口にした感じがする」などとお話しされていましたね。

確かに、「唯円、よくぞ聞いてくれた」と思います。よくこの質問をしてくれた。この第九条がなかったら、親鸞という人のある側面はずっとわからないままだったかもしれませんよ。親鸞は、ほとんど自分のことを書き遺さなかったのです。この第九条の質問を唯円がしてくれたからこそ、また『歎異抄』に二人だけの対話を書き残してくれたからこそ、親鸞の一面がよくわかる。そういう条です。

それではご一緒に読んでいきましょう。

「念仏申し候へども、踊躍歓喜《ゆやくかんぎ》のこころおろそかに候ふこと、またいそぎ浄土へまゐりたきこころの候はぬは、いかにと候ふべきことにて候ふやらんと、申しいれて候ひしかば、」

「念仏を申していましても、踊躍歓喜、そういう喜びの心は湧いてきません。また、急いで浄土へ往きたいという気持ちも起こってきません。いったいこれはどういうふうに考えたらいいんでしょうか、とお尋ねしたら」

唯円の問いは二つ。一つは念仏しても喜びが湧いてこない。もう一つは浄土に生まれると聞いても往きたいと思わない。お経には「念仏すれば喜びが湧いてくる」と出てくるのに、その通りにならないわけです。しかも、早く浄土に往生したいという気持ちも起こってこない。これをどう考えたらいいんでしょうか、唯円は思い切って親鸞に尋ねました。本当に直球です。

親鸞はどう答えるかと言いますと、なんと、

「親鸞もこの不審ありつるに、唯円房おなじこころにてありけり。」

「私もなぜだろうと思っていました。唯円、あなたも同じ心でしたか」

と若き唯円に言うのです。そしてこう続けます。

「よくよく案じみれば、天にをどり地にをどるほどによろこぶべきことをよろこばぬにて、いよいよ往生は一定とおもひたまふなり。」

「よくよく考えてみたら、喜びが湧いてくるべきことなのに、喜べない。喜べないからこそ、浄土に往生は間違いないのです」

この理屈が、ややこしいですね。ひとまず次の文章に進みましょう。

■第九条―二　「煩悩具足」

「よろこぶべきこころをおさへて」から**「まことによくよく煩悩の興盛《こうじょう》に候ふにこそ。」**まで

です。

「よろこぶべきこころをおさへてよろこばざるは、煩悩の所為《しょい》なり。」

「本来喜ぶべきことなのに喜べないのは煩悩のせいなんです」

煩悩というのは、仏道の歩みを妨げるものです。また、苦しみを生み出す元が煩悩。そこで、念仏して喜びが湧いてこないというのは煩悩の働きだと言うのです。

「しかるに仏《ぶつ》かねてしろしめして、煩悩具足の凡夫と仰せられたることなれば、他力の悲願はかくのごとし、われらがためなりけりとしられて、いよいよたのもしくおぼゆるなり。」

「そのことを阿弥陀仏は最初から知っておられて、煩悩を抱えた凡人と仰せなのだから、だから、喜べないあなたや私のような者のために他力の願いはあるのです。そう気づかされると、ますます仏様の願いが頼もしいと感じることができます」

　これまでも繰り返してきましたが、なぜ阿弥陀仏が存在するかといえば、煩悩を捨てられない人のためです。つまり煩悩を抱えている人というのは、まさに阿弥陀仏の目当てなんですね。これを正機と言うんでしたね。

　喜べないというのは、煩悩によるものです。でもその煩悩を抱えた人のために他力の仏道はあるんですよ、と述べられています。そして親鸞は二つ目の質問にも答えます。

「また浄土へいそぎまゐりたきこころのなくて、いささか所労《しょろう》のこともあれば、死なんずるやらんとこころぼそくおぼゆることも、煩悩の所為なり。」

「また、浄土へ急いで往きたいという思いにならず、それどころかちょっと病気になったりすると、死んでしまうのではないかと心配になってしまう、それも煩悩の働きによるものです」

まさに我々のことですね。念仏しても喜べず、病気になったら死ぬのではないかと心配し、不安になります。

「久遠劫《くおんごう》よりいままで流転せる苦悩の旧里《きゆうり》はすてがたく、いまだ生れざる安養浄土《あんにようじようど》はこひしからず候ふこと、まことによくよく煩悩の興盛《こうじよう》に候ふにこそ。」

「果てしない過去から、命の連続性の中で生死を繰り返してきた我々は、苦しみに満ちた迷いの世界を捨てるのが困難であり、いまだかつて生まれたことのないやすらかな悟りの世界は、生まれたいという気持ちにはなりません。これは本当に煩悩が盛んだからなんです」

なかなか、エッジの効いた文章です。唯円は、親鸞が言った言葉をそのまま書き残したのでしょうか。だとしたら、実に魅力のある言葉をいう人だったんだなあと感じ入ります。

■第九条──三　「娑婆の縁尽きて」

第九条の最後の部分を読みましょう。

「なごりをしくおもへども、娑婆《しやば》の縁尽きて、ちからなくしてをはるときに、かの土《ど》へはまゐるべきなり。」

「どれほどこの世にしがみついても、縁が尽きれば、どうすることもできずに命は終わっていく。その時に浄土へ往生していくんですよ」

とても浄土願生者とは思えないような態度ではありませんか。必死でこの世にしがみつく有様や、力尽きて今生を終えて浄土へ往く……、と言うのです。

「いそぎまゐりたきこころなきものを、ことにあはれみたまふなり。」

「早く浄土に往生したいという心がないような者のことを、仏様は特に慈しみをもってくださるんです」

「これにつけてこそ、いよいよ大悲大願はたのもしく、往生は決定《けつじょう》と存じ候へ。」

「そんなわけだから、仏様の大きな慈悲と願いは本当に頼もしいのです。往生は間違いありません」

「踊躍歓喜《ゆやくかんぎ》のこころもあり、いそぎ浄土へもまゐりたく候はんには、煩悩のなきやらんと、あやしく候ひなましと云々。」

「もし、我々が念仏して喜びに満ちて、早く浄土にも往きたいという人であれば、煩悩がないのかと疑わしいほどです（煩悩がなければ、阿弥陀様も浄土も用はない）、と聖人は仰せになりました」

親鸞は、そんな話を唯円にしたようです。

■「歓喜地」と喜べない自分

唯円房という呼び方ですが、これは「房号」と言い、仮名《けみょう》です。当時は、僧名を実名《じつみょう》とし、直接呼ぶのは憚《はばか》られました。だから、仮名である房号で呼んでいたのです。

「法然」というのも房号です。「法然房源空」です。源空が実名、法然は仮名になるので、親

鸞も「法然上人（聖人）」と房号で書いています。署名のときには親鸞と実名を書いたりしています。周囲から

親鸞は、「善信房親鸞」です。署名のときには親鸞と実名を書いたりしています。周囲からは善信房と呼ばれていました。

以前、『歎異抄』の筆者は、はっきりとはわからないが、唯円房という人が二度登場する。この人が著者であろう」とお話ししました。この第九条と、もうひとつ第十三条に登場します。

さて、念仏と出会うと喜びが湧き上がる問題ですが、親鸞の『教行信証』にこう書いてあります。

「真実の行信を獲《う》れば、心に歓喜多きがゆゑに、これを歓喜地《かんぎじ》と名づく。」（『教行信証』「行巻」）

「真実の一心すなはちこれ大慶喜心《だいきようきしん》なり、大慶喜心すなはちこれ真実信心なり。」（『教行信証』「信巻」）

「他力の信心・念仏を獲得《ぎやくとく》すれば心は歓喜に満ちるので、歓喜地の境地と呼ばれている」、「真実の信心は、大いなる慶喜心である」としています。この「歓喜地」について、少しご説明します。

仏道を五十二段階のプロセスに分ける考え方が大乗仏教にあります。

「十信《じゅうしん》」「十住《じゅうじゅう》」「十行《じゅうぎょう》」「十回向《じゅうえこう》」「十地《じゅうじ》」となっていて、これがさらに十ずつに分かれています。つまり、ここまで五十のプロセスがあるわけです。

一番上の十地の上にはさらに、「等覚《とうがく》」「妙覚《みょうがく》」があり、妙覚が最上の悟りです。

『華厳経』の中に、「十地経《じゅうじきょう》」というお経が収められています。これは「十地」の境地について説いています。

十信などの下の辺りのプロセスは、行ったりきたり、せっかく歩みを進めてもまた戻ったりしてしまいます。しかし、十地までいくと、もう修行が後戻りしたりしないので、ここを「不《ふ》退転《たいてん》」と言います。また十地の一番目は、悟りの最初のところという意味で「初地《しょじ》」と言い、「正定聚《しょうじょうじゅ》」とも「歓喜地」とも言います。

経典によれば、他力の念仏者は、初地の位に到達します。つまり大いなる喜びに満ちるのです。親鸞は著述において念仏者は喜びに満ちるとの教えを説く一方で、自分自身の喜べない内面を吐露しているのです。

『教行信証』の「信巻」には、こう書かれています。

「誠に知んぬ。悲しきかなや、愚禿鸞《ぐとくらん》、愛欲の広海に沈没し、名利《みょうり》の太山《たいせん》に迷惑して、定聚《じょうじゅ》の数に入《い》ることを喜ばず。真証《しんしょう》の証《しょう》に近づくことを快《たの》しまざることを。恥づべし、傷《いた》むべしと。」

（『教行信証』「信巻」）

煩悩に埋没する我が身を恥じ、悲しむ文章です。「定聚の数に入る」とは先ほど言った正定聚に入ることです。ここに到達したことを喜べない。喜びの境地であるはずなのに、喜べないというわけです。

喜べない自分と、喜びに満ちる仏教の教義が、うまく整合しない。だけど、整合しないからこそ、救いは間違いない。そんな内容が第九条では展開されています。

間違いなく救われる。でも喜べない。だから俺は偽物なんだ。とても救われるような人間じゃないんだ。だからこそ、救われるんだ。

ほら、お好み焼き状態でしょう？　行ったりきたりします。

煩悩がそのまま悟りである「煩悩即菩提」。この「即」は、浄土仏教の教えでは「転」の義です。ちゃんと仏様に任せることができたら、その抱えている煩悩が転じます。

何しろ「煩悩具足」、煩悩の塊が我々です。煩悩が無くなってしまうと、自分も無くなります。煩悩が服を着ている状態です。しかし、それだからこそ、仏様にお任せすることで転じる、「転成《てんじょう》」の論理が起きるというわけです。転じて成る。

いずれにしても、ここで驚くべき会話が展開されていましたね。**「安養浄土《あんにょうじょうど》はこひしからず候ふ」**であり、**「苦悩の旧里《きゅうり》はすてがたく、」**です。確かに、我々はそんな存在です。いくら仏様の教えを聞いても、浄土に参りたいという気持ちは湧いてきません。共感はできる話ですが、そんなことを言ってしまうと、そもそも仏教の歩みも成り立ちませんよね。浄土仏教全否定になっちゃうじゃないですか。親鸞ってこういう際どい話をする人だったんだなあと改めて思います。

このあと第十三条では親鸞は、「君、千人殺せる？」と言い出します。非常に、危険な問いかけですよね。これは唯円だから言ったのでしょうか。唯円はこういう話ができる人だったので、親鸞は思いきったことを言ったのかもしれません。このあたりも、いろいろ想像を膨らませて読んでいかなくてはいけないところです。

救われると言っても喜べない、喜べないからこそ救われる、そんな振幅の中で二転三転しながら進む仏道は、デンマークの哲学者で思想家であるキェルケゴール（※セーレン・キェルケゴール。一八一三〜五五年。主著に『死に至る病』『あれか、これか』）の語りを連想させます。

キェルケゴールもそういうタイプの信仰の道を歩んだ人で、「底に穴の空いている船に乗って、ずっと水を掻い出し続けている」と表現していました。

掻い出しても掻い出しても、水は浸潤し続けます。煩悩と救いの緊張状態が、ずっと続くのです。全く解決しないし、だからと言って、掻い出すのをやめられない。

親鸞の思想と共通するところです。

■自分というものと誠実に向き合いながら歩む道

『歎異抄』の第九条までできました。

『歎異抄』は、もともとの仏教思想をもひっくり返すような、そういうアバンギャルドなところがありますので、『歎異抄』を読んで仏教思想を理解できるというわけではありません。「『歎異抄』の思想」を読む、ということになります。

ただ現代人が宗教や信仰について考えるには、さまざまな手がかりを提示してくれます。振り返ってみると、第七条は、信心と念仏の話でした。

すでに法然在世中から、法然門下において、信心重視派と念仏重視派の二派がありました。信心重視派には、仏様にお任せしたらどんな悪いことをしてもオーケーなんだという「造悪《ぞうあく》無礙《むげ》」（※悪を犯しても往生浄土の礙《さまたげ》にはならないの意）を主張する人たちがいました。対する念仏重視派には、いやいや仏道なんだからそんなことはない、やっぱり日々念仏して精進しなくてはいけないという「賢善精進《けんぜんしょうじん》」（※かしこく、善く、つとめはげむこと）派がいました。

この「賢善精進」派は、たくさん念仏をすべきだという「多念義《たねんぎ》」グループに重なっていますし、「造悪無礙」派は、本当の念仏は一回すればいいんだという「一念義《いちねんぎ》」グループと重なります。『歎異抄』は、どちらも間違っていますよ、と批判する本なのです。こちらを批判すれば、あちらも批判する。この辺りが『歎異抄』の構成の妙でもあります。

続いての第八条は、「私の行・善ではない。他力行であり、他力の善だ」という話でした。

実は親鸞の著作に、非行・非善についての言及はあまりありません。「信巻」には少し出てきますが。唯円が親鸞から直接この教えを聞いていたのだとしたら、『歎異抄』によって非行・非善に関する親鸞の思想が後世に伝わったわけです。実際に親鸞のそばにいて話を聞いた人だからこそ書けた文章です。

そして第九条。「念仏しても喜びがない、急いで浄土に往きたくない。仏教の教えでは喜びがあるはずなのに」。こうあるべきという仏教の教えと、よくよく自分を見つめるとそうはならない自分が見えてくる、そんな内容でした。それは、仏教の教えに照らされるからこそ見えてくる自分なのです。念仏者は喜びが湧き上がりますよ、との教えに出会うからこそ、喜べない自分が見えてきます。それを大切にし、それをごまかさないのです。

喜べない、浄土に往きたくない自分と、誠実に向き合っていきます。ですが、それもまたひっくり返されます。何度もひっくり返されながら、揺れながら、我々の歩みは進んでいきます。その揺れながらも間違いなく救いへと到達するというのが、「自然法爾《じねんほうに》」の教えになります。「自然法爾」もまた登場するので、そこでお話しさせてもらいましょう。

【第六章】　信仰と無信仰について（第十〜十二条）

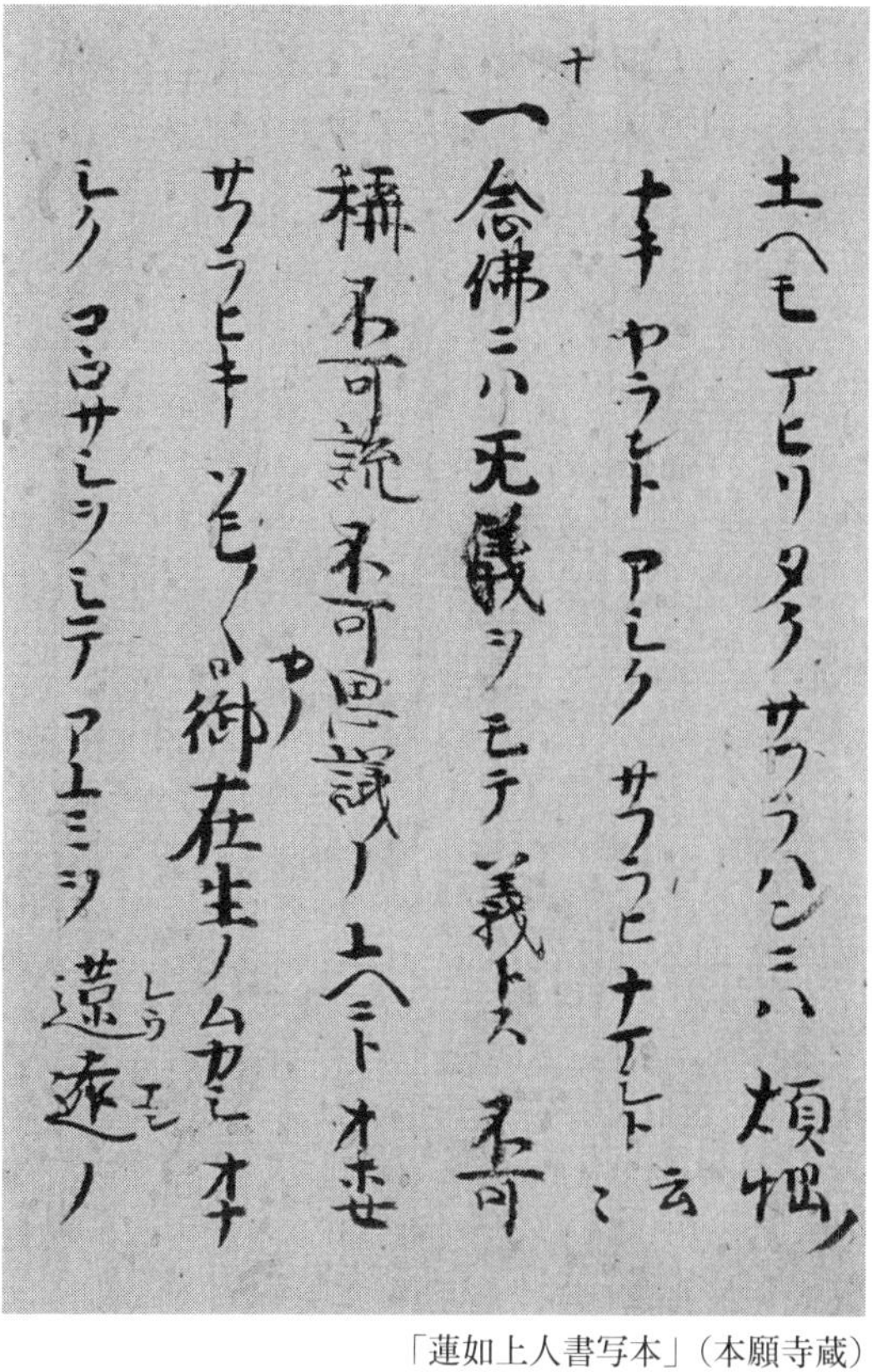

土ヘモマヒリタクサウラハンニハ煩悩ノ
ナキヤラントアシクサフラヒナマシト云々
一念仏ニハ无義ヲモテ義トス不可
称不可説不可思議ノユヘニトオホセ
サフラヒキソモソモカノ御在生ノムカシオナ
シクコヽロサシヲシテアユミヲ遼遠《レウヱン》ノ

「蓮如上人書写本」（本願寺蔵）

■第十条と言われている文と「中序」

最初の方でお話ししましたが、現代の多くの研究者が考える『歎異抄』の構成は、

- 漢文で書かれた冒頭の「序文」
- 第一条から第十条までの「師訓編」
- 第十条の後半を「中序」とする
- 第十一条から第十八条までの「異義編」
- 「後序」
- 「流罪記録」

となっています。

この構成で言えば、『歎異抄』の第十条は、

「念仏には無義をもつて義とす。不可称不可説不可思議《ふかしようふかせつふかしぎ》のゆゑにと仰せ候ひき。」

この文言です。

しかし、蓮如本（最古の写本）での第十条は、**「念仏ニハ無義ヲモツテ義トス　不可称不可説不可思議ノユヘニトオホセサフラヒキ　ソモソモ……」**と、改行も何もなく、「中序」とされている文章が続いています。見たところ、第十条と「中序」とに分かれている書き方ではありません（※前ページ参照）。

蓮如本とは別系統かもしれないと言われている、龍谷大学所蔵の室町後期の写本も、**「念仏ニハ無義ヲモツテ義トス　不可称不可説不可思議ノユヘニトオホセサフラヒキ　ソモソモ**

……」と文章が続いています。

ですから、第十条と「中序」は、文脈によって分けて読まれているとお考えください。

■第十条を読む

［第十条］

一　念仏には無義をもつて義とす。不可称不可説不可思議《ふかしようふかせつふかしぎ》のゆゑにと仰せ候ひき。

（現代語訳：本願他力の念仏においては、自力のはからいがまじらないことを根本の法義とします。なぜなら、念仏ははからいを超えており、たたえ尽すことも、説き尽すことも、心で思いはかることもできないからですと、聖人は仰せになりました。）

［解説］

短い一文の中に、「義」という言葉が二度、出てきます。

最初の**「無義」**の「義」は、「はからい」を意味します。「義」が「無」なので、はからいがない。つまり、**「念仏には無義を」**というのは、「念仏というのははからいなきことなんだ」という意味です。

次の、**「もつて義とす」**の「義」は、「それが原則、本義、様態」という意味です。ですから、**「念仏には無義をもつて義とす。」**は、「念仏というのは自分のはからいを交えないというのが、最も大事なところなんだ、根本のところだ」という文章になります。

続く、**「不可称」**の「称」は、この場合「称《たた》える」です。それが「不可」なので、褒め称え尽くすことができない。さらに、説明し尽くすこともできないし**（不可説）**、思いはかることや考察し尽くすこともできない**（不可思議）**。

「我々の扱いの範疇《はんちゅう》を超えるものだからこそ、はからわないというのは念仏の本当の姿**（無義為義）**なんです」というわけです。

これは法然の教えです。

法然は何度も、「念仏ははからいなきものなんだ、なぜなら不可称不可説不可思議だから」と語っていました。

前にも触れましたが、師訓編ではこの第十条と第三条だけ「云々」というのが付きません。研究者によっては、「云々」がついていないのは法然の言葉、「云々」がついているのは親鸞の言葉として捉えた方がいいのではないかと主張しています。

■白木の念仏——念仏に色をつけない

この「はからいなきを本義とす」との教えを、法然門下では、それぞれの味わいで受け止めています。有名なものには、証空《しょうくう》の「白木の念仏」があります。

現在の浄土宗を大きく分けると、知恩院を本山とする浄土宗と、西山《せいざん》浄土宗があります。西山浄土宗は光明寺派・禅林寺派・誓願寺派を合わせて西山三派などと呼ばれています。証空は西山浄土宗の派祖です。法然門下でも中心的人物でした。

その証空の「白木の念仏」を、少しご紹介しましょう。

「自力の人は、念仏をいろどるなり。或《あるい》は大乗のさとりをもて色どり、或はふかき領解《りょうげ》をもていろどり、或は戒をもていろどり、或は身心をととのふるをもて色どらんと思ふなり」（『西山国師御法語』）

自力の人は念仏に色をつけてしまうと言うのです。自分の色を。仏教の教義理解や戒律など、自分が習得してきたもので念仏に色をつけてしまう、それではダメだ、念仏は無義なんだから、と。さらに証空は、念仏は突き詰めたら次のようだと言います。

「中中《なかなか》に心をそへず、申せば生ると信じて、ほれぼれと南無阿弥陀仏ととなふるが、本願の念仏にてはあるなり。これを白木の念仏とはいふなり」（『西山国師御法語』）

自分のはからいを添えずに、ただ念仏を称えたら浄土に往生する、それですべて。ただほれぼれと称えるのが念仏だ。それが**「本願の念仏」**であり、**「白木の念仏」**なんだ、としています。法然の「念仏は無義を義とする」を、証空はこのように表現したのです。

■親鸞と「自然法爾」

一方、親鸞もこの**「無義をもつて義とす。」**を、自分の思想に展開させました。それが**「自然《じねん》法爾《ほうに》」**です。親鸞の手紙や、『正像末和讃《しょうぞうまつわさん》』の最後に、「自然法爾」についての文章があります。直弟子の顕智の文章にも出てきます。

『正像末和讃』は親鸞が八十五歳頃に創作しました。その最後に書かれているため、哲学研究者の中には「自然法爾」を「親鸞がついに到達した境地」という表現で持ち上げたりする人もいますが、その思想自体は晩年に到達したわけではありません。早くから、親鸞はこういうことを言っていました。ですが、八十代半ばに書いた『正像末和讃』の最後に記しているのは、確かに興味深いところです。

『正像末和讃』は親鸞八十五歳頃、『浄土和讃』と『高僧和讃』は親鸞が七十五歳頃に作られており、合わせて『三帖和讃』と言います。『浄土和讃』と『高僧和讃』は、難しいお経の内容がわかりやすく和語にして、みんなで歌うために作られています。基本的にはお経や諸師の教えの解釈・味わいです。

一方、『正像末和讃』には、親鸞の内面がチラチラと出てきます。そこが面白いところです。よく知られている、「如来大悲の恩徳は身を粉にしても報ずべし」も『正像末和讃』に出てきます。その『正像末和讃』のラストを飾るのが「自然法爾」の文章です。やはり親鸞が八十代後半になって強く意識した思想であることは、間違いないでしょう。

■はからうなと言われてもはからってしまう我々の本性

その「自然法爾章」の一部を見てみましょう。

「『自然』といふは、もとよりしからしむるといふことばなり。弥陀仏の御ちかひの、もとより行者のはからひにあらずして、南無阿弥陀仏とたのませたまひて迎へんと、はからはせたま

ひたるによりて、行者のよからんとも、あしからんともおもはぬを、自然とは申すぞとききて候ふ。」

この「自然法爾章」にも**「義なきを義とす」**と出てきます。親鸞は、「自然法爾」と**「無義をもつて義とす」**をセットで考えていたと思います。

いくらはからうなと言われてもはからってしまうのが我々です。「はからうな」と言われたら余計に難しい、そんなところがあります。何の彩りもつけない念仏を、なかなか称えられません。

植島啓司さん（※一九四七年〜。関西大学教授）の『宗教学講義』（ちくま新書）にこんな話があります。ある男の子が森で妖精に願いをかける。妖精は「おまえの願いをかなえてあげよう。ただし、ひとつだけ条件があります」と言う。「狐の赤いしっぽのことを絶対に考えないでいられるならば、願いをかなえてあげよう」と告げるのです。男の子は喜んで「そんなことなら！」と答える。

しかし、男の子はその時から狐の赤いしっぽのことで頭がいっぱいになる。典型的な呪術のメカニズムです。

同様に、「はからうな」と言われれば言われるほどはからう自分が出てくる。そう考えると、「はからうな」という教えは、「どうしてもはからってしまうのが我々の本性だ」と気づかせるための仕組みではないでしょうか。

■「無為自然」でもなく「業道自然」でもなく「願力自然」

「自然法爾」の「自」は、「おのずから」だと親鸞は書いています。「然」はしからしむ。我々のコントロール下にない、大きな働きという意味になります。

日本の古語の「自然」に、「ネイチャー」の意味はありません。ネイチャーに対応する言葉自体がないそうです。「自然《しぜん》」と読んだときは「大事《おおごと》」という意味になります。「自然《しぜん》のことが起きた」は、何か大変なことが起きた場合に使われます。そして、「自然《じねん》」と読んだときは、「そのままの働き」という意味に使います。

ここで思い出されるのが、道教（※不老長生をめざす神仙術と原始的な民間宗教が結合し、老荘思想を基盤に形成されたもの）の「無為自然《むいじねん》」です。道教の重要な教えです。「無為」は、人間の行為を交えないこと。「無為自然」は、人為を交えず、本来の性のまま、宇宙の原則に沿って生きることとなります。親鸞の「自然法爾」を「無為自然」のように解釈している人も見かけるのですが、教学上では間違いとなります。

また、「業道自然《ごうどうじねん》」という思想もありますが、これとも違います。「業道自然」というのは、赤い花の種を蒔けば赤い花が咲くという、原因と結果の明確な関係を言います。

「無為自然」でもなく、「業道自然」でもない。「自然法爾」は「願力自然《がんりきじねん》」のことだと、浄土真宗の教学では考えます。というのは、「自然」だけではなく「法爾」がついているからです。

この場合の法はもちろん仏法ですが、親鸞や法然が使う場合は特に、阿弥陀仏の願い、阿弥陀仏の誓いを指します。

仏様の誓願が自《おの》ずからしからしむ、ということです。仏様の誓願によって我々は導いていかれる。自分のはからいでどうにかなるものではない。そのように解釈しますので、「自然法爾」の「自然」は、「法爾」と同じ意味であり、「願力自然」の「自然」だとします。

■親鸞の思想の最も深い味わい

「自然法爾章」をもう少し紹介します。**「義なきを義とす」**も出てきます。

「弥陀仏は自然のやうをしらせん料《りょう》なり。この道理をこころえつるのちには、この自然のことはつねに沙汰すべきにはあらざるなり。つねに自然を沙汰せば、義なきを義とすといふことは、なほ義のあるべし。これは仏智の不思議にてあるなり。」

「弥陀仏は自然のやうをしらせん料なり。」、阿弥陀仏というのは、「自ずからしからしむ」という大きな働きを知らせるための**「料」**なり、というわけです。

「料」は、手立てや手段という意味です。「阿弥陀仏というのはこの大きな働きを知らせるための手立てなんだ」と読めます。

阿弥陀仏はこの「自然法爾」のことを我々に知らせてくれるための存在である。ここは、親鸞の思想の最も深い味わいかもしれません。

考えてみれば、仏教本来の教えですね。仏教では、すべての仏法は真理へと到達するための手立てだと考えてきました。

筏《いかだ》の喩えという、有名な教えがあります。釈尊は「私の教えは、川を渡るための筏なんだ。

川を渡ったら捨てなさい」と言ったというものです。

また、「指月《しげつ》の指《ゆび》」の喩えもあります。

「あそこに月がありますよ」と、指し示す指が仏法なのですが、我々は指ばかり見て、はからってしまい、指の角度は何度とか、爪は伸びていないかとか考えるわけです。

そうじゃなくて、この指を使って、月を見なくてはいけないのです。

このあたりは、仏教という宗教の特徴だと思います。

■中序を読む

［中序］

そもそも、かの御在生《ございしょう》のむかし、おなじくこころざしをして、あゆみを遼遠の洛陽にはげまし、信をひとつにして、心を当来の報土にかけしともがらは、同時に御意趣をうけたまはりしかども、そのひとびとにともなひて念仏申さるる老若、そのかずをしらずおはしますなかに、上人（親鸞）の仰せにあらざる異義どもを、近来はおほく仰せられあうて候ふよし、伝へうけたまはる。いはれなき条々の子細のこと。

（現代語訳：思えばかつて、親鸞聖人がおいでになったころ、同じ志をもってはるかに遠い京の都まで足を運び、同じ信心をもってやがて往生する浄土に思いをよせた人々は、ともに親鸞聖人のおこころを聞かせていただきました。けれども、その人々にしたがって念仏しておられる方々が、老いも若きも数え切れないほどたくさんおいでになる中で、近ごろは、聖人が仰せになった教えとは異なることをさまざまにいいあっておられるということを、人づてに聞いています。それら正しくない考えの一つ一つについて、以下に詳しく述べていきましょう。）

［解説］

確かに、我々が今まで第一条から第十条まで読んできたものと、全然違う性格の文章ですよね。だから古来これを「中序」と捉えてきたのですが。簡単に訳していきましょう。

「そもそも、かの御在生《ございしょう》のむかし、」

「かつて親鸞聖人がご存命だった頃のこと」とあります。序文もそうでしたが、著者が親鸞の在世中に教えを受けていたことをうかがわせます。

「おなじくこころざしをして、あゆみを遼遠の洛陽にはげまし、信をひとつにして、心を当来の報土にかけしともがらは、」

「同じ志を持って、はるか遠いあの京都まで足を運んで、同じ信心を持って、来世の真実の浄土に思いを寄せた同朋は」

「当来の」というのは、「やがて来る」という意味なので、来世のことです。**「報土」**というのは真実の浄土のことです。後で出てきますが、方便の浄土もあります。化土《けど》と言います。真実の浄土もあれば、方便の浄土もあるのです。

「同時に御意趣をうけたまはりしかども、そのひとびとにともなひて念仏申さるる老若、その

かずをしらずおはしますなかに、」

「一緒に親鸞聖人に教えを聞かせていただいてきたんだけれども、その教えを聞いた人たちにまた教えてもらっている人たち、そういう人たちはたくさんおられるなかに」

「上人（親鸞）の仰せにあらざる異義どもを、近来はおほく仰せられあうて候ふよし、伝へうけたまはる。いはれなき条々の子細のこと。」

「親鸞聖人の教えとは異なることを言う、そんな人がたくさんいると聞いております」と述べています。そして、「きちんとした根拠がない数々の異義の詳細を取り上げます」と結んでいます。

■社会とせめぎ合って練り上げられる宗教体系

これから第十一条から第十八条まで、当時あった異義・異端の考えを取り上げて解説します。今の我々の実感からすると、ピンとこない話もあります。念仏の道を歩まないと問題にさえならないものも出てきます。皆さんがリアルに感じ取るのは難しいかもしれません。しかし、宗教体系が練り上げられるさまをここで感じていただきたいのです。

伝統宗教の教義体系は、やはり大したもので、よくできています。それは、歴史に鍛錬されてきたからです。おおよそ宗教思想というのは、初期の頃はトゲだらけで、社会とバッティングします。そこが魅力です。伝統教団になるとだんだんトゲがなくなって、丸くなります。

魅力は半減しますが、社会とずっとせめぎ合ってきたので、その中で新しい文化を生み出したり、倫理を生み出したりしています。鍛錬に鍛錬を重ねた鋼《はがね》のような体系を持っているのです。

法然・親鸞の仏道は、かなり先鋭的な面があります。社会ともバッティングしていました。なにせ、自分たちが罪人として処罰される状況になるくらいですから。そのきわどいところと、体系として練り上げられていくところを読んでいただければと思います。

■歎かれている異端――「一念義系」と「多念義系」

ここで歎かれている異端は大きく分けて、二つのタイプがあります。一つが「一念義系《いちねんぎけい》」、もう一つが「多念義系《たねんぎけい》」です。どちらかを批判している条あり、どちらも批判している条あり、です。

これから読む第十一条、第十二条は「一念義系」の批判、第十三条、第十四条は「多念義系」の批判と言われているのですが、ちゃんと読むとそうは思えません。混在していると、私などは思います。

「一念」は、多義的には仏教用語でして、「一瞬」を表したり、「ただ一つの心」の意味だったりします。「一念義」の「一念」は、「一回の念仏」の意です。

「一念義系」は、阿弥陀様にお任せすればどんな罪人も許される、だから最初にお任せするのが一番のポイントであって、そこに救いは成立する。正しい行いをしなくてはいけない、悪いことはしてはいけないなどは一切関係ない、との主張をします。

当時、社会問題となったのはこちらのタイプです。処罰されている人は、ほとんど「一念義系」とみなされた人です。「多念義系」はたいして問題になりません。それまでの仏教とそれほど齟齬しないからです。「多念義系」とはたくさんの念仏ということです。生涯をかけて念仏をする。だから、できるだけ精進して暮らすことを目指します。

これは私の師である信楽峻麿《しがらきたかまろ》先生（※一九二六〜二〇一四年、元龍谷大学学長）が行った分類ですが、「一念義系」は観念的、「多念義系」は実践的とも言えます。

内面重視で、信心の問題を第一にする「一念義系」。

行為重視で、たくさんの念仏を実践する「多念義系」。

「信心重視」と「称名重視」とも分けられるでしょう。

今までの仏道をひっくり返すところが「一念義系」にはあります。そして、だんだんと、過激な主張を繰り返すようになります。どんな悪も往生の妨げにならない「造悪無礙《ぞうあくむげ》説」や、本願に任せれば我々は何をしてもいいんだ、という「本願ぼこり」（２０７ページ参照）などです。

それに対して「多念義系」は、日々仏道を歩み続ける実践を重視するので、やはり問題は少ない。そのかわり、法然思想の尖ったところがマイルドになります。

研究者の中には、法然の主張は、初めは一念義的だったが、法然門下が多々問題を起こすようになってからは多念義的な面を強調するようになった、と考える人もいます。

浄土真宗は「一念義系」だと多くの研究者が言います。中村元《はじめ》さん（※一九一二〜九九年、インド哲学者。主著に『初期ヴェーダーンタ哲学史』『東洋人の思惟方法』）も、親鸞は典型的な

「一念義系」の人だと述べていました。

ただ、親鸞自身は「一念義系」も「多念義系」も間違っていると明言しています。『一念多念文意《もんい》』（※兄弟子・隆寛による『一念多念分別事』の解釈書）を著述して、一念も多念も大切であり、一念と多念とに分けてはいけないと主張しています。ですから、「一念義系」だと言われるのは親鸞にとって不本意ではないかと思います。

ただ本願寺教団が「一念義系」的だとは言えます。本願寺教団の礎《いしずえ》を作ったのは親鸞の曾孫の覚如ですが、一念義色の濃い西山派の影響を受けた人です。

■第十一条を読む

それでは第十一条を読んでいきましょう。しばしば「誓名別執《せいみょうべっしゅう》の異義」などと呼ばれる条です。

「一念義派」の当時の主張に、「阿弥陀仏の誓いの不思議を信じるのか。あるいは名号（※仏の名前。南無阿弥陀仏のこと）の不思議を信じるのか」と詰め寄って、「称名念仏より信心が肝心だ」と教え込むことがあったそうです。そのことを第十一条では取り上げているのです。

これは『歎異抄』で繰り返し出てくる大きなテーマです。

ここで論じられているのは、阿弥陀仏の誓願と名号の問題、つまり、信心と称名の問題です。『歎異抄』全体では、信心重視という印象を受けるのですが、そこは著者の唯円の受けとめ方もあるでしょう。親鸞はどちらに偏ってもダメだと言っていたのですから。あるいは、信心の方に引っ張るために、その部分を強調せざるを得ないというような状況にあったのかもしれません。

[第十一条]

一　一文不通《いちもんふつう》のともがらの念仏申すにあうて、「なんぢは誓願不思議を信じて念仏申すか、また名号不思議を信ずるか」といひおどろかして、ふたつの不思議を子細をも分明《ぶんみょう》にいひひらかずして、ひとのこころをまどはすこと。この条、かへすがへすもこころをとどめて、おもひわくべきことなり。

誓願の不思議によりて、やすくたもち、となへやすき名号を案じいだしたまひて、この名字をとなへんものをむかへとらんと御約束あることなれば、まづ弥陀の大悲大願の不思議にたすけられまゐらせて、生死《しょうじ》を出《い》づべしと信じて、念仏の申さるるも如来の御はからひなりとおもへば、すこしもみづからのはからひまじはらざるがゆゑに、本願に相応して、実報土《じっぽうど》に往生するなり。これは誓願の不思議をむねと信じたてまつれば、名号の不思議も具足して、誓願・名号の不思議ひとつにして、さらに異なることなきなり。つぎにみづからのはからひをさしはさみて、善悪のふたつにつきて、往生のたすけ・さはり、二様《ふたよう》におもふは、誓願の不思議をばたのまずして、わがこころに往生の業をはげみて申すところの念仏をも自行になすなり。このひとは、名号の不思議をもまた信ぜざるなり。信ぜざれども、辺地懈慢《へんじけまん》・疑城胎宮《ぎじょうたいぐ》にも往生して、果遂《かすい》の願（第二十願）のゆゑに、つひに報土に生ずるは、名号不思議のちからなり。これすなはち、誓願不思議の

ゆゑなれば、ただひとつなるべし。

（現代語訳：文字の一つも知らずに念仏している人に向かって、「おまえは阿弥陀仏の誓願の不可思議なはたらきを信じて念仏しているのか、それとも、名号の不可思議なはたらきを信じて念仏しているのか」といって相手をおどかし、この二つの不可思議について、その詳しい内容をはっきりと説き明かすこともなく、相手の心を迷わせるということについて。

　このことは、よくよく気をつけて考えなければなりません。

　阿弥陀仏は、誓願の不可思議なはたらきにより、たもちやすく称えやすい南無阿弥陀仏の名号を考え出してくださり、この名号を称えるものを浄土に迎えとろうと約束されているのです。だから、まず一つには、大いなる慈悲の心でおこされた誓願の不可思議なはたらきにお救いいただいて、この迷いの世界を離れることができると信じ、念仏を称えるのも阿弥陀仏のおはからいであることを思うと、そこにはまったく自分のはからいがまじらないのですから、そのまま本願にかなって、真実の浄土に往生するのです。

　これは、誓願の不可思議なはたらきをひとすじに信じれば、名号の不可思議なはたらきもそこにそなわっているのであり、誓願と名号の不可思議なはたらきは一つであって、決して異なったものではないということです。

　次に、自分の勝手なはからいから、善と悪とについて、善が往生の助けとなり、悪が往生のさまたげとなると区別して考えるのは、誓願の不可思議なはたらきを信じないで、自分のはからいで浄土に往生しようと努め、称える念仏をも自分の力でする行とみなしてしまうことです。このような人は、名号の不可思議なはたらきも信じていないのです。しかし、信じてはいないけれども、念仏すれば辺地・懈慢界・疑城胎宮などといわれる方便の浄土に往生して、果遂の願により、ついには真実の浄土に生れることができます。それは名号の不可思議なはたらきなのです。このことはそのまま誓願の不可思議なはたらきによるのですから、この二つはまったく一つのものなのです。）

［解説］

長いので、分けて読んでいきましょう。

■第十一条——一　それも「如来の御はからひなり」

「一文不通《いちもんふつう》のともがらの念仏申すにあうて、」から**「本願に相応して、実報土《じつぽうど》に往生するなり。」**までの部分です。

真実の浄土のことを、「**報土**」や「**実報土**」と言います。それに対して方便の浄土も後ほど出てきます。

冒頭の「**一文不通**」は、文字を一つも知らない人たちのことです。そういう人たちを捕まえて、「お前、念仏を称えているけど、それは仏様の誓願を信じて称えているのか、それとも名号の力を信じて称えているのか」と問い詰める人たちがいた。そのことに唯円は大変憤慨して、

「誓願と名号の説明もきちんとせず、ただ相手を驚かして、人の心を惑わせる。これは充分によく考えなければならない」と、書いています。

それから、「阿弥陀仏は、我々の思惑やはからいを超えるような働きで、誰もが称えることができる名号である『南無阿弥陀仏』を提示してくださいました。この名号を称えるものは浄土に迎えとろうと約束してくださっています」として、まず一つには、「大いなる慈悲の心で起こされた誓願の不思議にお救いいただいて、この迷いの世界を離れることはできる」と、述べています。

「生死《しょうじ》を出《い》づべし」というのは迷いの世界を離れることです。

仏教では生と死は対立項ではありません。生と死は一つで、これは「迷い」とされます。迷いの世界を離れるとは、悟りへと到ることです。迷いから離れると信じてお念仏を称えることができるのも**「如来の御はからひなり」**だとしていますね。

お念仏の道を歩み続けると、私のはからいの念仏が、仏のはからいによる念仏へとひっくり返っていく。「この仏のはからいであると思うと、そこには自分のはからいは混じらないのですから、仏の願いにぴったり沿って真実の浄土に往生します」と説かれています。

■第十一条――二 「果遂の願」

「これは誓願の不思議をむねと信じたてまつれば、」から最後まで。

どうも誓名別執の人たちは、「誓願不思議なんだ！ 名号不思議じゃないんだ」というのを主張していたようで、唯円は「それは二つのことじゃなくて、一つのことなんですよ」と反論し、「誓願の不思議を信じることができたなら、名号の不思議もそこに備わっております。誓願の不思議と名号の不思議は一つであって、決して異なるものではありません」と説明しています。

この誓願と名号を分けて考えることを主張していたのは幸西《こうさい》（※一一六三〜一二四七年、鎌倉時代の僧。主著に『玄義分抄』）が率いる「一念義系」のグループだったようです。幸西は、本当に信じるということの一念がなければ五万回念仏しても何の益もないんだと主張する、「一念義系」の典型でした。今の千葉県あたりに住んでいたので、関東の方で異端が多く出て、そのことを唯円が『歎異抄』に取り上げたと考えられています。

「善が往生の助けであり、悪が往生の妨げなどと区別してあちこちで言いふらしている人たちがいるけれど、それは誓願も名号も信じることができておりません」と述べているのは、そういった背景があってのことです。

この第十一条で興味深いのは、信じていなくても、**「辺地《へんじ》懈慢《けまん》・疑城《ぎじょう》胎宮《たいぐ》にも往生」**と説かれているところです。

この**「辺地懈慢」**が方便の浄土のことでして、真実の浄土の辺境を指します。**「疑城胎宮」**は、お母さんの子宮のように、そこに閉じ込められてしまうということです。

死んですぐに浄土に生まれるのではなく、ある一定期間、辺地懈慢・疑城胎宮に閉じ込められて、それから真実の浄土に生まれるんだという教えです。たとえ偽物の念仏者でも、真実の浄土にすぐには往けないものの、仮の浄土には往けるとするのです。

そして、唯円は仮の浄土から真実の浄土へと往くことを、「それは**果遂《かすい》の願（第二十願）**のはたらきによるんだ」と書いています。いったん、仮の世界へと往くのだが、必ず真実の浄土へと生まれるようにさせるとの誓願、それを**「果遂の願（第二十願）」**と言います。

■親鸞の「三願転入」

四十八の誓願が『無量寿経』の中に出てきます。その中の第十八願、第十九願、第二十願は、すべての衆生に向けて立てられた願です。

親鸞はこの三願をベースに思想を組み立てていったのです。

まず、「念仏三昧」の修行によって仏様に出会うという仏道、これは浄土三部経の中の『観無量寿経』に相当します。『観無量寿経』は、四十八願中の第十九願にあたります。そしてこれを「要門《ようもん》」と呼びます。肝心な門という意味なのですが、次のステップに行くために肝心なのです。

次に、『観無量寿経』に説かれている様々な修行や善根功徳を積む道から念仏の仏道へと転入します。それを「真門《しんもん》」と言います。それが第二十願、果遂の願です。この場合、まだ自分のはからいが残っている念仏（自力の念仏）です。『阿弥陀経』がここに相当します。教えは真実なのですが、はからいが残っているので、まだ他力の念仏になっていないのです。

そしてついに、他力の念仏である「弘願《ぐがん》」へと転入します。これは『無量寿経』が当てはまります。第十八願です。

これが親鸞特有の「三願転入《さんがんてんにゅう》」（※第十九願、第二十願から、真実の願である第十八願へ転ずる）です。

親鸞は、「はい、阿弥陀様に任せましたよ、ザッツオーケー」とは捉えていません。そんなスタティック（固定的）なものではなく、常に刻々と揺れるようなダイナミック（動的）な構造を持っていたのが、親鸞の念仏であり、信心なのです。

たとえば親鸞は、「称える」は「はかる」の意味があるとしています。

自分の称えた念仏によって、自分自身がはかられていく。念仏を称えれば称えるほど、お前は偽物じゃないかと常に自分が問われる。そんな、一歩間違えれば転落するような厳しい道を歩んでいたのが親鸞の念仏です。一度お願いすれば何の心配もないとか、極楽行きの切符をもらったとか、そんな話ではありません。

歩めば歩むほど自分の中の陰が浮かび上がる。そんな仏道なのです。

■第十二条を読む

それでは第十二条に進みましょう。ここも少し長い。師訓編に比べると、異義編は長くなります。

［第十二条］
一　経釈《きょうしゃく》をよみ学《がく》せざるともがら、往生不定《おうじょうふじょう》のよしのこと。この条、すこぶる不足言《ふそくごん》の義といひ

つべし。

他力真実のむねをあかせるもろもろの正教《しようぎよう》は、本願を信じ念仏を申さば仏《ぶつ》に成る。そのほか、なにの学問かは往生の要なるべきや。まことに、このことわりに迷へらんひとは、いかにもいかにも学問して、本願のむねをしるべきなり。経釈をよみ学すといへども、聖教《しようぎよう》の本意をこころえざる条、もつとも不便《ふびん》のことなり。一文不通《いちもんふつう》にして、経釈の往《ゆ》く路《じ》もしらざらんひとの、となへやすからんための名号におはしますゆゑに、易行《いぎよう》といふ。学問をむねとするは聖道門なり、難行となづく。あやまつて学問して名聞《みようもん》・利養《りよう》のおもひに住《じゆう》するひと、順次《じゆんじ》の往生、いかがあらんずらんといふ証文も候ふべきや。当時、専修念仏のひとと聖道門のひと、法論をくはだてて、「わが宗こそすぐれたれ、ひとの宗はおとりなり」といふほどに、法敵も出できたり、謗法《ほうぼう》もおこる。これしかしながら、みづからわが法を破謗《はほう》するにあらずや。たとひ諸門《しよもん》こぞりて、「念仏はかひなきひとのためなり、その宗あさし、いやし」といふとも、さらにあらそはずして、「われらがごとく下根《げこん》の凡夫、一文不通のものの、信ずればたすかるよし、うけたまはりて信じ候へば、さらに上根《じようこん》のひとのためにはいやしくとも、われらがためには最上の法にてまします。たとひ自余《じよ》の教法《きようぼう》すぐれたりとも、みづからがためには器量およばざれば、つとめがたし。われもひとも、生死《しようじ》をはなれんことこそ、諸仏の御本意にておはしませば、御さまたげあるべからず」とて、にくい気《げ》せずは、たれのひとかありて、あだをなすべきや。かつは諍論《じようろん》のところにはもろもろの煩悩おこる、智者遠離《ちしやおんり》すべきよしの証文候ふにこそ。故聖人（親鸞）の仰せには、「この法をば信ずる衆生もあり、そしる衆生もあるべしと、仏説きおかせたまひたることなれば、われはすでに信じたてまつる。またひとありてそしるにて、仏説まことなりけりとしられ候ふ。しかれば、往生はいよいよ一定《いちじょう》とおもひたまふなり。あやまつてそしるひとの候はざらんにこそ、いかに信ずるひとはあれども、そしるひとのなきやらんともおぼえ候ひぬべけれ。かく申せばとて、かならずひとにそしられんとにはあらず。仏の、かねて信謗《しんぼう》ともにあるべきむねをしろしめして、ひとの疑《うたがい》をあらせじと、説きおかせたまふことを申すなり」とこそ候ひしか。今の世には、学文《がくもん》してひとのそしりをやめ、ひとへに論義問答むねとせんとかまへられ候ふにや。学問せば、いよいよ如来の御本意をしり、悲願の広大のむねをも存知して、いやしからん身にて往生はいかがなんどあやぶまんひとにも、本願には善悪・浄穢《じょうえ》なき趣《おもむき》をも説ききかせられ候はばこそ、学生《がくしょう》のかひにても候はめ。たまたまなにごころもなく、本願に相応して念仏するひとをも、学文してこそなんどいひおどさるること、法の魔障《ましょう》なり、仏の怨敵《おんてき》なり。みづから他力の信心かくるのみならず、あやまつて他を迷はさんとす。つつしんでおそるべし、先師（親鸞）の御こころにそむくことを。かねてあはれむべし、弥陀の本願にあらざることを。

（現代語訳：経典や祖師がたの書かれたものを読んだり学んだりすることのない人々は、浄土に往生できるかどうかわからないということについて。

　このことは、論じるまでもない誤った考えといわなければなりません。

　本願他力の真実の教えを説き明かされている聖教にはすべて、本願を信じて念仏すれば必ず仏になるということが示されています。浄土に往生するために、この他にどのような学問が必要だというのでしょうか。

本当に、このことがわからないで迷っている人は、どのようにしてでも学問をして、本願のおこころを知るべきです。経典や祖師がたの書かれたものを読んで学ぶにしても、その聖教の本意がわからないのでは、何とも気の毒なことです。

文字の一つも知らず、経典などの筋道もわからない人々が、容易に称えることができるように成就された名号ですから、念仏を易行というのです。学問を主とするのは聖道門であり、難行といいます。学問をしても、それによって名誉や利益を得ようという誤った思いをいだく人は、この世の命を終えて浄土に往生することができるかどうか疑わしいということの証拠となる文もあるはずです。

このごろは、念仏の道を歩む人々と聖道門の人々とが、お互いの教義についてことさらに議論し、「わたしの信じる教えこそがすぐれていて、他の人が信じている教えは劣っている」などというために、仏の教えに敵対する人も出てくるし、それを謗《そし》るというようなこともおこるのです。このようなことはそのまま、自分の信じる仏の教えを謗り、滅ぼすことになってしまうのではないでしょうか。

たとえ他のさまざまな宗派の人々が口をそろえて、「念仏は力のない人のためのものであり、その教えは浅くてつまらない」といっても、少しもいい争うことなく、「わたしどものように自らさとる力もなく愚かであり、文字の一つも知らないものでも、本願を信じるだけで救われるということを、お聞かせいただいて信じておりますので、能力のすぐれている人々にはまったくつまらないものであっても、わたしどもにとってはこの上ない教えなのです。たとえ他の教えがすぐれていても、わたしにとっては力が及ばないので修行することができません。だれもがみな迷いの世界を離れることこそ、仏がたのおこころでありますから、わたしが念仏するのをさまたげないでください」といって、気にさわる態度をとらなければ、いったいだれが念仏のさまたげなどするでしょう。さらにまた、いい争いをすれば、そこにはさまざまな煩悩がおこるものであり、智慧ある人はそのような場から遠く離れるべきであるということの証拠となる文もあるのです。

今は亡き親鸞聖人は、「この念仏の教えを信じる人もいれば、謗る人もいるだろうと、すでに釈尊がお説きになっています。わたしは現に信じておりますし、一方、他の人が謗ることもありますので、釈尊のお言葉はまことであったと知られます。だからこそ、往生はますます間違いないと思うのです。もしも念仏の教えを謗る人がいなかったなら、信じる人はいるのに、どうして謗る人はいないのだろうかと思ってしまうに違いありません。しかし、このように申したからといって、必ず人に謗られようというのではありません。釈尊は、信じる人と謗る人とがどちらもいるはずだとあらかじめ知っておいでになり、信じる人が疑いを持たないようにとお考えになって、すでにそれをお説きになっているということを申しているのです」と仰せになりました。

このごろは、学問をして他の人が謗るのをやめさせ、議論し問答することこそ大切だと心がけておられるのでしょうか。学問をするのであれば、ますます深く如来のおこころを知り、本願の広大な慈悲のおこころを知って、自分のようなつまらないものは往生できないのではないかと心配している人にも、本願においては、善人か悪人か、心が清らかであるかないかといったわけへだてがないということを説き聞かせてこそ、学問をするものとしての値うちもあるでしょう。それなのに、たまたま何のはからいもなく本願のおこころにかなって念仏する人に、経典などを学んでこそ往生することができるなどといっておどすのは、教えをさまたげる悪魔や、仏に敵対するもののすることです。自分自身に他力の信心が欠けているだけでなく、誤って他の人をも迷わそうとしているのです。

つつしんで恐れるべきです、親鸞聖人のおこころに背くことを。あわせて悲しむべきです、阿弥陀仏の本願のおこころにかなっていないことを。）

[解説]

経典や注釈書を読んで、ちゃんと学問しなくては救われないと主張していた人たちがいたようで、そのことに対する批判となっています。ですから第十二条は、「学解往生《がくげおうじょう》の異義」と言われています。

■第十二条――一　唯円の諭し「智者遠離すべき」

「経釈《きょうしゃく》をよみ学《がく》せざるともがら、往生不定《おうじょうふじょう》のよしのこと。この条、すこぶる不足言《ふそくごん》の義といひつべし。他力真実のむねをあかせるもろもろの正教《しょうぎょう》は、本願を信じ念仏を申さば仏《ぶつ》に成る。そのほか、なにの学問かは往生の要なるべきや。」

「ちゃんと経典や論釈書を学ばなければ、往生できないんだというのは、もう論じるまでもないほど誤った考えだ」と唯円は言います。
というのも、**「本願を信じ念仏を申さば仏に成る。」**、もうこれですべてなのです。
法然・親鸞の教えはこれで全部。「このほかに一体どんな学問が必要だと言うのか」と、憤っています。

「まことに、このことわりに迷へらんひとは、いかにもいかにも学問して、本願のむねをしるべきなり。経釈をよみ学すといへども、聖教《しょうぎょう》の本意をこころえざる条、もつとも不便《ふびん》のことなり。」

この場合の「学問」は教えをいただくことなので、**「いかにもいかにも学問して、本願のむねをしるべきなり。」**は、「きちんと学んで教えをいただいて、本願の真意を知るべきである」です。「どれほど経典論釈を読んで学んだとしても、その経典の本意がわかっていなかったら本当に気の毒です」と唯円は述べています。

「一文不《いちもんふ》通《つう》にして、経釈の往《ゆ》く路《じ》もしらざらんひとの、となへやすからんための名号におはしますゆゑに、易行《いぎょう》といふ。学問をむねとするは聖道門なり、難行となづく。」

「一文不通」は以前にも出てきましたね。
「文字の一つも知らない、経典だってちゃんとよく分からない、その人のためにこの教えはある。その人がたやすく称えることができる、そのための名号だ、だから易行っていうんだ。学問しなきゃいけないんだったら難行じゃないか」というわけです。
そして、いかに仏道を歩もうとも、功利的な考えでは間違った方向へと進んでしまうんですよ、と続きます。

「あやまつて学問して名聞《みようもん》・利養《りよう》のおもひに住《じゆう》するひと、順次《じゆんじ》の往生、いかがあらんずらんといふ証文も候ふべきや。」

「学問してもそれによって、名誉や利益を得ようとする誤った考えの人は、この世の命を終えてからちゃんと浄土に往生できるかどうかは疑わしいのです。そのことを説いている文章もありますよ」と述べています。

この文章は、親鸞の手紙にある「**文沙汰して、さかさかしきひとのまゐりたるをば、往生はいかがあらんずらんと、たしかにうけたまはりき。**」のことだとされています。親鸞は、法然が「学問を論議する賢《さか》しらな人たちの往生は大丈夫だろうか」と語ったのを確かに聞いたと言うのです。

「当時、専修念仏のひとと聖道門のひと、法論をくはだてて、『わが宗こそすぐれたれ、ひとの宗はおとりなり』といふほどに、法敵も出できたり、謗法《ほうぼう》もおこる。これしかしながら、みづからわが法を破謗《はぼう》するにあらずや。」

「**謗法**」というのは、仏教の正しい教えを非難することです。

第十二条も、「一念義系（造悪無礙）」の人たちから出た異端を非難したものだと言われています。しかし「学解往生」は、どちらかというと「専修賢善系」の印象がありますよね。これは当時どんな異端があったのかについての説明が必要です。

「当時、専修念仏のひとと聖道門のひと、法論をくはだてて、（このごろは、専修念仏者と聖道門の人とが互いに議論して)」とあります。これはいかにも、「一念義系」が起こした騒動です。「一念義系」の人はあちこちで、他の仏道を歩んでいる人と法論をして、「この私の他力念仏こそ優れているんだ、お前たちの宗派は劣っているんだ」とバッティングしていました。他の信仰に批判的だったのです。

そうするとやはり問題も起こります。ですから、「そんなことをすると、結局は仏教を誹謗する人も出てくるし、仏教を毀損し滅ぼすことになってしまうのではないですか」と唯円は諭《さと》したわけです。

では、**「たとひ諸門《しょもん》こぞりて、」**から**「諸仏の御本意にておはしませば、御さまたげあるべからず』とて、」**までの部分を読んでいきましょう。

「念仏というのは力のない人のためのものであって、大変浅くてつまらない教えなんだ」と批判する人もいたんですね。しかし唯円は、諸宗派がこぞってそのように批判をしても**「さらにあらそはずして、**(ことさら争わずに)」、次のように言いなさいとアドバイスします。

「そうなんです、私は本当に文字を一つも知らないような、つまらない人間、愚かな人間なんです。でもそんな者だって、本願を信じれば間違いなく救われるんだと教えをいただいております。立派な人から見たらこの教えはすごくつまらない教えに見えるかもしれませんが、私には最高の教えです」と。

さらに、「たとえ素晴らしい教えがあっても、自分の器量に合わなかったらとてもその道を行き歩むことはできません。誰もが迷いの世界を離れるのが仏の教えですので、私はこの道をます。邪魔しないでください」と言うのですと、具体的に書いてあります。

「にくい気《げ》せずは、たれのひとかありて、あだをなすべきや。かつは諍論《じょうろん》のところにはもろもろの煩悩おこる、」

「憎々しげに好戦的な、反抗的な態度で言わなければ、誰が念仏を妨げることをしましょうか。言い争いをしたらしたで、結局またそこに煩悩が起こるのです」

だから、**「智《ち》者《しゃ》遠離《おんり》すべき」**だと。智慧のあるものはその場から離れる。そういうことが書いてある証文（「七箇条制誡《しちかじょうせいかい》」のことだと思われる）もあると、丁寧に指導しています。

こんなセリフを言えばよいとまで書いているのですから、唯円は人を導く力も持っていたのでしょう。

■第十二条――二　親鸞と「苦難の神義論」

「故聖人（親鸞）の仰せには、」から**「『……説きおかせたまふことを申すなり』とこそ候ひしか。」**までです。

ここで唯円は、親鸞の言葉を引用します。

「この他力念仏の教えは、信じる人もいるし、悪口を言う人もいるのだとお経に出てきます。私は信じていますので、悪口を言う人も必ずいます。そのことによって、ああ、この説かれている教えはほんとうなのだということがわかるでしょう」

だから、**「しかれば、往生はいよいよ一定《いちじょう》とおもひたまふなり。」**、「だからこそ、浄土への往生がますます確かであると思うのです」というわけです。

この理論は注目ポイントです。

「あやまつてそしるひとの候はざらんにこそ、いかに信ずるひとはあれども、そしるひとのなきやらんともおぼえ候ひぬべけれ。」とあるのは、要するに「信じる人ばかりで悪口を言う人がいなかったら、お経に書いてあることと違うことになってしまうでしょう」ってことですね。

日蓮も同様の理路をもっていました。

「法華の行者は迫害されると『法華経』に説かれている。つまり、迫害されるということは、『法華経』の教えに間違いは無い証であり、自分の歩みが経典通りであることの証拠だ」

これを宗教社会学では「苦難の神義論」と言います。マックス・ウェーバー（※一八六四～一九二〇年、ドイツの社会学者・経済学者。主著に『プロテスタンティズムの倫理と資本主義の精神』）が名付けました。宗教というのは実に面白い構造を持ちます。しばしばこの「苦難の神義論」の構図が浮かび上がるのです。

「なぜ私はこんなに苦労しなきゃいけないか」を、説明するタイプの教義があるんですね。ひどい目に遭えば遭うほど、自分が正しいことが証明されるのです。宗教的マゾヒズムと呼ぶ人もいますね。

これの典型がキリスト教だと言われます。キリスト教は、苦難の神義論の傾向が強く、どんな苦難も引き受けて世界中に伝道してきました。

『歎異抄』のこの部分は、親鸞の中にあった苦難の神義論的側面を知ることができて興味深いと言えます。親鸞の他の著作には見られないところです。

しかし、一方でこうも言います。「**かく申せばとて、かならずひとにそしられんとにはあらず。**（だからと言って、無理やり悪口を言われなくてはいけないわけではありませんよ）」。この一言は、苦難の神義論とは異なる面ですね。

ここでは、「信じる人がいれば、謗る人もいる。悪口を言う人もいる。そういうことなんです。それをちゃんとわかっていればいいんです。それは経典に、仏様が説いておられますよ、と親鸞聖人はおっしゃっていました」といった内容が綴られています。

■第十二条──三 「法の魔障なり、仏の怨敵なり」

「**今の世には、学文《がくもん》してひとのそしりをやめ、**」から最後までとなります。

「この頃は、学問をして議論に勝つような、いわば理論武装している人がいます。問答が重要だと思っているのでしょうか。本来、学問するというのは、ますます深く仏様の教えを知り、如来の広大な慈悲のお心を知る。そういうことではないですか」

たとえ自分なんかとても往生できないと思っている人に対しても、「本願においては善人も悪人も、心が汚れているとか、清らかであるとか、そんな分け隔てはないんですよ」といったお話をしてこそ、学問する値打ちがあるのです、と唯円は語ります。

そして、「普通にお念仏して暮らしておられる人に、お前は学問しないと往生できないぞと言っておどすなら、それはもう悪魔であり仏教の敵だ（**法の魔障《ましょう》なり、仏の怨敵《おんてき》なり。**）」と、厳しく非難しています。

「そんな人は、自分自身に他力の信心が欠けているだけではなく、人も迷わせています。そうなってくると、親鸞聖人のお心に背くと、謹んでおそれるべきでしょう。また仏の本願に適っていないことを悲しむべきでしょう」と唯円は歎きます。

■信仰の「加害者性」

このように、素朴に念仏して、ただお聴聞して暮らしている人を、「お前、そんなことも知らんのか」と、マウンティングする人がいたのですね。今でもいますよ。

さて、「異義編」の第十一条と第十二条を読んで、いかがですか。一歩間違えると具合が悪いところへと行ってしまうのは、他力念仏の教えには随分とあります。だから『歎異抄』という書も生まれるわけです。しかしそれは、どの宗教にも言えることです。『歎異抄』を読んで、宗教に対する目が養われる、センスがみがかれるというのはそこだと思います。

確かに、かなり細かい問題を議論していますので、今ではピンとこないような、当時の異端の話ですが、そこからずっと敷衍《ふえん》すると、「ああ、宗教って、確かに一歩間違えると具合が悪いな。本当にたくさん落とし穴があるな」と、思わされます。

そこで「信仰を持つ人の加害者性」を考えるべきだと思うのです。

信仰というのは、どこまでいっても、信じている人と信じていない人を分けることが避けられません。

そして確たる信仰は、別の信仰を持った人や、別の歩みを持った人を傷つけることがあります。また、同じ信仰を持つ者同士でも、時に優位に立とうとして、ちょっとした間違いをあげつらって傷つけたりすることがあります。信仰が熱心であればあるほど、視野が狭まって人を傷つけることもある。信仰は人を傷つける可能性があるという自覚を、常に持ち続けなければいけないのではないでしょうか。

■無信仰の「当事者性」

少し付言しておきますが、私は「信仰」と「信心」は分けて考えています。しかし、今お話ししているのは、宗教全般の信仰についてとお考えください。

先ほど言ったように、信仰は他者を傷つける可能性を常に持っている。だからこそ、信仰の加害者性に自覚的であるべきということを、一つおさえておいてください。

そしてもう一つ、「信仰がないと思っている人の当事者性」というのもあると思います。無信仰者の当事者性。宗教の問題に関して、部外者はいません。

広い意味での宗教的な営みは、誰でも関わっています。また、たとえ自分は特定の信仰がなくても、信仰を持った人と一緒に社会を運営していかなくてはいけないのですから、無関係ではないのです。

ＬＧＢＴを例にして考えてみてください。自分はヘテロセクシャルなので、ＬＧＢＴのことは考えなくていいんです、というのはあり得ないでしょう。それと一緒です。

信仰を持っている人はどのコミュニティにもいるし、自分に特定の信仰がないからといって宗教について考えなくて済むかというと、そうではありません。

かつて、私より上の世代には、無宗教を標榜するのが知性の証みたいなところがありました。知識人や文化人が無宗教を標榜していました。それが知的な態度のように振る舞う時代があったのです。しかし、実はこの問題に部外者はいないのです。誰もが宗教について考え、信仰について考え、信仰を持っている人について考えなくてはいけないと思います。

■愛敬相と智者遠離

面白いなと思うのは、第十二条の**「智者遠離《ちしゃおんり》」**というところです。智慧のあるものは、その場から離れる。覚えているでしょうか、第六条にもありました。

つくべき縁あれば伴い、離れるべき縁あれば離れる。親鸞のグループはそういったことを大事にしていたのだと思うのです。なにせ、世間から迫害されていたのですから。

ご縁があれば共に歩き、縁がなくなれば離れたらいいじゃないか。揉めていたら、そこからちょっと身を離すんだ。そんな態度が窺えます。

また、**「にくい気せずは」**といったリアルな、人間の機微をつかまえるような表現も出てきました。

仏様や菩薩様の相貌のことを愛敬相《あいぎょうそう》と言います。愛敬の語源です。愛しいと感じさせると同時に敬いを感じさせる、それが愛敬というわけです。

仏師は鍛え上げた技術をもって、仏像になんとも言えない愛敬相を表現しているわけですが、ここで説かれているのもそういった精神だと言えるでしょうね。

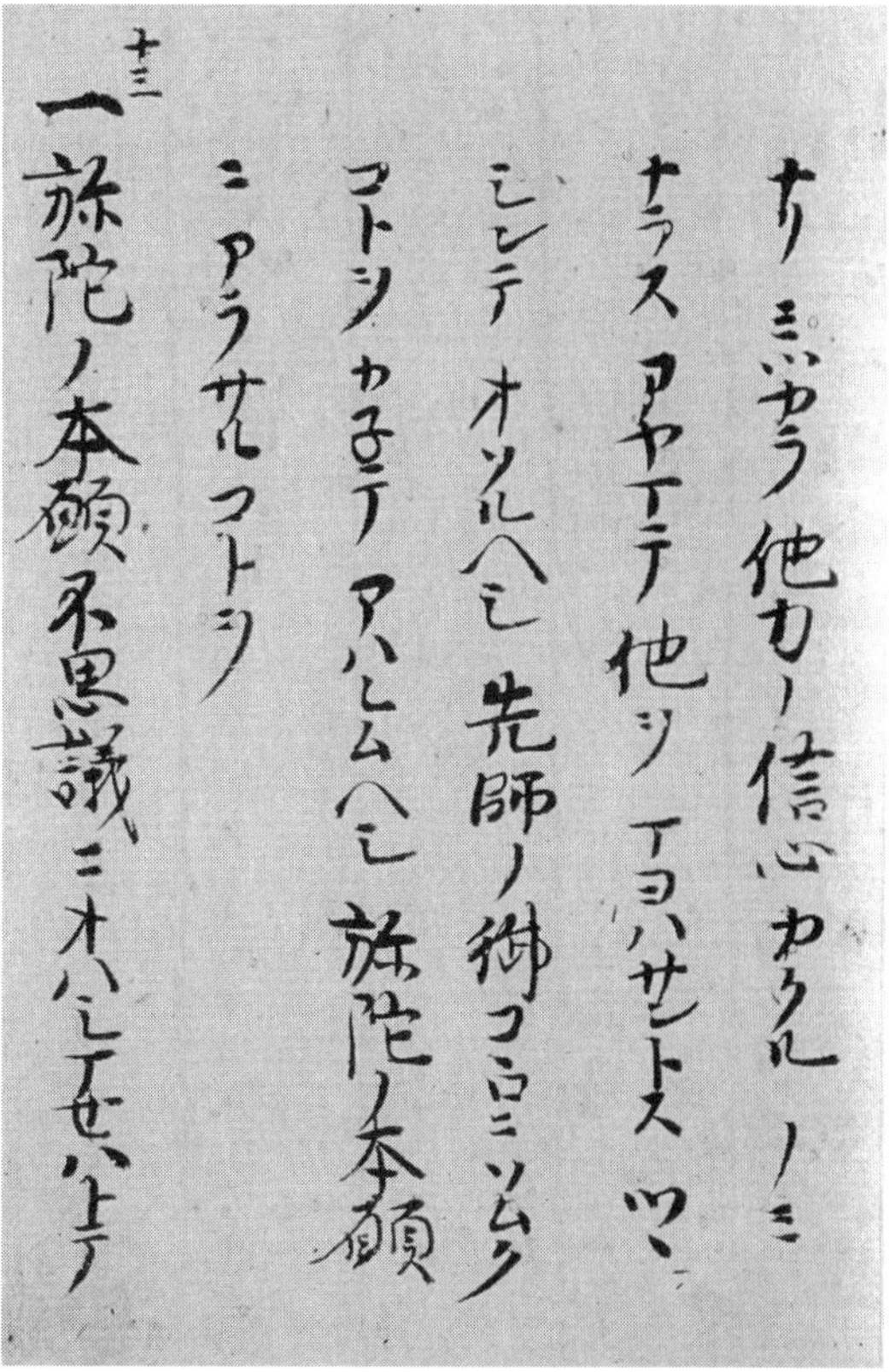
ナリ ミナモテ他力ノ信心カクルノミ
ナラス アヤマテ他ヲ マヨハサントス ツヽ
シンテ オソルヘシ 先師ノ御コヽロニソムク
コトヲ カネテ アハレムヘシ 弥陀ノ本願
ニアラサルコトヲ
十三
一 弥陀ノ本願不思議ニオハシマセハトテ

「蓮如上人書写本」（本願寺蔵）

■親鸞と善鸞

『歎異抄』で描かれている親鸞は、八十二歳から八十五歳くらいだと考えられており、残された手紙も、その時期に集中しています。

第二条で、関東から訪ねてきた人に対して、親鸞が大変厳しい態度を示した場面が書かれていました。その一方で、手紙には細やかな心遣いが見てとれる。この振り幅が親鸞の魅力だったのではと、お話ししました。

親鸞の手紙は、四十三通残っています。そのうち十一通が真筆であり、それ以外は書写されたものです。八十二歳以降に書かれたものの割合は八十数%にもなります。特に、八十三歳、八十四歳、八十五歳、この三年に書かれたものが多く、約六十%を占めます。親鸞にとって、自分自身を問い直す時期だったのではないでしょうか。

一つには、善鸞の問題がありました。第二条でもお話ししましたが、この時期に善鸞と縁を切ります。現存する義絶状は、書写されたものしか残っていません。実際には事情が違ったのではないか、と推測する学者もいます。

当時の関東（東国）では、親鸞がいないために様々な疑義が起こっていたのでしょう。そこで派遣されたのが善鸞でした。

善鸞が筋の通らないことばかり言っていたとは思えません。ある程度は、親鸞の教え、他力念仏をちゃんと理解した人物だったでしょう。ですが、すんなり収まらなかったことは確かなのです。むしろ紛糾してしまいます。

関東には三つくらいの大きなグループがありました。性信を中心とした横曾根門徒、真仏・顕智を中心とした高田門徒、順信が中心の鹿島門徒。それぞれ土着の信仰と混じり合っていたようです。

真言密教（※空海が開いた大日如来の秘密真実の教法）が盛んな地域だった横曾根では、密教の影響があるお念仏が拡まっていたのではないかと言われていますし、高田では虚空蔵《こくうぞう》菩薩（※福と智を虚空のように無限にもっていて、衆生の望みに応じて分け与える菩薩）信仰が強い修験道系が流行《はや》っていました。鹿島は鹿島神宮がありますからね、神道（※古来あった神々への信仰が、仏教、道教、儒教などの影響を受けて展開してきた宗教）の盛んな地域でした。

今のように宗派があったわけではなく、各地のリーダー役を中心にまとまっている状態でした。やはり各地・各リーダーの色合いが出るわけで、善鸞が京から東国へ行ったけれども収拾がつかず、東国各門徒と対立してしまったのでしょう。

義絶状の書写は、東国門徒側の文章しか残っていません。善鸞からすると、何か言い分があったかもしれません。

いずれにしても、『歎異抄』と現存している消息（手紙）を併読するのは大切ですね。第十三条には、そういった親鸞の手紙の一部も出てきます。

■第十三条を読む

［第十三条］

一　弥陀の本願不思議におはしませばとて、悪をおそれざるは、また本願ぼこりとて、往生かなふべからずといふこと。この条、本願を疑ふ、善悪の宿業《しゆくごう》をこころえざるなり。

　よきこころのおこるも、宿善のもよほすゆゑなり。悪事のおもはれせらるるも、悪業《あくごう》のはからふゆゑなり。故聖人（親鸞）の仰せには、「卯毛《うもう》・羊毛《ようもう》のさきにゐるちりばかりもつくる罪の、宿業にあらずといふことなしとしるべし」と候ひき。

　またあるとき、「唯円房はわがいふことをば信ずるか」と、仰せの候ひしあひだ、「さん候ふ」と、申し候ひしかば、「さらば、いはんことたがふまじきか」と、かさねて仰せの候ひしあひだ、つつしんで領状《りようじよう》申して候ひしかば、「たとへばひと千人ころしてんや、しからば往生は一定《いちじよう》すべし」と、仰せ候ひしとき、「仰せにては候へども、一人《いちにん》もこの身の器量にては、ころしつべしともおぼえず候ふ」と、申して候ひしかば、「さてはいかに親鸞がいふことをたがふまじきとはいふぞ」と。「これにてしるべし。なにごともこころにまかせたることならば、往生のために千人ころせといはんに、すなはちころすべし。しかれども、一人にてもかなひぬべき業縁なきにより て、害せざるなり。わがこころのよくてころさぬにはあらず。また害せじとおもふとも、百人・千人をころすこともあるべし」と、仰せの候ひしかば、われらがこころのよきをばよしとおもひ、悪しきことをば悪しとおもひて、願《がん》の不思議にてたすけたまふといふことをしらざることを、仰せの候ひしなり。そのかみ邪見《じやけん》におちたるひとあつて、悪をつくりたるものをたすけんといふ願にてましませばとて、わざとこのみて悪をつくりて、往生の業とすべきよしをいひて、やうやうにあしざまなることのきこえ候ひしとき、御消息《ごしょうそく》に、「薬あればとて、毒をこのむべからず」と、あそばされて候ふは、かの邪執《じゃしゅう》をやめんがためなり。まったく、悪は往生のさはりたるべしとにはあらず。持戒持律《じかいじりつ》にてのみ本願を信ずべくは、われらいかでか生死《しょうじ》をはなるべきやと。かかるあさましき身も、本願にあひたてまつりてこそ、げにほこられ候へ。さればとて、身にそなへざらん悪業は、よもつくられ候はじものを。また、「海・河に網をひき、釣をして、世をわたるものも、野山にししをかり、鳥をとりて、いのちをつぐともがらも、商ひをし、田畠《でんぱく》をつくりて過ぐるひとも、ただおなじことなり」と。「さるべき業縁のもよほさば、いかなるふるまひもすべし」とこそ、聖人（親鸞）は仰せ候ひしに、当時は後世者《ごせしゃ》ぶりして、よからんものばかり念仏申すべきやうに、あるいは道場にはりぶみをして、なんなんのことしたらんものをば、道場へ入るべからずなんどといふこと、ひとへに賢善精進《けんぜんしょうじん》の相を外にしめして、内には虚仮《こけ》をいだけるものか。願にほこりてつくらん罪も、宿業のもよほすゆゑなり。されば善きことも悪しきことも業報《ごうほう》にさしまかせて、ひとへに本願をたのみまゐらすればこそ、他力にては候へ。『唯信抄《ゆいしんしょう》』にも、「弥陀いかばかりのちからましますとしりてか、罪業の身なればすくはれがたしとおもふべき」と候ふぞかし。本願にほこるこころのあらんにつけてこそ、他力をたのむ信心も決定《けつじょう》しぬべきことにて候へ。おほよそ悪業煩悩を断じ尽してのち、本願を信ぜんのみぞ、願にほこるおもひもなくてよかるべきに、煩悩を断じなば、すなはち仏《ぶつ》に成り、仏のためには、五劫思惟《ごこうしゆい》の願、その詮なくやましまさん。本願ぼこりといましめらるるひとびとも、煩悩・不浄具足《ふじょうぐそく》せられてこそ候う

げなれ。それは願にほこらるるにあらずや。いかなる悪を本願ぼこりといふ、いかなる悪かほこらぬにて候ふべきぞや。かへりて、こころをさなきことか。

（現代語訳：阿弥陀仏の本願のはたらきが不可思議であるからといって、自分の犯す悪を恐れないのは、すなわち「本願ぼこり」であって、これもまた浄土に往生することができないということについて。

　このことは、本願を疑うことであり、また、この世における善も悪もすべて過去の世における行いによると心得ていないことなのです。

　善い心がおこるのも、過去の世の善い行いがそうさせるからです。悪いことを考え、それをしてしまうのも、過去の世の悪い行いがはたらきかけるからです。今は亡き親鸞聖人は、「うさぎや羊の毛の先についた塵ほどの小さな罪であっても、過去の世における行いによらないものはないと知るべきである」と仰せになりました。

　またあるとき聖人が、「唯円房はわたしのいうことを信じるか」と仰せになりました。そこで、「はい、信じます」と申しあげると、「それでは、わたしがいうことに背かないか」と、重ねて仰せになったので、つつしんでお受けすることを申しあげました。すると聖人は、「まず、人を千人殺してくれないか。そうすれば往生はたしかなものになるだろう」と仰せになったのです。そのとき、「聖人の仰せではありますが、わたしのようなものには一人として殺すことなどできるとは思えません」と申しあげたところ、「それでは、どうしてこの親鸞のいうことに背かないなどといったのか」と仰せになりました。

続けて、「これでわかるであろう。どんなことでも自分の思い通りになるのなら、浄土に往生するために千人の人を殺せとわたしがいったときには、すぐに殺すことができるはずだ。けれども、思い通りに殺すことのできる縁がないから、一人も殺さないだけなのである。自分の心が善いから殺さないわけではない。また、殺すつもりがなくても、百人あるいは千人の人を殺すこともあるだろう」と仰せになったのです。このことはわたしどもが、自分の心が善いのは往生のためによいことであり、自分の心が悪いのは往生のために悪いことであると勝手に考え、本願の不可思議なはたらきによってお救いいただくということを知らないでいることについて、仰せになったのであります。

かつて誤った考えにとらわれた人がいて、悪を犯したものをお救いくださるという本願であるからと、わざわざ悪を犯し、それを往生のための行いとしなくてはならないなどといい、しだいにそのよくないうわさが聞えてきました。そのとき聖人がお手紙に、「いくら薬があるからといって、好きこのんで毒を飲むものではない」とお書きになられましたのは、そのような誤った考えにとらわれているのをやめさせるためなのです。決して悪を犯すことが往生のさまたげになるというのではありません。

「戒律を守って悪い行いをしない人だけが本願を信じることができるのなら、わたしどもはどうして迷いの世界を離れることができるだろうか」と、聖人は仰せになっています。このようなつまらないものであっても、阿弥陀仏の本願に出会わせていただいてこそ、本当にその本願をほこり甘えることができるのです。だからといって、まさか自分に縁のない悪い行いをすることなどできないでしょう。

また聖人は、「海や河で網を引き、釣りをして暮しを立てる人も、野や山で獣を狩り、鳥を捕えて生活する人も、商売をし、田畑を耕して日々を送る人も、すべての人はみな同じことだ」と仰せになり、そして「人はだれでも、しかるべき縁がはたらけば、どのような行いもするものである」と仰せになったのです。

それなのにこのごろは、いかにも来世の往生を願うもののように殊勝に振舞って、善人だけが念仏することができるかのように思い、あるときは念仏の道場に張紙をして、これこれのことをしたものを道場に入れてはならないなどという人がいますが、それこそ、外にはただ賢そうに善い行いに励む姿を見せ、内には嘘いつわりの心をいだいていることなのではないでしょうか。

阿弥陀仏の本願をほこり、それに甘えてつくる罪も、過去の世の行いが縁となってはたらくことによるのです。だから、善い行いも悪い行いもすべて過去の世からの縁にまかせ、ただ本願のはたらきに身をゆだねるからこそ、他力なのであります。『唯信鈔』にも、「阿弥陀仏にどれほどの力がおありになると知った上で、自分は罪深い身であるから、とても救われないなどと思うのであろうか」と示されています。

本願をほこる心があるからこそ、他力に身をゆだねる自分の信心もまさに定まっていると思われます。

自分の罪悪や煩悩を滅し尽した後に本願を信じるというのであれば、本願をほこる思いもなくてよいでしょう。しかし、煩悩を滅したならそのまま仏になるのであり、そのようにすでに仏になったものには、五劫という長い間思いをめぐらしてたてられた阿弥陀仏の本願も、もはや意味のないものでありましょう。

本願ぼこりはよくないといましめる方々も、煩悩を身にそなえ、清らかでないように見受けられます。それは本願をほこり甘えておられることにはならないのでしょうか。どのような悪を本願ぼこりであるといい、どのような悪を本願ぼこりではないというのでしょうか。本願ぼこりはよくないというのは、むしろ考えがおさないのではないでしょうか。）

［解説］

第十三条は長いので、分けていきましょう。

■第十三条——「本願ぼこり」と「宿業」

「本願ぼこり」というワードが出てきます。初めてお聞きになった方も少なくないかと思いますが、昔からこういう言い方があるのです。本願を誇る、本願をあてにする、本願に任せれば何でもオーケーなんだ、という極端な態度を批判して「本願ぼこり」と言いました。

しかし、第十三条では、「本願ぼこり」のこと、ちゃんとわかっている？」といった内容で始まります。

「弥陀の本願不思議におはしませばとて、悪をおそれざるは、また本願ぼこりとて、往生かな

ふべからずといふこと。（阿弥陀様の救いの願いがあるので、悪を恐れないんだというのを、本願ぼこりと言って非難する人たちがいます）」

この出だしですから、第十三条は、「本願ぼこりの人たちは間違っていますよ」という話になるのかな、と思うのですが、そうではありません。

「この条、本願を疑ふ、善悪の宿業《しゅくごう》をこころえざるなり。（本願ぼこりの人は往生できないんだと言っている人がいるけれども、このことは本願を疑うという態度であり、善とか悪とか、そして**『宿業』**のことをわかっていない人なんだ）」と展開します。

この**「宿業」**が、ややこしい。過去世《かこぜ》から蓄積された業のことです。

仏教の前提として、輪廻があります。我々の生命の営みは、生まれたときから死ぬまでだけではなく、もっと大きな流れの中にいるとする立場、それが輪廻です。原因と結果は、この人生の行為だけでは完結しません。我々は生命の連鎖の中にいます。

自分がしたことが原因となって報いがある、とする仏教の考え方がありますよね。その理屈でいくと、「今」は過去の結果であることになります。さらに言えば、今の私は、はるか過去世から途切れることなくつながって在る、これが仏教の生命観であり人間観なのです。信仰のない人には、なかなかピンとこないところです。

「よきこころのおこるも、宿善のもよほすゆゑなり。悪事のおもはれせらるるも、悪業《あくごう》のはからふゆゑなり。故聖人（親鸞）**の仰せには、『卯毛《うもう》・羊毛《ようもう》のさきにゐるちりばかりもつくる罪の、宿業にあらずといふことなしとしるべし』と候ひき。」**

「よきこころ」、よい心が起こるのは過去の宿善の働きによるものであり、悪い心が起こるのも過去の悪業のゆえだ、そんなふうに言っています。

これは倫理の問題に関わってくるのですが、ここではそこまで立ち入らず、現代語訳を続けて行きましょう。

「ウサギの毛とか羊の毛といった細いもの、そのまた先のチリのような微細なものにも、宿業がずっとつながっている」と親鸞聖人が仰せになった、としています。そして親鸞と唯円の会話へと続きます。

■第十三条──二　「じゃあ、千人殺してくれますか」

「またあるとき、『唯円房はわがいふことをば信ずるか』と、仰せの候ひしあひだ、『さん候ふ』と、申し候ひしかば、『さらば、いはんことたがふまじきか』と、かさねて仰せの候ひしあひだ、つつしんで領状《りょうじょう》申して候ひしかば、『たとへばひと千人ころしてんや、しからば往生は一定《いちじょう》すべし』と、仰せ候ひしとき、」というところです。

あるとき、「唯円房さん、私の言うことを信じますか」と親鸞が言うと、唯円は、「ええ、もちろん信じております」と答えます。

親鸞は、「では、私の言うことをちゃんと実行できますか」と言う。唯円は、「はい、間違いなく承ります」と答える。すると親鸞は、「じゃあ、千人殺してくれますか」と語るのです。

「しからば往生は一定すべし（そうすれば、往生は定まります）」と。

もうなんかカルト教団の教祖みたいなことを言います。

吉本隆明が、「親鸞は本当に危ないことを言う男だ。『歎異抄』でわかる」と主張するのは、この部分でしょう。

それに対して唯円は、「おっしゃることには従うつもりではいるのですが、私の器量では一人も殺せそうにありません」と返しました。殺す器量もないというのも、面白い表現ですよね。

「じゃあなぜさっきは私の言うことに従うなどと言ったの？」と親鸞は詰め寄った後、すぐ話を続けました。

「これにてしるべし。なにごともこころにまかせたることならば、往生のために千人ころせといはんに、すなはちころすべし。しかれども、一人にてもかなひぬべき業縁なきによりて、害せざるなり。わがこころのよくてころさぬにはあらず。」

「これでわかるでしょう。もし自分の意思通りに行動できるというのなら、往生のために千人殺そうと思えば殺せるはずじゃないですか。しかし、殺す縁がなければ一人も殺せない。それはですね、自分の心がよくて殺せないのではないのですよ」

ここの**「わがこころのよくてころさぬにはあらず。」**は、大変エッジの効いた言葉だと思います。

確かに、今、大きな罪を犯していない、人を殺していないのは、自分が善人だからではなく、「たまたま」その状況になかっただけかもしれません。逆に言えば、ある状況に置かれれば、とんでもないことを犯してしまうのが我々の実相なのです。

「害せじとおもふとも、百人・千人をころすこともあるべし」、自分はそのつもりでなくとも、大勢の人を殺したり傷つけたりすることもあるでしょう、と親鸞は言います。

この千人殺すという話は、仏典のアングリマーラ（※釈迦の弟子で有名な仏教説話の主人公）の逸話から来ていると言われています。大変有名な話で、仏教のみならず、ジャイナ経典にもこの話が登場します。古代のインドで、善と悪を考える上での大きなテーマだったのでしょう。

アングリマーラというのは、人を次々と殺し、その指をとって首飾りにしていた人物です。催眠術をかけられて犯行を重ねたとも言われています。彼は改心して仏弟子となります。ブッダはアングリマーラを拒絶しませんでした。

出家者は毎日、食事をもらいに町の中を歩くのですが、ブッダはアングリマーラに、かつて人を殺した村に行って乞食《こつじき》せよ、と指示します。実行したアングリマーラは、その村でひどい目に遭わされます。彼を怨む人が大勢いたからです。瀕死の状態でブッダの元に戻り、「もうできません」と言うのですが、ブッダは次の日も同じ指示を出します。

アングリマーラはひたすら、自分が殺した人のいた村に行って乞食をするのです。とても厳しい償いですね。この説話に基づいて親鸞は、**「千人ころしてんや」**と語ったのだと思われます。この「てんや」は昔の関西弁で、今風であれば「～してんか」と同義です。親鸞は京都生まれなので、上方言葉を使っていたんですね。

続きを読みましょう。

「われらがこころのよきをばよしとおもひ、悪しきことをば悪しとおもひて、願《がん》の不思議にて

たすけたまふといふことをしらざることを、仰せの候ひしなり。」

つまり、このことは善いことだ、このことは悪いことだと判断しているのは君でしょ、というわけです。

自分の心、自分の都合で、善悪を振り回す。でも、阿弥陀仏のあなたを救うという本願は、それをはるかに超えた、はからいを超えたところにあるんだ。そんなお話を、親鸞は唯円にしたようです。唯円はこのことをずっと覚えていて、書き留めたわけです。

■第十三条──三　薬があるからといって毒を飲むのはおかしい

「そのかみ邪見《じやけん》におちたるひとあつて、悪をつくりたるものをたすけんといふ願にてましませばとて、わざとこのみて悪をつくりて、往生の業とすべきよしをいひて、やうやうにあしざまなることのきこえ候ひしとき、御消息《ごしようそく》に、『薬あればとて、毒をこのむべからず』と、あそばされて候ふは、かの邪執《じやしゆう》をやめんがためなり。」というところです。

かつて、誤った考えにとらわれた人がおり、悪を起こしたものをお救いくださるという本願があるからと、わざわざ悪を起こしていたそうです。

それが、「往生のための行いとして、悪いことをするのはいい」というよくない噂となって聞こえてきました。

そのとき親鸞が手紙に、「いくら薬があるからといって、好き好んで毒を飲むものではない」と書いたことを唯円は取り上げています。まあそうでしょう。薬があるからといって、毒を飲むのもおかしな話です。

癌の特効薬ができたからといって、わざわざ癌になる人はいない。悪は往生の妨げにならないというのと、わざわざ悪をなすというのは別のフェーズ（位相）の問題です。

「薬あればとて、毒をこのむべからず」の手紙は、**「酔ひもさめぬさきに、なほ酒をすすめ、毒も消えやらぬに、いよいよ毒をすすめんがごとし。薬あり毒を好めと候ふらんことは、あるべくも候はずとぞおぼえ候ふ。」**（『親鸞聖人御消息』二）として遣っています。

親鸞は、「我々は煩悩の酒に酔って生きている」と言います。だから、きちんと物事を判断できない。善悪だって、判断できない。悪行を好むのは、煩悩の酒に酔っ払っているのに、さらに酒を勧めるようなものだと書いています。

また、親鸞は別の手紙で、善導の**「悪をこのむ人をばつつしんでとほざかれ」**（「散善義《さんぜんぎ》」）という文章も引いています。

この場合の悪というのは、一般倫理的な善悪とは別の、宗教的な悪です。先ほど「宿業」と言いました。我々の不可知の悪です。我々がなんとかできるようなものではありません。

キリスト教の原罪も、似たところがあります。人類は神に背き、罪を背負った。その罪を償うための扉を、イエスが開けたとします。

しかし、仏教では、「生命が連綿と鎖のようにつながっていて、その中で積み重ねてきた業というものがある」となります。

クリエイターとしての神に背いたのではありません。

第三条でも触れましたが、宗教的罪の問題は、『歎異抄』を熟読しているとだんだんご理解いただけるのではないかと思います。

■第十三条—四　「いかなるふるまひもすべし」

悪は往生の妨げではない、という話が続きます。現代語訳をつけましょう。

「まつたく、悪は往生のさはりたるべしとにはあらず。持戒持律《じかいじりつ》にてのみ本願を信ずべくは、われらいかでか生死《しょうじ》をはなるべきやと。」

「これは、決して悪は往生の妨げになるというわけではありません。戒律を守っている人、それが本願を信じる人の条件であれば、我々はどうして救われていくんでしょうか」

「かかるあさましき身も、本願にあひたてまつりてこそ、げにほこられ候へ。さればとて、身にそなへざらん悪業は、よもつくられ候はじものを。」

「我々のような、宗教的に言えば悪を積み重ねるような暮らしをしている人間だって、本願によって救われているんだ。だからこそ本願をほこるんだ。それに、縁のない悪行はできないのです」

悪をなしてきたこの私が救われる。だからこそ、本願をほこるのだということです。

先ほどもあったように、ある状況に置かれたらどんな悪をもなすかもしれないし、置かれなければなさないかもしれない、そういうものでしょう、と述べられています。

そして、「このことは、海の漁師さん、山の猟師さん、あるいは（当時の仏教倫理で言うと罪深い職業であるとされていた）商売をする人たち、あるいは農業をする人たち、全て同じことなんですよ」との親鸞の言葉が続きます。

そしてさらに唯円は、親鸞の言葉をもう一つ書き記します。

「さるべき業縁のもよほさば、いかなるふるまひもすべし（その状況に置かれたら、我々はいかなることにだって手を染めてしまうのである）**」**

そう親鸞は言っていた、と。我々が日常生活で考える善とか悪ではない、人間の実存にグッと切り込んでいく言葉です。

■第十三条――五　「宿業」の捉え方

さて次に、**「後世者《ごせしゃ》ぶり」**なんていう、今はもう使わない用語が出てきます。

「後世」とは、来世です。ですから**「後世者ぶり」**は、「来世はもう間違いない、来世のことならなんでも知っていますよ」といったマウンティングタイプの人のことです。「俺は念仏者だぜ」と誇る、そういう人が当時にもいたのでしょう。

「当時は後世者ぶりして、よからんものばかり念仏申すべきやうに、あるいは道場にはりぶみをして、なんなんのことしたらんものをば、道場へ入るべからずなんどといふこと、ひとへに賢善精進《けんぜんしょうじん》の相を外にしめして、内には虚仮《こけ》をいだけるものか。願にほこりてつくらん罪も、宿業のもよほすゆゑなり。されば善きことも悪しきことも業報《ごうほう》にさしまかせて、ひとへに本願をたのみまゐらすればこそ、他力にては候へ。」

この辺りを読むと、「なるほどね、この条はこういう背景があって書かれたんだなあ」ということがわかります。

例えばここに出てくる道場の状況です。各地に念仏道場があったのですが、そこに、「〜をしたやつは来るべからず」と張り紙をした人がいたらしく、「それで本当の念仏か。他力の念仏は全ての人が救われるんじゃないのか。そんな張り紙をしているやつがいるらしいが、間違っているぞ」との思いが唯円にはあったようです。

本願ぼこりの人が随分と悪口を言われている。この辺りの事情があって、第十三条が書かれたのだろうと思います。

「後世者ぶり」の次の**「よからんもの」**とは、「善人」のことです。善人だけが往生できる、そんな話をしている人がいるらしい。しかも、道場に張り紙をして、これこれしたものは道場に入るべからず、これは賢善精進の姿でしょ、というわけです。

以前もお話ししましたが、そもそも『歎異抄』で問題になっているものには、二つのタイプがありました。一つは「造悪無礙」で、「どんな悪いことをしても往生できるんですよ」といった、本来の仏教から大きくはずれたタイプ。もう一つは「賢善精進」で、「いやいや、立派なことをしないと往生できませんよ」と、それだと他力念仏の道ではなくなってしまうタイプ。どちらにもいろんなグループがあって、それぞれに反論を繰り返していくのが「異義編」です。

第十三条は、「賢善精進」の人たちへの反論となっています。

「ひとへに賢善精進の相を外にしめして、内には虚仮をいだけるものか。」

これは善導の文章を親鸞が独特の読み方をしたものでしたね。いかに立派そうに振る舞っても中身は偽物なんだということを突き詰める。そういう思想を、親鸞は展開しました。それを受けて唯円は、見た目は賢善精進の姿をしていても中身は偽物でしょ、と言ったわけです。

そして、「確かに本願ぼこりの人たちが作る罪というのもありますけれども、それよりも遥か昔からの縁があって、そういう状況に置かれてできた罪なんでしょう」と言います。このような思想は、宗教的態度のひとつではあるものの、一歩間違えると非常に危険でもありますね。例えば、誰かを指して、「あいつがあんな目に遭っているのは過去の因縁が悪いからだ」というのは、どう考えても間違っていますよね。

これは仏教の自業自得説の誤った使い方です。仏教は、自らの業を自分自身できちんと引き受ける教えです。他人が勝手な業の理屈を振り回して誰かを裁くのは間違いです。

ここは業論の難しいところで、慎重に取り扱うべき案件です。

自分自身の生きる道を考えるときに、「遥か過去からの連鎖があるのか」といった大きな視点をもつことで見える世界があることも確かでしょう。

この『歎異抄』の講座が始まるときに、一緒に「開経偈《かいきょうげ》」（※経巻を読誦する前に称える偈文）を唱えていますよね（著者注：本書の元となった講座では、開講時に「開経偈」を唱えていた）。「無上甚深微妙法、百千万劫難遭遇、我今見聞得受持、願解如来真実義」というものです。

そこに「百千万劫という長い時間をかけてもなかなか遇《あ》えない」と出てきます。はるか昔から我々は、生まれ変わり死に変わりしてきて、たまたま今回仏法に遇えた、その喜びの言葉が「開経偈」なのです。

今、仏教に遇えたじゃないか、この思いが業論において大事なのでしょう。「遥か過去世からずっと自分は迷いの世界を生きてきたけれども、もうこの機会を逃したら迷いの世界を出るチャンスはないかもしれない。今こそ仏法を聞かねば」と捉えるために、宿業の理屈はある気がします。

■第十三条──六　煩悩を抱えたまま仏になる

『唯信抄《ゆいしんしょう》』にも、」から最後まで。

親鸞が尊敬した兄弟子・聖覚による『唯信鈔』の言葉が出てきます。ここには、「阿弥陀仏の願いの力がどれほどか、ちゃんとわかっていないから、罪を抱えたら救われないというような、そんな賢善精進の話が出てしまうんだよ」といった内容が述べられています。

そして、「本願ぼこりも具合が悪いけれど、本願ぼこりの悪口を言っている人も具合が悪い」と続きます。

「本願にお任せする心があるからこそ、他力の信心も定まるのです。自分の煩悩を全部なくした上で本願を信じる、そういう話であれば本願に任せるということでなくてもいいのでしょう」と唯円は語ります。

「煩悩を抱えたまま仏になっていく、という教えです。煩悩を滅した人は、もう仏です。煩悩を滅するような賢善精進だと、阿弥陀仏は必要ありませんよね」、このように述べ、「本願ぼこりは良くない」と戒める人たちに対して、「あなたたちも煩悩はないのかというと、そうではないわけです」と警告します。

「それでは、自分たちだって本願ぼこりと同じことではないですか。自分たちは煩悩を抱えたまま、人を非難しているということは、逆の意味では、本願ぼこりということでしょう。一体どのような悪が本願ぼこりで、どのような悪が本願ぼこりではないというのでしょうか。考えがちょっと未熟ですね」と第十三条をまとめています。

「本願ぼこり」を非難している人も、「本願ぼこり」のことをちゃんとわかっていないでしょう、という指摘です。

本願をほこるとはこういうことなんじゃないか、と説く唯円の思いを知ることができます。何より第十三条は、親鸞が「千人ころしてんや」と語った会話を唯円が書き残してくれた、そういう意味でも大変注目すべき条となっています。

■「妙好人」と他力念仏の魅力

ここで、浄土真宗の特徴である妙好人《みょうこうにん》について触れておきましょう。妙好人とは、『観無量寿経』に出てくる念仏者を褒め讃える賛辞に基づいて、善導が表現した呼称です。

江戸時代に、『妙好人伝』という各地の念仏者の事例を集めた本ができたために、特に浄土真宗の立派な念仏者のことを妙好人と言い表すようになりました。

浅原才市《あさはらさいち》、讃岐の庄松《しょうま》（※一七九九〜一八七一年）、因幡《いなば》の源左《げんざ》（※一八四二〜一九三〇年）などが有名です。

浅原才市は、第五章ですでに取り上げました。下駄を削った木っ端に墨で書いた詩が素晴らしく、今に名を残しています。

才市が亡くなる数カ月前、ある人が訪ねてきて、「じいさん、あんたのこと、わしは本に書きたいんだ。取材させてくれ」と言ったそうですが、才市は、「やめとけやめとけ。あんたそんなん書いて、今からわし、人を殺すかもわからん。わしが人を殺したら、あんた、大恥かかなあかん」と答えたそうです。

第十三条の言っていることはまさにこれでしょう。一歩間違えると、我々は何をしでかすかわかりません。

親鸞は「信心」を深く追求しましたが、親鸞が言う信心決定《しんじんけつじょう》は、ほぼ「悟り」と同じ地平だと言えます。これ以上何かをつけ足さなくてはいけないわけではない。信心が定まったところで、往生すべき身になるわけです。ですが親鸞は、それを「悟った」とは言いませんでした。それはこの身がある限り、息を引き取るその瞬間まで、何をしでかすかわからないからです。そんな自己内省と人間観が、親鸞にはあったと思います。浅原才市のエピソードは、それを端的に表しています。

あるいは、讃岐の庄松という人がいました。大変面白い人なので、興味がある人は『庄松ありのまま記』を読んでください。一般的な社会生活を営むのが、ちょっと難しいような人ですが、本当に自由闊達《かったつ》な味わいを示しました。

その庄松があるとき、本山にお参りに行ったそうです。

法要中、門主が庄松たちの座っている横を通りました。すると、庄松は門主の法衣を摑んで、「アニキ、覚悟はええのか」と言います。周りの者は真っ青です。

門主が退場したあと、何人かの職員がきて、「今、法衣を摑まれたのはどの方か」と尋ねたので、みんなもう平謝りで言いました。

「この男はバカなんです、どうぞ許してやってください」

しかし庄松は、門主の前へ連れて行かれます。門主は尋ねました。

「さっき、ワシの袖を摑んだのはお前か」

「はいそうです」

「どうして摑んだ」

「綺麗な赤い衣着ているが、そんなことでは地獄はのがれられない。だから後生の覚悟は大丈夫なのかと思って言った」

「そうか。それではお前は大丈夫なのか？」

「それは、知らん。それはワシの仕事じゃなくて、阿弥陀の仕事や」と庄松は言い放ちます。

これに感服した門主は、それから庄松と兄弟の付き合いをしたそうです。

厳しい修行や学問の研鑽を積んだわけではないのに、見事に本質を摑む人が出てくる。そういうところが他力念仏の魅力です。

【第八章】　悟りとは何だろう（第十四、十五条）

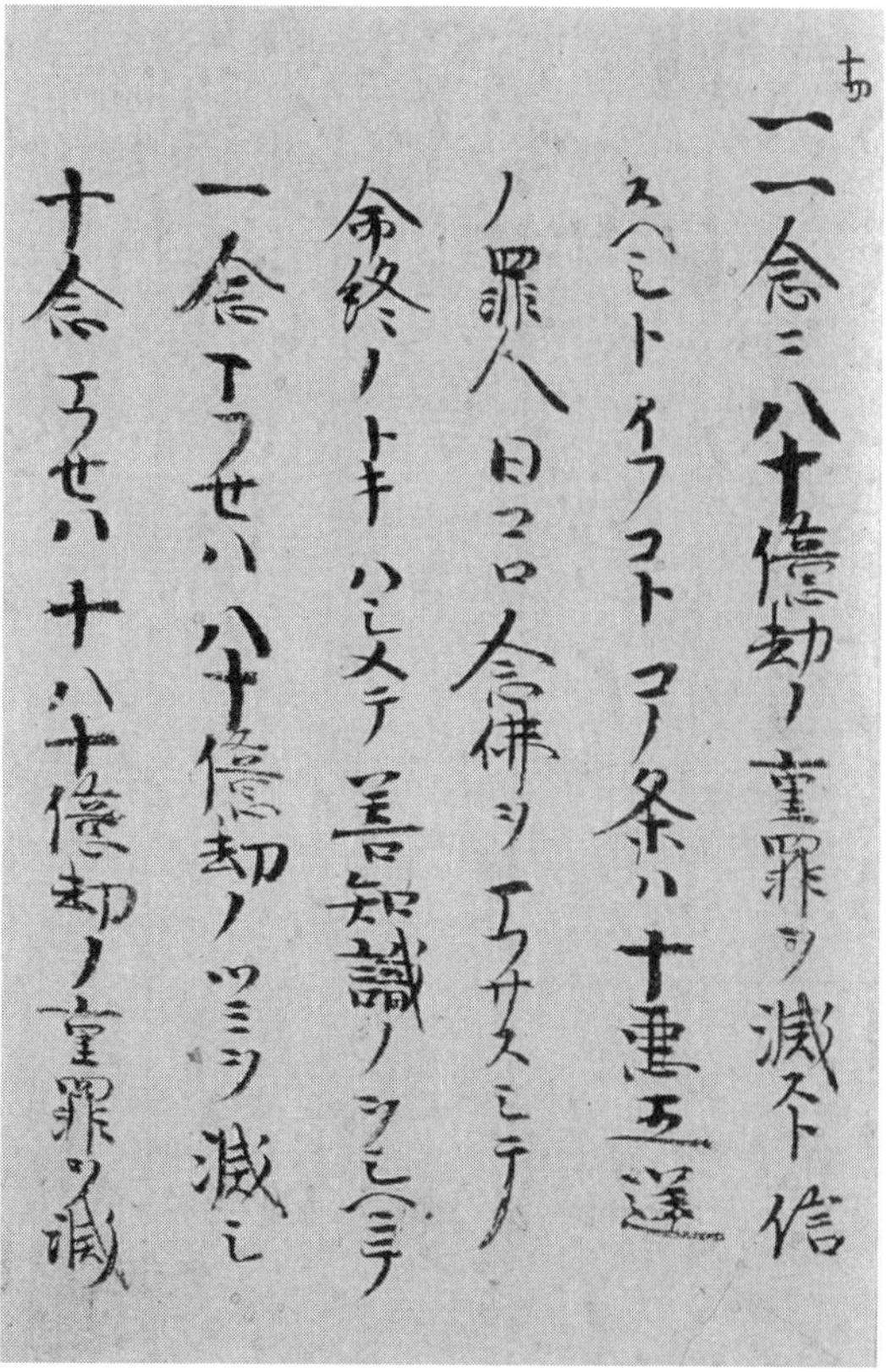
一　一念ニ八十億劫ノ重罪ヲ滅スト信
ズベシトイフコト　コノ条ハ十悪五逆
ノ罪人日コロ念佛ヲマフサスシテ
命終ノトキハシメテ善知識ノヲシヘニテ
一念マフセハ八十億劫ノツミヲ滅シ
十念マフセハ十八十億劫ノ重罪ヲ滅

「蓮如上人書写本」（本願寺蔵）

■第十四条を読む

[第十四条]

一　一念《いちねん》に八十億劫《はちじゅうおくこう》の重罪《じゅうざい》を滅すと信ずべしといふこと。この条は、十悪《じゅうあく》・五逆《ごぎゃく》の罪人、日ごろ念仏を申さずして、命終《みょうじゅう》のとき、はじめて善知《ぜんち》識《しき》のをしへにて、一念申せば八十億劫の罪を滅し、十念申せば十八十億劫《とはちじゅうおくこう》の重罪を滅して往生すといへり。これは十悪・五逆の軽重《きょうじゅう》をしらせんがために、一念・十念といへるか、滅罪《めつざい》の利益《りやく》なり。いまだわれらが信ずるところにおよばず。そのゆゑは、弥陀の光明に照らされまゐらするゆゑに、一念発起《いちねんぼっき》するとき金剛の信心をたまはりぬれば、すでに定聚《じょうじゅ》の位にをさめしめたまひて、命終《みょうじゅう》すれば、もろもろの煩悩悪障《ぼんのうあくしょう》を転じて、無生忍《むしょうにん》をさとらしめたまふなり。この悲願ましまさずは、かかるあさましき罪人、いかでか生死《しょうじ》を解脱すべきとおもひて、一生のあひだ申すところの念仏は、みなことごとく如来大悲の恩を報じ、徳を謝すとおもふべきなり。念仏申さんごとに、罪をほろぼさんと信ぜんは、すでにわれと罪を消して、往生せんとはげむにてこそ候ふなれ。もししからば、一生のあひだおもひとおもふこと、みな生死のきづなにあらざることなければ、いのち尽きんまで念仏退転《ねんぶつたいてん》せずして往生すべし。ただし業報かぎりあることなれば、いかなる不思議のことにもあひ、また病悩苦痛せめて、正念《しょうねん》に住せずしてをはらん。念仏申すことかたし。そのあひだの罪をば、いかがして滅すべきや。罪消えざれば、往生はかなふべからざるか。摂取不《せっしゅふ》捨《しゃ》の願をたのみたてまつらば、いかなる不思議ありて、罪業ををかし、念仏申さずしてをはるとも、すみやかに往生をとぐべし。また念仏の申されんも、ただいまさとりをひらかんずる期《ご》のちかづくにしたがひても、いよいよ弥陀をたのみ、

御恩を報じたてまつるにてこそ候はめ。罪を滅せんとおもはんは、自力のこころにして、臨終《りんじゅう》正念《しょうねん》といのるひとの本意なれば、他力の信心なきにて候ふなり。

（現代語訳：一回念仏することで八十億劫もの間迷いの世界で苦しみ続けるほどの重い罪が消えると信じなければならないということについて。

このことは、十悪や五逆などの重い罪を犯し、日ごろは念仏したことがない人であっても、まさに命を終えようとするときに、はじめて善知識の教えを受け、一回念仏すれば八十億劫もの間苦しみ続けるほどの重い罪が消え、十回念仏すればその十倍もの重い罪が消え去って、浄土に往生することができるといっているのです。これは、十悪や五逆の罪がどれほど重いものであるかを知らせるために、一回の念仏や十回の念仏といっていると思われますが、要するに念仏することによって罪を消し去る利益が得られるというのです。しかしそれは、わたしどもが信じるところには遠く及びません。

それは次のようなことによるのです。わたしどもは阿弥陀仏の光明に照らされて、本願を信じる心がはじめておこるときに決してこわれることのない信心をいただくのですから、そのときすでに阿弥陀仏はこの身を正定聚《しょうじょうじゅ》の位につかせてくださるのであり、この世の命を終えれば、さまざまな煩悩や罪悪を転じて真実のさとりを開かせてくださるのです。もし、この大いなる慈悲の心からおこしてくださった本願がなかったなら、わたしどものようなあきれるほど罪深いものがどうして迷いの世界を離れることができるだろうかと考えて、一生のうちに称える念仏は、すべてみな如来の大いなる慈悲の心に対し、そのご恩に報い、そのお徳に感謝するものであると思わなければなりません。

念仏するたびに自分の罪が消え去ると信じるのは、それこそ自分の力で罪を消し去って浄土に往生しようと努めることに他なりません。もしそうだとすれば、一生の間に心に思うことは、すべてみな自分を迷いの世界につなぎとめるものでしかないのですから、命の尽きるまでおこたることなく念仏し続けて、はじめて浄土に往生できることになります。ただし過去の世の行いの縁により、思い通りに生きられるものではないのですから、どのような思いがけない出来事にあうかもしれないし、また病気に悩まされ苦痛に責められて、心安らかになれないまま命を終えることもあるでしょう。そのときには念仏することができません。その間につくる罪はどのようにして消し去ることができるのでしょうか。罪は消え去らないのだから浄土に往生することはできないというのでしょうか。

すべての衆生を光明の中に摂《おさ》め取って決して捨てないという阿弥陀仏の本願を信じておまかせすれば、どのような思いがけないことがあって、罪深い行いをし、念仏することなく命が終ろうとも、速やかに浄土に往生することができるのです。また命が終ろうとするときに念仏することができるとしても、それはさとりを開くまさにその時が近づくにつれて、いよいよ阿弥陀仏にすべてをおまかせし、そのご恩に報いる念仏なのでありましょう。

念仏して罪を消し去ろうと思うのは、自力にとらわれた心であり、命が終ろうとするときに阿弥陀仏を念じて心が乱れることなく往生しようと願う人の本意なのですから、それは本願他力の信心がないということなのです。）

［解説］

■金剛の信心があるからすでに「正定聚」

この場合の「一念」も「一回の念仏」という意味になります。

冒頭の**「一念《いちねん》に八十億劫《はちじゅうおくこう》の重罪《じゅうざい》を滅すと信ずべしといふこと。」**は、一回の念仏で**「八十億劫の重罪を滅す」**ということです。『観無量寿経』に、そういうお話が出てくるのです。**「十悪《じゅうあく》・五逆《ごぎゃく》の罪人」**、つまりとても重い罪を背負った悪人も「臨終のときに、一回称えれば八十億劫の罪、十回称えれば十掛ける八十億劫の罪がなくなって往生する」となるわけです。

そういった「臨終来迎《りんじゅうらいごう》」の教えがあり、「多念義派」は、どちらかというと来迎の教えを大事にしたと言われています。

唯円は、「なぜ経典にこんな話が出てくるかというと、**『十悪・五逆』**などが大変重い罪だと知らせるために出てくるんだ」と語ります。こういうことをしてはいけませんよと示すために、**「十悪・五逆」**の話が出てくるのだと『歎異抄』では書いています。これを浄土教の用語で「抑止門《おくしもん》」（※悪を犯させないために予《あらかじ》め誡《いまし》める教えのこと）と言います。

法然・親鸞以前の浄土教は、このような「念仏すれば、罪は滅して、命が終わるときに阿弥陀様が浄土に連れていってくださいますよ」といった信仰が根強くありました。この信仰を法然・親鸞が大きく変えることになります。ですから唯円も、「我々親鸞聖人の教えをいただいているものは、こういう教えを信じているわけではございません」と述べているのです。

「というのも我々は、阿弥陀様の光に照らされて、本願を信じる心が定まったときに、この**『金剛の信心』**があるので、そのときすでに**『正定聚《しょうじょうじゅ》』**の位につくことができます」と唯円は続けます。**「金剛の信心」**とは、この場合何者にも壊されることのない信心のことです。**「正定聚」**というのは、間違いなく浄土に往生できる、そして悟りへと到達することができる位です。前出の不退転の位です。

「無生忍《むしょうにん》」というのは、生きるとか死ぬとかの迷いを超えた悟りを言います。ですから、**「命終《みょうじゅう》すれば、もろもろの煩悩悪障《ぼんのうあくしょう》を転じて、無生忍《むしょうにん》をさとらしめたまふなり。」**は、「この息が絶えれば、煩悩罪悪が転じて悟りを開くことができるんです」となります。

「阿弥陀仏の全てを救うという願いがなければ、どうして我々のような人間がこの迷いの世界を離れることができましょうか。一生をかけて称える念仏は、如来の恩に報いていく、あるいは如来の徳を感謝する、そういう念仏なのです」。そう唯円は語ります。

「念仏するたびに罪を消すことができるということは、自分の力で罪を消して、浄土に往生しようとする心得違いになってしまうでしょう」というわけです。

仏教では、行ったこと、喋ったこと、考えたこと、すべてが業になってしまうと考えます。我々は、次々に業を生み出しているわけです。それを消そうと思ったら、息を引き取る瞬間までずっと念仏をしなくてはいけないじゃないか、と説明しているのです。「思わぬことで病気になったり、急に死ななくてはいけないことになった場合、念仏できないこともあるでしょう」と、ちょっと皮肉な書き方もしています。

それよりも**「金剛の信心」**だと言います。「念仏で罪を消すのではなく、金剛の信心によって往生するんだから、それが定まったとき往生は間違いないんだ」と言い切るのです。

そして最後に唯円は、

「罪を滅せんとおもはんは、自力のこころにして、臨終正念《りんじゅうしょうねん》といのるひとの本意なれば、他力の信心なきにて候ふなり。」

「罪を滅して浄土に往生しようというのは自力の道を歩む人であり、臨終の際に心を乱さないことを願う人がすることで、他力の信心のない人なんです」

そう締めくくります。信心を強調しているのがよく分かります。『歎異抄』は信心重視の傾向にあるのです。**「金剛の信心」**については、ぜひ一度取り上げてお話をしたいところです。

■「臨終正念」をひっくり返した法然と親鸞

ここで考えたいのは**「臨終正念」**です。

臨終に心が安定し、心を乱さない人が浄土に往生できる、という信仰がありました。だから「臨終正念」の人を称讃する傾向がずっと続いていたのです。

平安時代中・後期に、たくさんの『往生伝』が編集されました。慶滋保胤《よししげのやすたね》（※九三三頃〜一〇〇二年、平安時代中期の文人。源信の導きで出家した）の『日本往生極楽記』や、大江匡房《おおえのまさふさ》（※一〇四一〜一一一一年、平安時代後期の学者。主著に『江家次第』『本朝神仙伝』）が編纂した『続《ぞく》本朝往生伝《ほんちょうおうじょうでん》』などですね。これらは、いわば臨終の事例集でした。日本中のいろんな人の往生した様子が集められたのです。

そこで大きく流れているテーマは「臨終正念」です。臨終に立派に息を引き取っていった人を讃える傾向が強く、「あの人は臨終正念だった、往生は間違いない」という話が並びます。研究者によっては、日本のかつての浄土教の「臨終正念」への執着心は異常なくらいだと表現するほどです。これをひっくり返したのが法然・親鸞です。

そして、「往生は死ぬときの様子で決まったりしないんだ、今どう生きるかで決まるんだ」というのが、親鸞の正定聚の教えです。

その「現生《げんしょう》正定聚」について、親鸞の手紙から読んでみましょう。

「真実信心の行人は、摂取不捨のゆゑに正定聚の位に住す。このゆゑに臨終まつことなし、来迎たのむことなし。信心の定まるとき往生はまた定まるなり。来迎の儀則をまたず。」（『親鸞聖人御消息』一）

「臨終まつことなし、来迎たのむことなし。」と親鸞は書いています。そこは問題じゃないんだ、今ここでどう生きるかで往生は定まっていく。臨終はどんな姿であっても構わない、ということです。実際に法然も親鸞も、ごく普通の淡々とした臨終であったと伝えられています。しばしば、高僧・名僧が亡くなるときにはいろんな奇《き》瑞《ずい》が起こって、往生は間違いなし、とする逸話は数多くあります。

しかし、法然や親鸞は、ただ念仏してそのまま息絶えるというような最期でした。それを親鸞の娘の覚信尼が心配して、「立派なお坊さんは死ぬときにいろんなことが起こると聞きます。うちのお父さんは何も起こりませんでした。往生は大丈夫でしょうか」と、母である恵信尼に手紙を書いたらしくて、恵信尼の返信だけが残っています。

恵信尼は親鸞の教えをよく知っていたので、「あなたのお父さんの往生は間違いありません」と返しています。覚信尼が親鸞の臨終を看取った時、恵信尼は越後に暮らしていたのです。

大変立派なお念仏の日々を送っていた人も、認知症になるかもしれません。私も実際にそういうケースを知っています。認知症が重度になるまで、よくお念仏して、仏法を聞いた人でした。しかし、晩年は念仏も称えなくなりました。その人は往生できないかというと、そんなことはないでしょう。私自身の実感として、この人の往生は間違いないと思っています。

臨終正念の問題を解決したというのは、はるか時代を超え、超高齢社会となった今、輝きを放つのかもしれません。

■第十五条を読む

それでは、第十五条を読みましょう。「それだと自力の道でしょう」といった話が続きます。

[第十五条]

一　煩悩具《ぼんのうぐ》足《そく》の身をもつて、すでにさとりをひらくといふこと。この条、もつてのほかのことに候ふ。

即身成仏《そくしんじょうぶつ》は真言秘教《しんごんひきょう》の本意《ほんい》、三密行業《さんみつぎょうごう》の証果《しょうか》なり。六根清浄《ろつこんしょうじょう》はまた法華一乗《ほつけいちじょう》の所説《しょせつ》、四《し》安楽《あんらく》の

行の感徳《かんとく》なり。これみな難行上根《なんぎょうじょうこん》のつとめ、観念成就《かんねんじょうじゅ》のさとりなり。来生《らいしょう》の開覚《かいかく》は他力浄土の宗旨、信心決定《しんじんけつじょう》の通故《つうこ》なり。これまた易行下根《いぎょうげこん》のつとめ、不簡善悪《ふけんぜんあく》の法なり。おほよそ今生においては、煩悩悪障《ぼんのうあくしょう》を断ぜんこと、きはめてありがたきあひだ、真言・法華を行ずる浄侶《じょうりょ》、なほもつて順次生《じゅんじしょう》のさとりをいのる。いかにいはんや、戒行《かいぎょう》・慧解《えげ》ともになしといへども、弥陀の願船《がんせん》に乗じて、生死《しょうじ》の苦海《くかい》をわたり、報土《ほうど》の岸につきぬるものならば、煩悩の黒雲《こくうん》はやく晴れ、法性《ほっしょう》の覚月《かくげつ》すみやかにあらはれて、尽十方《じんじっぽう》の無礙の光明に一味にして、一切の衆生を利益《りやく》せんときにこそ、さとりにては候へ。この身をもつてさとりをひらくと候ふなるひとは、釈尊のごとく、種々《しゅじゅ》の応化《おうげ》の身をも現《げん》じ、三十二相《さんじゅうにそう》・八十随形好《はちじゅうずいぎょうこう》をも具足して、説法利益候ふにや。これをこそ、今生にさとりをひらく本《ほん》とは申し候へ。『和讃』（高僧和讃・七七）にいはく、「金剛堅固《こんごうけんご》の信心の　さだまるときをまちえてぞ　弥陀の心光摂護《しんこうしょうご》して　ながく生死をへだてける」と候ふは、信心の定まるときに、ひとたび摂取して捨てたまはざれば、六道に輪廻すべからず。しかれば、ながく生死をばへだて候ふぞかし。かくのごとくしるを、さとるとはいひまぎらかすべきや。あはれに候ふをや。「浄土真宗には、今生に本願を信じて、かの土《ど》にしてさとりをばひらくとならひ候ふぞ」とこそ、故聖人（親鸞）の仰せには候ひしか。

（現代語訳：あらゆる煩悩をそなえた身でありながら、この世でさとりを開くということについて。

このことは、もってのほかのことです。

この身のままこの世で仏になるというのは真言密教の根本の教えであり、三密の行を修めて得られるさとりです。また身心のすべてが清らかになるというのは法華一乗の教えであり、四安楽の行を修めて得られる功徳です。これらはすべて、能力のすぐれた人が修める難行の道であり、観念を成就して得られるさとりなのです。これに対して、次の世でさとりを開くというのが他力浄土門の教えであり、信心が定まったときに間違いなく与えられる本願のはたらきなのです。これは、能力の劣った人に開かれた易行の道であり、善人も悪人もわけへだてなく救われていく教えです。

この世で煩悩を断ち罪悪を滅することなど、とてもできることではないので、真言密教や法華一乗の行を修める徳の高い僧であっても、やはり次の世でさとりを開くことを祈るのです。まして、戒律を守って行を修めることもなく、教えを理解する力もないわたしどもが、この世でさとりを開くことなどできるはずもありません。しかしそのようなわたしどもであっても、阿弥陀仏の本願の船に乗って、苦しみに満ちた迷いの海を渡り、浄土の岸に至りついたなら、煩悩の雲がたちまちに晴れ、さとりの月が速やかに現れて、何ものにもさまたげられることなくあらゆる世界を照らす阿弥陀仏の光明と一つになり、すべての人々を救うことができるのです。そのときにはじめてさとりを開いたというのです。

この世でさとりを開くといっている人は、釈尊のように、人々を救うためにさまざまな姿となって現れ、三十二相八十随形好をそなえ、教えを説いて人々を救うのでしょうか。このようなことができてこそ、この世でさとりを開いたといえるのです。『高僧和讃』に、

金剛堅固の信心の　さだまるときをまちえてぞ
弥陀の心光摂護して　ながく生死をへだてける

決して壊れることのない信心が定まるまさにそのとき、阿弥陀仏の慈悲の光明に摂《おさ》め取られ、つねに護られて、もはや迷いの世界に戻ることがない。

とあるように、信心が定まるそのときに、阿弥陀仏はわたしどもを摂め取って決してお捨てにならないのですから、迷いの世界に生れ変り死に変りするはずがありません。だから、もはや迷いの世界に戻ることがないのです。しかしこのように知らせていただくことを、さとりだなどとごまかしていってよいものでしょうか。大変悲しいことです。
「往生浄土の真実の教えでは、この世において阿弥陀仏の本願を信じ、浄土に往生してさとりを開くのであると法然上人から教えていただきました」と、今は亡き親鸞聖人のお言葉にはございました。）

［解説］

■第十五条——一　善人悪人分け隔てのない教え

「煩悩具《ぼんのうぐ》足《そく》の身をもつて、すでにさとりをひらくといふこと。」から**「これまた易行《いぎよう》下《げ》根《こん》のつとめ、不《ふ》簡善悪《けんぜんあく》の法なり。」**までです。

「煩悩具足の身をもつて、すでにさとりをひらくといふこと。この条、もつてのほかのことに候ふ。」と、この条の冒頭は、**「もつてのほか」**と強い口調になっています。

「もう俺は悟りを開きましたよ」と言う人がいたのでしょう。それに対して唯円は、「煩悩具足の身でありながら、すでに悟りを開いたなどというのは、もってのほかです」と厳しく指摘します。

そして、今この身のまま悟りを開いたことを**「即身成仏《そくしんじょうぶつ》」**と言い、密教の根幹の部分だと説明します。「三密加持《さんみつかじ》」、つまり、心には仏を憶念し、身には印を結び、口には真言を唱えて、仏と一体になるその状態はまさに、その身のまま仏である。それが、**「三密行業《さんみつぎょうごう》」**の教えだと続けます。

また、「心身を清めて悟りへと至るのは、法華一乗の教えであり、天台宗の教え、法華宗の教えです」と唯円は、丁寧に説明しています。

さっきの「三密加持」は、身業《しんごう》・口業《くごう》・意業《いごう》の加持（仏と一体となる）を言いますが、これに誓願を加えて**「四安楽《しあんらく》の行」**となります。

すべての人を救うという願いを持って、悟りを開くのです。「これは法華一乗の教えです」となっています。

一乗について説明します。「三乗思想《さんじょうしそう》」というものがあります。「声聞《しょうもん》乗」「縁覚《えんがく》乗」「菩薩乗」の三つの道筋のことです。「声聞乗」は、自分の悟りに専念する出家者の道です。「縁覚乗」は師に拠らず悟りを目指す道です。

悟りは仏教の専売特許ではなく、「迷いの世界から離れる道」なので、仏教の教え以外からもそこに到達する人がいるわけです。しかし、これは自分勝手な悟りであるとされています。

ですから自他共に悟りを目指す「菩薩乗」が一番すばらしいとするのです。

「菩薩乗」を主張した人たちは、「声聞乗」と「縁覚乗」を非難しました。

しかし、この三つを全部合わせて「一乗《いちじょう》」であるとする『法華経』の教えがあり、それを「法華一乗」と呼びます。

そして、**「これみな難行上根《なんぎょうじょうこん》のつとめ、観念成就《かんねんじょうじゅ》のさとりなり。」**としています。つまり、「これらは厳しい修行をして、立派な人が歩む道、お釈迦様のような、きちんとした瞑想と修行をして悟りを開くという道」だとするのです。

息を引き取って、浄土に往生して悟りを開くのが他力の教えであり、今ここでは、金剛の信心の確立を目指すのです。これは**「易行下根のつとめ」**、誰もが実践できて、誰もが歩める道である、と。そしてそれは**「不簡善悪の法なり**（善人悪人分け隔てのない教えなんです）」と唯円は述べています。

■第十五条──二　慧解脱から信解脱に転換した浄土仏教

「おほよそ今生においては、煩悩悪障《ぼんのうあくしょう》を断ぜんこと、」から**「一切の衆生を利益《りやく》せんときにこそ、さとりにては候へ。」**までです。

いいテンポの名文だと思います。第十五条の文章を褒める人はめったにいませんが、それでは第十五条が気の毒なので、ここで褒めておきたいと思います。

「今生においては、煩悩悪障を断ぜんこと」が、難しいのは誰もが実感できます。

ここで唯円は、「煩悩を断つという道を歩まれている修行者の人たちだって、なかなか悟りを得られないので、来世往生することを願ったりしているでしょう。まして戒律や修行や智慧の獲得がとてもできない我々であればなおさらです」と言います。

やはり、業を智慧で滅するのが、仏教本来の教えです。

インド思想から言うと、智慧を獲得することによって、迷いの世界から脱する「慧《え》解《げ》脱《だつ》」なのです。ところが浄土仏教は明らかに、信心によって迷いから離れる「信《しん》解《げ》脱《だつ》」の道です。こちらも、古来のインド思想にあります。「慧解脱」から「信解脱」に転換したところに、浄土仏教の大きな特徴があると言えるでしょう。

智慧によって悟りを開くというのはとても困難な道である、だから阿弥陀仏の願いの船に乗ってこの迷いの世界を離れるのです。

「生死の苦海　ほとりなし」（『高僧和讃』）と親鸞は語っています。

我々の世界は、どこまで行っても迷いの世界。それが信解脱なんですね。この迷いの世界を離れるため、如来の船に乗る。

「報土《ほうど》の岸につきぬる」、真実の浄土の世界に到達すれば、煩悩の雲は晴れて、悟りの月はあかあかと自分を照らすんだ、と表現しています。

■第十五条——三　浄土の本当の教え

「この身をもつてさとりをひらくと候ふなるひとは、」から最後まで。

悟りを開いた人は、大きなところで三十二の身体的特徴があるほか、さらに細かい特徴が八十あるとされています。**「三十二相《さんじゅうにそう》」**を思いつくまま挙げますと、手に水かきがあるとか、眉間の白毫《びゃくごう》（※眉間にある右巻きの白い旋毛で、光を放つ）とか、螺髪《らほつ》（※仏像の丸まった髪の毛）など。**「八十随形好《はちじゅうずいぎょうこう》」**となると、舌が赤い、鼻が高いなどが挙げられます。

唯円はここで、「悟りを開いたと言っている人は、お釈迦様のようにいろんな神通力も備えて、**『三十二相・八十随形好』**も出ているんですか。それがあってこそ悟りを開いたと言えるんじゃないんですか」と、皮肉を書いているのです。こういうことも書く人だったんですね。

そして唯円は、『高僧和讃』の、「金剛の信心が定まったときに、仏の光に護られて、迷いの世界から脱出することができる」を引用し、決して捨てない仏の願い**（摂取して捨てたまはざれば）**によって、間違いなく迷いから離れることはできると述べて、「このことをちゃんと知らねばならないのに、悟ったと言い惑わしているのではないですか。大変悲しいことです」と歎きます。

「浄土真宗には、今生に本願を信じて、かの土《ど》にしてさとりをばひらくとならひ候ふぞ」

この場合の**「浄土真宗」**は、宗派の名前ではなく、浄土の本当の教えという意味ですが、「本願を信じて、この人生を生きて、そして息を引き取れば浄土に往生する、そう私は法然上人から教えていただきました」、そのように親鸞聖人がおっしゃいました、と唯円は記します。

■宗教の善悪・社会の善悪

こうしてみると、いろいろ揉めていたのだろうと思います。中には、「俺は悟りを開いた」と言う人もいたわけです。

ところで、前述しましたように、善悪の問題は『歎異抄』にとって大きなテーマです。また、我々も、『歎異抄』を通して取り組まなければならない問題でしょう。もちろん、ここで論じているのは宗教的な意味の善悪です。

宗教の善悪を考えていくと、社会の善悪とズレることがあり、また、社会の善悪ばかりに足をすくわれると、宗教的な善悪に思いが及ばないということもあります。

この辺りで、社会の善悪の規範に取り組む「倫理」について考えてみましょう。

よく「宗教と倫理は違う」と言われます。「倫理の枠組みでは、宗教の姿は見えないぞ」とも言います。その通りだと思います。

宗教は、倫理が扱わない領域まで侵入します。倫理は社会をうまく動かしていく人間の智慧であり、宗教は自分自身の苦悩と問題解決の道でしょうから、異なるところも大きい。

だからといって、宗教は倫理について考えなくていいかというと、そうではありません。宗教も徹底的に倫理について考えなくてはいけない。そういう態度を手放してはいけません。

社会とは別の枠組みを持っているからこそ、宗教は常に社会問題と向き合い、アプローチして、倫理について真摯に考える態度を持たないといけないと思うのです。

宗教を語る人は、ついつい「倫理と宗教は違うんだ」と一言で終わらせてしまうのですが、次章で倫理について少し考えてみましょう。そうすることで、倫理では解けない問題と出会ったりするに違いありません。

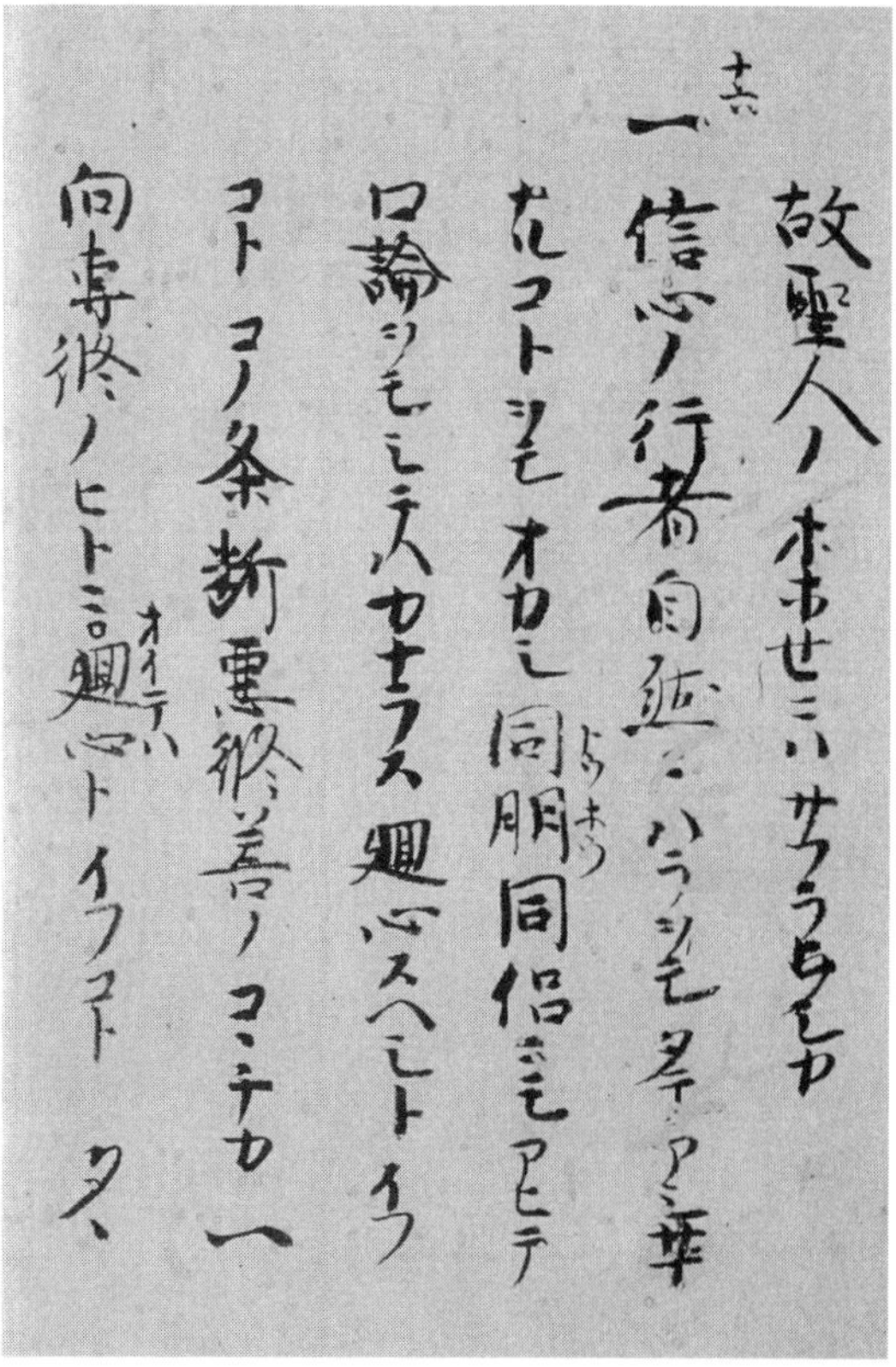
故聖人ノオホセニハサフラヒシカ
十六
一信心ノ行者自然ニハラヲモ立テアシ様
ナルコトヲモオカシ同朋《ドウホウ》同侶ニモアヒテ
口論ヲモシテハカナラス廻心スヘシトイフ
コトコノ条断悪修善ノコヽチカ一
向専修ノヒトニオイテハ廻心トイフコトタヽ

「蓮如上人書写本」（本願寺蔵）

■仏教という光に触れて柔らかくなる心と身体

他力の仏道のお話をここまで続けてきました。

経典によると、阿弥陀仏は第一願から第四十八願までの「誓願」を成就した仏であるとされています。

その第三十三願は、「触光柔軟《そっこうにゅうなん》」、または「身心柔軟《しんしんにゅうなん》」の願と呼ばれています。

仏教の教えという光に触れると、心も身体も柔らかくなるというのです。身体も柔らかくなるというのが面白い。柔らかな心とは、どんな心でしょうか。それは固い心の反対です。頑なな心、縮こまった心が、仏教の教えによって柔らかくなるのです。

新型コロナウイルス感染問題のような広範囲に渡る危機に際しては、不安や恐れによって、どうしても心が縮こまってしまいます。そうなると、攻撃性が高まり、排他や差別が生じやすくなります。

ウイルスの伝染も怖いのですが、縮こまった心の伝染も怖い。日本赤十字社では、ウイルスの感染を第一の感染、不安や恐れの感染を第二の感染、差別の感染を第三の感染としています。第一と第二の感染は避け難いですが、第三の感染は回避できるはずです。

ところで、第十四条から第十八条までは、『歎異抄』の中でもあまり盛り上がらないところです。このあたりを飛ばしたりしている解説書も少なくありません。というのも、当時の問題なので、現代人に響くところが少ないのです。

たとえばこれから読む第十六条は、懺悔《さんげ》について、すなわち罪を悔い改める問題が出てきます。懺悔自体を、悪いとは思いませんよね。もちろん仏教でも否定する行為ではないのですが、そこにも落とし穴があると『歎異抄』は主張します。

あるいは、「お浄土にも、真実のお浄土と、仮のお浄土があるんだ」と論じていきます。浄土の真と仮を気にしている現代人は少ないでしょう。お浄土自体、リアルではない。ですからこのあたりは、「もしこの教えが好き勝手に広まると、どういう危うさがあるのか」を想像して読んでください。

そして、きちんと経典に基づいているか、という点が大事です。外してはいけないところです。

たとえば、『観無量寿経』という経典には、様々な瞑想によるビジョンが、とても細かに出てきます。そして、「これ以外のビジョンが観えるなら、それは君の妄想だから気をつけろ」とあります。行者の実体験を積み重ねてできた思想なので、自分勝手な理屈を振り回すとすごく危ないのです。『歎異抄』も同じです。

宗教体系というのは随所にストッパーを設定してあり、自分勝手な方向に行かないように工夫されています。オウム真理教事件では、「ポア」というチベット仏教における「死者の魂を阿弥陀様に移す行法」を、勝手に解釈していたことが判明しました。殺人を肯定する考えへと暴走させていたのです。無理に解釈すれば、そう言えなくもない可能性はあります。それだけに、しっかりと経典や仏教のベースを踏まえなければいけません。

■第十六条を読む

［第十六条］

一　信心の行者、自然《じねん》にはらをもたて、あしざまなることをもをかし、同朋同侶《どうぼうどうりょ》にもあひて口論をもしては、かならず回心《えしん》すべしといふこと。この条、断悪修善《だんあくしゅぜん》のここちか。

一向専修《いっこうせんじゅ》のひとにおいては、回心といふこと、ただひとたびあるべし。その回心は、日ごろ本願他力真宗をしらざるひと、弥陀の智慧をたまはりて、日ごろのこころにては往生かなふべからずとおもひて、もとのこころをひきかへて、本願をたのみまゐらするをこそ、回心とは申し候へ。一切の事《じ》に、あしたゆふべに回心して、往生をとげ候ふべくは、ひとのいのちは、出づる息、入るほどをまたずしてをはることなれば、回心もせず、柔和忍辱《にゅうわにんにく》のおもひにも住《じゅう》せざらんさきにいのち尽き〔な〕ば、摂取不捨《せっしゅふしゃ》の誓願はむなしくならせおはしますべきにや。口には願力をたのみたてまつるといひて、こころにはさこそ悪人をたすけんといふ願、不思議にましますといふとも、さすがよからんものをこそたすけたまはんずれとおもふほどに、願力を疑ひ、他力をたのみまゐらするこころかけて、辺地《へんじ》の生《しょう》をうけんこと、もつともなげきおもひたまふべきことなり。信心定まりなば、往生は弥陀にはからはれまゐらせてすることなれば、わがはからひなるべからず。わろからんにつけても、いよいよ願力を仰ぎまゐらせば、自然のことわりにて、柔和忍辱のこころも出でくべし。すべてよろづのことにつけて、往生にはかしこきおもひを具せずして、ただほれぼれと弥陀の御恩の深重《じんじゅう》なること、つねはおもひいだしまゐらすべし。しかれば、念仏も申され候ふ。これ自然なり。わがはからはざるを自然と申すなり。これすなはち他力にてまします。

しかるを、自然といふことの別にあるやうに、われ物しりがほにいふひとの候ふよしうけたまはる、あさましく候ふ。

（現代語訳：本願を信じて念仏する人は、おのずと、ふとしたことで腹を立てたり、悪いことをしたり、同じ念仏の仲間と口論をしたりしたなら、必ずそのたびに悪い心をあらためなければならないということについて。

このことは、悪を断ち切り、善を修めて浄土に往生しようという考えなのでしょうか。

本願を信じてひとすじに念仏する人にとって、心をあらためるということは、ただ一度だけあるものです。それは、つねひごろ本願他力の真実の教えを知らないで過している人が、阿弥陀仏の智慧をいただき、これまでのような心のままでは浄土に往生することはできないと知って、その自力の心を捨てて本願のはたらきにおまかせすることであり、これを「心をあらためる」というのです。

あらゆることにつけて朝夕に悪い心をあらためてこそ往生することができるというのであれば、人の命は息を吐いてふたたび吸う間もないうちに終るものですから、心をあらためることもなく、安らかで落ちついた思いになる前に命が終ってしまったなら、すべての人々を摂め取って決して捨てないという阿弥陀仏の誓願は意味のないことになるのでしょうか。

口では本願のはたらきにおまかせいたしますといいながら、心の中では、悪人を救おうという本願がどれほど不可思議なものであるといっても、やはり善人だけをお救いになるのだろうと思うから、本願のはたらきを疑い、他力におまかせする心が欠けて、辺地といわれる方便の浄土に往生することになってしまうのです。これこそ、もっとも悲しくお思いになるべきことです。

　信心が定まったなら、浄土には阿弥陀仏のおはからいによって往生させていただくのですから、わたしのはからいによるはずがないのです。自分がどれほど悪くても、かえってますます本願のはたらきの尊さを思わせていただくなら、その本願のはたらきを受けておのずと、安らかで落ちついた心もおこるでしょう。浄土への往生については、何ごとにもこざかしい考えをはさまずに、ただほれぼれと、阿弥陀仏のご恩が深く重いことをいつも思わせていただくのがよいでしょう。そうすれば念仏も口をついて出てまいります。これが、「おのずとそうなる」ということです。自分のはからいをまじえないことを、「おのずとそうなる」というのです。これはすなわち阿弥陀仏の本願のはたらきなのです。

　それなのに、おのずとそうなるということが、この本願のはたらきの他にもあるかのように、物知り顔をしていう人がいるように聞いておりますが、実に歎かわしいことです。）

［解説］

■回心はただひとたび

冒頭、**「信心の行者」**とあります。この「行者」とは、念仏の道を歩く人のことです。「信心と念仏」、この二つがそろって、正しい他力の道を歩んでいる人なのです。

その次の**「自然《じねん》にはらをもたて、」**は、「ふとしたことで腹を立てる」という意味になります。

つまり、正しい他力の道を歩んでいる人が、ふとしたことで腹を立てたり、悪いことをしたり、同じ念仏の仲間と口論したなら、必ず**「回心《えしん》すべし**（その都度、悪い心を改めなきゃいけない）」ということです。

我々からすれば、「ああ、そうだな」と思うのですが、唯円はそのあとすぐに、**「この条、断《だん》悪修善《あくしゅぜん》のここちか。」**と否定しています。「これは悪を断って、善を修めて浄土に往生しようとする考えじゃないか」と問題にするのです。

これまで『歎異抄』を読んでこられた方はご存知のように、他力の教えは、「悪も善も往生の条件ではない」でした。だから、「悪を断って、善を修めなきゃいけない」というのは他力の教えから外れることになるわけです。

さらに唯円は、**「一向専修《いっこうせんじゅ》」**、つまり「ただ信心の念仏の道を歩む人」においては、**「回心**（心が大きく転ずること）」は、ただ一度だけのことだと主張します。

「回心という大転換。これは常日頃、他力の真実の教えを知らずに暮らしている人が、阿弥陀様から智慧をいただいて、自分の常識的な心のままではとても往生できないと理解し、元の心を転換させて、本願にお任せすることだ。自力の心を捨てて本願の働きにお任せする。これが回心だ」と説きます。

お気付きでしょうか。唯円が批判している人の言う「回心」と、唯円が語る「回心」はかなり違います。前者は「悪を悔い改める回心」であり、後者は「自力の心を他力の心へ大転換する回心」です。

■はからいを捨てる

続きを見ていきましょう。

「朝に夕べに心を改めなければ往生できない」と主張する人がいたのでしょう。

しかし、人の命は一呼吸の間に終わってしまうようなものなのだから、「悪を犯して悔い改める間もなく亡くなった人は、往生できないことになってしまうじゃないですか」と、唯円は言います。**「柔和忍辱《にゅうわにんにく》**（安らかで落ち着いた、耐え忍ぶ心）**」**になる前に命が尽きてしまったら、全ての人を救うという阿弥陀仏の誓願が、意味のないことになってしまうじゃありませんか、というわけです。

口では阿弥陀様に救われていきますと言っておきながら、心では悪人こそが救われるという不可思議の働きを疑っている。やはり善人が救われると何処《どこ》かで思っているからそんな話になる。

本願の働きを疑い、他力にお任せするという心が欠けていると、「辺地」と呼ばれる方便の浄土に往生することになってしまいます、と注意を促します。この**「辺地の生《しょう》をうけんこと」**という表現は、次の条にも出てきます。

浄土には「真実報土」という真実の浄土と、「方便化土《ほうべんけど》」という仮の浄土があります。他力念仏の人は「真実報土」に生まれ、すぐに成仏できますが、自力念仏の人は、仮の浄土でしばらく過ごして、やがて真実報土に生まれます。そう経典に出てくるのです。

「悪を断ち、善を修めなくてはいけないと思っている人は、この仮の浄土へと往生します。それは大変悲しいことだとお考えください」とあります。なぜ悲しいかというと、信心が定まれば往生は阿弥陀様の働きによって間違いないのですから、自分のはからいではないのです。ここです。**「わがはからひなるべからず」**。宗教的な問題なのです。

自分のはからいを捨てていく、自分のはからいを捨てたところに、他力の世界が広がる。「自分の悪というのをちゃんと自覚して、本願の仏様にちゃんとお任せすれば、柔和忍辱という心も自然に出てくるんじゃないですか」としています。

人間のたかが知れた小賢《こざか》しい知恵で、広大な仏の世界を解釈しようとするのでこういうことになってしまう。ただはからいを捨てて、ほれぼれと阿弥陀仏にお任せするんだ。そうすれば、念仏も口をついて出てくる。

「これ自然なり。わがはからはざるを自然と申すなり。これすなはち他力にてまします。」

これが他力の教えです、と『歎異抄』の著者は語りかけてきます。

自分のはからいを交えなければ、自ずと浄土へと往生していく。それが仏様の願いの働きです。それなのに、そのことがわからずに物知り顔で、「お前、そんなんじゃダメだから回心せよ」と裁こうとするリーダーがいたのでしょうね。

回心というのは悔い改めることではなく、自力から他力へと転換することなんだ。そのようなことが第十六条には説かれています。

■「こうあるべき」をへし折られて、身も心もまかす

それにしても、我々は、本当に任せ切れないんですね。つい自分の知恵を働かせ、「こうあるべき」を手放せない。この、「こうあるべき」がへし折られないと、なかなか身も心もまかすことが成立しません。大変難しいことを、親鸞は言っていると思います。どうしても、これが正しいとか、こうすべきだとか、知恵を働かせる。自分のものさしで人を裁いてしまいます。『歎異抄』は、善と悪の問題が繰り返し出てきますが、読めば読むほど現代の倫理学にうまく当てはまりません。宗教の問題なのです。

　このあたりの論でも少し感じることですが、社会の規範たる倫理とは異なる理《ことわり》がありますね。『歎異抄』は、終始一貫して宗教による立論となっています。だから宗教について深く考察するとき、『歎異抄』は良いテキストだと思います。

『歎異抄』は他力の仏道に立って述べられているので、**「ただ念仏のみぞまこと」**なのです。念仏だけが真実であって、我々はニセモノですし、この世界もニセモノなんです。こうなると、倫理も独特のものになってしまいます。

　ここで、現代倫理学について少し概観してみたいと思います。

■現代倫理学の義務論・功利主義・徳倫理

　現代倫理学は、「規範倫理学」と「非規範倫理学」に分けることができます。「非規範倫理学」のメタ倫理学や記述倫理学はこの際横に置いて、「規範倫理学」を取り上げてみましょう。

現代社会を支える倫理観に、「規範倫理学」の義務論と功利主義の二本柱があります。現代の倫理の理屈は、この二つでおおよそできているとお考えください。

さらにもう一つ、別カテゴリーで徳倫理《とくりんり》というのがあります。後ほど、これにも触れたいと思います。

■義務論――どんな条件もなくただ尊重される

義務論は、カント（※イマヌエル・カント。一七二四〜一八〇四年、ドイツの哲学者。主著に『純粋理性批判』『実践理性批判』）に始まり、ロールズ（※ジョン・ボードリー・ロールズ。一九二一〜二〇〇二年、アメリカの社会哲学者。主著に『正義論』）などが思想展開しました。人間の理性・合理性に基づいた倫理学です。

普遍性が高い、いつの世にも、どの国にも、どの民族にも通用する、善とはそういう行為だとします。

例えば有名なカントの定言命法があります。人間の行為は、仮言命法で語られるものと、定言命法で語られるものがあるというのです。仮言命法というのは、「もし、こうであればこうすべきだ」という行為のあり方です。対して、定言命法は条件がありません。無条件で「こうすべき」というのがあるのです。

つまり、「嘘をつくな」「人を殺すな」といった命題に条件は必要ないというのです。

「なぜ嘘をついちゃいけないの？」

「なぜ人を殺しちゃいけないの？」

そんな問いは成り立ちません。この問題に関しては、「嘘をつくな」「殺すな」という結論しかないとします。それは普遍的なものだから。

理性に耳をすませ、とカントは言います。「自分の理性を根拠にすれば、必ずその正解が見えてくるはずだ」とするのが義務論の特徴です。

アメリカの哲学者ジョン・ロールズは、「無知のベール」という面白い思考実験に言及しています。ここにベールがあるとします。これをかぶったら、自分は男か女かわからないし、どんな境遇、どんな社会的地位かも一切わからなくなります。「そんなベールをかぶったときに、あなたはどんな社会を望みますか」と考える思考実験です。

ベールを外したら、IT企業のとんでもないお金持ちかもしれないし、今日生きるのも苦しいような弱者かもしれません。自分が何者か一切わからないとき、私たちはどんな社会を望むでしょう。やはり、どんな立場の人も暮らせる社会を望むのではありませんか。それこそが、個人の自由を互いに尊重し合いながら実現する社会正義だとロールズは言います。

また、義務論では、交換不可能な価値を「尊厳」と呼びます。人間の尊厳が尊重されるのに、何の条件もいらないのです。「〜の人だから」、という条件付きで尊厳が守られるというのではダメなのです。全く無条件で、一人の人間の尊厳は守られなくてはいけません。

この尊厳は一人の人間にとって、一人以上でもなければ一人以下でもありません。常にその人の人格が尊厳として尊重されなければいけません。

神奈川県の障害者施設・津久井やまゆり園で、殺傷事件がありました。一人の青年によって、十九人が殺されたのです。裁判でわかったことですが、最初、犯人は「こいつは話せるか」と聞いて、職員が「しゃべれません」と答えたら刺殺してしまいます。

そこで、職員は「この人はしゃべれます」と答えるようにするのですが、助かった人がいた一方で、それでも犯人は殺すようになるのです。

犯人は「コミュニケーションがとれないなら、生きる価値はない」といった極度に偏向した考えをもっていて、最初は「しゃべれるのか」と確認したのですが、後は無差別に殺害していきました。これは一種のスリッピースロープです。いったんタガが外れると止まらなくなる。どこかできちんとしたストッパーを設定しなくてはなりません。

そして、この事件のように、人間の価値が「しゃべれる」「しゃべれない」で決まっていいはずはありません。

それこそが、義務論がいう、どんな人も尊重されるのに一切の条件はいらない、ということです。

カントはそう生きようとした人でした。生涯独身で、ほとんど自分が生まれた場所を出なかった人生でした。

高齢になったカントが入院していた時のエピソードがあります。カントは、ドアがコンコンとノックされたら、「しばしお待ちください」と言ってパジャマを脱いで、ちゃんと着換えて、「お入りください」と迎えるのです。

コンコンと叩いたのは、掃除のおばちゃんかもしれないし、カントが尊敬する大学の先生かもしれない。しかし、そこには何の条件もないのです。とにかくどんな人であろうと、あなたを尊重しますというのを目指したわけです。

義務論は人類の到達点の一つです。ここを手放してしまうと、我々の社会は別のものになってしまいます。もちろん実際には、すべての人が尊重される社会というのは達成できないし、今だってそんなことになっていません。なっていませんが、これを手放してはダメです。すべての人が尊重されるというのは、苦労に苦労を重ねて、やっと人類が手に入れたところですから。しかも、ここに到達したのは、つい最近のことなんです。だからこれを死守せねばならないという面はあると思います。

■功利主義——幸福度が高い方が善という考え方

もう一つは功利主義です。

功利主義は、ベンサム（※ジェレミー・ベンサム。一七四八〜一八三二年、イギリスの法学者・倫理学者。主著に『政府論断片』『高利擁護論』）やミル（※ジェイムズ・ミル。一七七三〜一八三六年、イギリスの歴史家・哲学者。主著に『英領インド史』『経済学綱要』）やスペンサー（※ハーバート・スペンサー。一八二〇〜一九〇三年、イギリスの哲学者。主著に『総合哲学体系』『生物学の原理』）などが提唱しています。大まかにいうと帰結主義という倫理学の一つの分野が、功利主義です。諸要素と合算して幸福の度数の高い方が善だ、という考え方です。

結果的に、個人の幸福や社会の幸福が最大になるような行為を選択しようとするわけです。そのために引き受けなければならないダメージがある、とも考えます。

ダイエットするのがすごく辛いとしましょう。苦痛はマイナスポイントです。でもダイエットすることで結果的に得られるプラスポイントが大きければ善だとします。

トリアージという治療の順番を決める方法もそうです。一刻も早く治療すべき人と、後回しにしてもいい人と、緊急度に従って優先順位を決めます。誰もが早く診てもらいたいのですが、医療資源には限りがあるので、一刻を争う人から診るわけです。個々人にとっては不利益を被ることもありますが、全体からみればその方が善となるわけです。

新型コロナウイルスによる自粛もそうです。もちろん不利益を被っている人は多くいますが、社会全体としては必要な措置となる。こういう場合、功利主義の理屈が大事になってきます。

■徳倫理——状況倫理について考える

そして、義務論と功利主義の二つに異を唱える形で、徳倫理《とくりんり》というものがあります。もともと古代からある倫理なのですが、もう一度これを掘り起こしたのがエリザベス・アンスコム（※一九一九〜二〇〇一年、イギリスの哲学者。主著に『インテンション』、論文「現代の道徳哲学」）という哲学者です。良心、思いやり、公平さなどで倫理を考えていきます。

先の二つとは理屈が違い、人間形成みたいなものを、古代のアリストテレス（※前三八四〜前三二二年、ギリシャの哲学者。主著に『形而上学』『ニコマコス倫理学』）に遡って考えていくのが徳倫理です。

例えば、自分が入院しているときに、遠くからわざわざお見舞いに来てくれた人がいたとします。

「ありがとう、忙しいのによく来てくれたねえ」と喜んだら、「いやいや、義務なので来ました。来た方があなたは私に好意を持つでしょう。これからの仕事もうまくいくと思うので」と言われたとします。

「義務なので来ました」は義務論的には正しいし、「これからの仕事もうまくいく」も功利主義として正しい。ですが、この態度が善であるとは考えにくいでしょう。こういうことも起こるわけですよね。そこを考え直そうというのが徳倫理の考えです。

余談ですが、『歎異抄』に出てくる倫理は、「フレッチャー（※ジョセフ・フレッチャー。一九〇五～九一年、アメリカの神学者・思想家。主著に『状況倫理』）がいう状況倫理だ」と主張する人がいます。

倫理学の中に、状況倫理というのがあります。善とか悪は、その場の状況によって変わるんだというものです。確かにそうですよね。『歎異抄』を読んでいると、善と悪もわからないと言いますし、自分は状況によって何をしでかすかわからない、そういう話が出てきます。そこからすれば当てはまるように思えますが、状況倫理も、他の倫理学と同様、人間の理性を頼りにしています。「この状況において、何が善かをちゃんと、理性で判断しよう」というのが状況倫理です。

ですが、『歎異抄』はそういう話ではありません。一歩間違えたら、何をするかわからない自分。そこを宗教的問題として取り上げているのです。状況倫理とは立場的に違うのです。

■思考実験・二律背反

有名な思考実験をいくつかご紹介します。

友人が、「かくまってくれ」と家に逃げ込んで来ました。すると、すぐ後に、その友人を殺そうとする者が来て、「ヤツはどこに居るんだ」と尋ねます。

このとき皆さんはどのような態度をとるでしょうか。「あ、その人ですか、そこにいます」と吉本新喜劇みたいなことをしますか。

義務論ではそうなります。どんな場合も嘘をついてはダメですから。カントもこの問題について考えています。

嘘をつくという行為は、自分の意思です。これは悪です。でも、自分が嘘をつかないという善の行為（この場合は、友人の居るところを教える）をした結果、友人が殺されるのは自分は意図していないことである、だからそこに責任はないと言うのです。

これをダブルエフェクト（二重結果論）と呼びます。

実は、キリスト教で人工妊娠中絶に反対する人も、このダブルエフェクトをとる人が多いのです。中絶を一切認めない。では、母体に危険がある場合はどうか。中絶をすればお母さんが助かる可能性があってもダメだと言います。中絶は胎児を殺すという明確な殺人の企図になるからです。一方で、中絶せずにお母さんが死ぬのは意図しない二番目の結果であるとします。
このように、義務論は、素晴らしい理論ではあるのですが、現実生活の中では難しいところも出てきます。

一方、功利主義もなかなか難しい。ちょっと考えてみましょうか。

有名なトロッコ問題があります。

大きなトロッコが暴走しています。レールの先には五人の人がいる。五人ともトロッコに気づいていない。このままだと五人が死んでしまいます。たまたまレールのポイントを切り替えるスイッチの場所に自分がいます。自分だけがその状況を俯瞰《ふかん》することができる。自分だけがスイッチを切り替えることができる。ただ、ポイントを切り替えると、今度はその先にいる一人が死にます。皆さんはこのとき、ポイントを切り替えますか、どうですか。一度真剣に考えてみてください。

功利主義だと切り替えるのが善です。とはいえ、功利主義だからといって簡単には結論が出ないコンフリクト（葛藤）の問題なんです。

他にも有名なものがあります。

四人が船に乗って遭難しました。このままだと四人とも死んでしまいますが、一人殺して三人なら、救助まで水や食料が保つとしましょう。この場合、一人を殺すのは善か悪か。

功利主義だと殺すのを善とする可能性が出てきます。それでは、この中の三人は家族がいるが、ひとりは天涯孤独で悲しむものは誰もいない、としたらどうでしょう。家族がいない人を殺していいか。義務論だとダメですよね。

では、三人はノーベル賞級の科学者で、この後この人たちが生き延びれば、全世界の人類が何千万人も救われるかもしれない。ひとりはただの水夫です。水夫を殺すのは善か悪か。あるいは、ひとりは連続殺人犯。今までたくさんの人を殺《あや》めている。殺すのは善か悪か。または、ひとりは末期癌。何日も生きられない。他の人はその人が死ねば生きられる。そうなればどうでしょうか。

もちろん、簡単には結論が出ません。葛藤が生じます。こういうのをジレンマと言いますね。正確には、「ディレンマ」です。「ディ」というのは「2」という意味で、「レンマ」はインドの「シュコーティ」のギリシャ語訳です。日本では「律」と訳されています。二律背反《ディレンマ》。二つの律です。律というのは原則です。原則が二つ生まれたとき、我々はそこでコンフリクト（葛藤）状態になる。人類は、このようなシンプルには解けない課題と向き合うことで知情意を鍛錬してきました。

■空の論理

テトラレンマ（四句分別）というのをご存知でしょうか。少し横道にそれますが、仏教に関わる問題なので、これもご紹介しましょう。

現代思想には、ロゴスとレンマとを対比させる考え方があります。ロゴスは論理や言語を指します。レンマは先ほど申し上げた「律」なのですが、矛盾をそのまま体得する知性といった意味で使われます。

ロゴスの基本形である〝形式論理学の三原則〟を列挙しましょう。

一つ目は、「Ａは事実である」。これは同一律と言います。

二つ目は、「Ａが事実であれば、非事実ではない」。これを矛盾律と言います。

三つ目は、「Ａは事実か、非事実かのどちらかである」。これを排中律《はいちゅうりつ》と言います。ロゴスはこんなふうに出来上がっています。

ところが、インド人が古代から考えてきたレンマはこんなふうになりません。レンマだと、「Ａは事実であり、非事実である」とか、「Ａは事実でもなく、非事実でもない」という論理を持っています。これを定句化したのが、テトラレンマです。

このような矛盾・二律背反を駆使して、空《くう》という論理を打ち立てた人がナーガールジュナです。ナーガールジュナによって、このレンマの理屈が完成しました。ナーガールジュナはこの世界の言語ゲーム性を喝破して、そこからの離脱を説きました。

空は単なる論理ではなくて、宗教体験に基づいています。体験や直観では、「事実であり、非事実である」などの非論理的矛盾があり得ますよね。宗教体験の中には、善でもあり悪でもあるということが、簡単に出てきます。

東洋の論理が、西洋の論理を打ち破るものとして、しばしばこのレンマが使われます。西田幾多郎は「絶対矛盾的自己同一」と言いました。矛盾したものが自分の中に存在する。矛盾を抱えたまま生きなければならない。

我々が生きているうちでしばしば起こることであります。

■エビデンスベースとナラティブベース

どの倫理も、人間の理性の合理的判断に基づいています。しかし、人間は、そんなに合理的に判断できるのでしょうか。行動経済学（※人間の心理的・感情的側面の現実に即した分析を行う経済学。経済学と心理学が融合した新領域）が、倫理の別の部分を考えるのにいいヒントになるのでご紹介します。というのも、行動経済学は、「人間はそんなに合理的に判断できない」と考えるのです。面白いでしょう。経済学だから合理的にできているのかと思ったらそうではないのです。

「八十％の確率で四万円が当たる」と「百％の確率で三万円が当たる」の二者択一だと、どちらを選択しますか。あるいは、「二十％の確率で四万円が当たる」と「二十五％の確率で三万円が当たる」とでは、どちらを選びますか。

統計を取ると、多くの人は「百％の確率で三万円が当たる」と「二十％の確率で四万円が当たる」を選びがちです。当然、個人差はあります。そのときの自分の金銭的状況も左右します。それでも基本的には、確実性の高い方を人間は選択する、「確実性の法則」というのがあります。

しかし、確実性なら、「二十五％の確率で三万円が当たる」方が高いのですが、「二十％の確率で四万円が当たる」を選ぶ人が増えるというのは、確実性だけでは解けないことがあると思わされます。
「この手術の生存率は八十五％です」というのと、「この手術の死亡率は十五％です」という場合、エビデンス（※科学的根拠）は同じです。ところが、「生存率八十五％」と言われる方が手術を受ける人が多くなります。エビデンスのベース（基盤）だけで判断しているわけではないのです。提示の仕方でも変わりますし、自分の置かれている状況でも変わります。

語りでも変わります。いかにも頼りなさそうなお医者さんが、「これ、生存率八十五％です」と言うのと、信頼できそうなお医者さんが、「死亡率十五％ありますよ」と言うのとは違います。我々はエビデンスベースで判断しようとするのですが、いつも理性で合理的に判断できるかというとそうではなくて、語りによって変わるのです。

「物語る」という人間にとって大きな営みをナラティブと言います。ナラティブは宗教の根幹に関わっているので、私はいつもこちらを強調しています。

「エビデンスではわからないこと、いっぱいあるでしょう」とお話しすることが多いのですが、新型コロナウイルス問題のような状況では、「ナラティブに振り回されてはダメです」などと発言しています。エビデンスの方を見ていかなくてはいけません。ナラティブによっては、必要以上の不安に陥れられたりしますし、タカを括《くく》ってしまうこともあります。ナラティブベースの危ないところです。

倫理も同じです。エビデンスだけでも解決しませんが、ナラティブだけで誘導されるのも具合が悪いのです。

■事実と価値は必ずしも一致しない

　また、エビデンスに基づく事実の問題と、ナラティブに基づく価値の問題が必ずしも一致しなかったりもします。

　治療すれば治りますという事実と、治療すべきだという価値は一致しなかったりするでしょう。典型例が輸血拒否をする教団です。まさに信仰の価値の方が優先されるわけです。神の裁きを受けて、天国と地獄にふり分けられるような信仰を持っていたりしますと、自分の人生など百年生きたとしても短いものです。神との約束を破って永遠の地獄に行くなら、十年や二十年早く死んだとしても、輸血を拒否して死ぬ方を選ぶ、ということは起こります。

　事実と価値は必ずしも一致しないことも含めて、倫理の原則をこんなふうに考えてみたいと思います。一つは事実と価値について考える。二つ目として、普遍性・一貫性について考える。そして三つ目、公平性（すべての人に公平であるかどうか）について考える。

　以上の三つが、倫理問題についての原則だと言えるのではないでしょうか。

　いずれにしても、一つの問題について、正しい行為・善なる行為が何であるのかは、とにかくシンプルではありません。

　そして、これらの行き着くはてに『歎異抄』は出てきます。徹底的に倫理について考え、善なる行為や悪なる行為と向き合って、「なんて思い通りにいかないんだ」となったとき、『歎異抄』の言葉が光るのです。

■第十七条を読む

[第十七条]

一　辺地往生《へんじおうじょう》をとぐるひと、つひには地獄におつべしといふこと。この条、なにの証文にみえ候ふぞや。学生《がくしょう》だつるひとのなかに、いひいださるることにて候ふなるこそ、あさましく候へ。経論《きょうろん》・正教《しょうぎょう》をば、いかやうにみなされて候ふらん。

信心かけたる行者は、本願を疑ふによりて、辺地に生じて、疑の罪をつぐのひてのち、報土《ほうど》のさとりをひらくとこそ、うけたまはり候へ。信心の行者すくなきゆゑに、化土《けど》におほくすすめいれられ候ふを、つひにむなしくなるべしと候ふなるこそ、如来に虚妄《こもう》を申しつけまゐらせられ候ふなれ。

（現代語訳：辺地といわれる方便の浄土に往生する人は、結局は地獄に堕ちることになるということについて。

このことは、どこにその証拠となる文があるのでしょうか。これは学者ぶった人の中からいいだされたと聞きますが、あきれた話です。そのような人は経典や祖師がたの書かれたものをどのように読まれているのでしょうか。

信心の欠けた念仏者は、阿弥陀仏の本願を疑うことにより、方便の浄土に往生し、その疑いの罪をつぐなった後、真実の浄土においてさとりを開くとうかがっております。

本願を信じて念仏するものが少ないので、仮に方便の浄土に多くのものを往生させておられるのです。それが結局意味のないことであるようにいうのは、それこそ浄土の教えをお説きくださった釈尊が嘘いつわりをいわれたと申しあげておられることになるのです。）

［解説］

■自力念仏の人は辺地に生まれる

いやあ、面白い文章だと思いますね。

冒頭の**「辺地往生《へんじおうじょう》」**の「辺地」は、以前にも出てきた仮の浄土のことです。自力の人が往くところです。真の浄土は他力で往く世界なので、自力の人は「辺地」に生まれます。この「辺地」に生まれた人も間違いなく真実の浄土に導かれていくんですよ、と経典に書いてあるのですが、当時、「辺地に生まれた後、地獄に行く」と主張していた人がいたようです。ここでは、「そんな教えは一体どこに書いてあるんだ」と批判しています。

「学生《がくしょう》だつるひとのなかに（学者ぶった人の中に）**」**、そう主張する人がいたんですね。「なんて話なんだ、この人は経典や論釈書をどう読んでいるんだ」と呆れています。

第十六条には**「信心の行者**（他力の念仏者）**」**とありましたが、ここでは**「信心かけたる行者」**と出てきます。自力念仏の人です。自力念仏の人は本願を疑うので、「辺地」に生まれるのです。

ですが、「仮の浄土（辺地）に生まれた人も間違いなく報土（真実の浄土）で悟りを開くのだと私は教えていただきました。信心の行者は少なく、仮の浄土に生まれる人の方が多い。でも、その人たちだって、決して地獄に行ったりすることはありません。それはちゃんと経典に出ているじゃないですか、お経が嘘を言っているというんですか」と力説しています。
それにしても、仮の浄土があるという教えが興味深い。自力の人も救われるとする段階的な世界が経典に説かれているのです。

■経典から外れてはいけない

親鸞の『高僧和讃』に、「報土往生と化土往生」が詠まれています。

「報の浄土の往生は　おほからずとぞあらはせる　化土にむまるる衆生をば　すくなからずとをしへたり」

真実の浄土に往く人は多くなく、仮の浄土へ生まれる人は少なくない、とあります。
さらに『愚禿鈔』にはこうあります。

「一に難思議往生《なんじぎおうじょう》は大経《だいきょう》の宗なり、二に双樹林下往生《そうじゅりんげおうじょう》は観経《かんぎょう》の宗なり、三に難思往生《なんじおうじょう》は弥陀経の宗なり。」

阿弥陀仏の四十八願のうち、第十八願・第十九願・第二十願に、浄土三部経や三つの往生などを当てはめた「六三法門《ろくさんほうもん》」と呼ばれる親鸞思想があります。
『愚禿鈔』のこの文章では、「三往生」を振り分けて、「難思議往生」は第十八願、「双樹林下往生」は第十九願、「難思往生」は第二十願としています。

三願	三経	三門	三蔵	三機	三往生
第十八願	仏説無量寿経	弘願	福智蔵	正定聚	難思議往生
第十九願	仏説観無量寿経	要門	福徳蔵	邪定聚	双樹林下往生
第二十願	仏説阿弥陀経	真門	功徳蔵	不定聚	難思往生

そして、第十九願は『観無量寿経』の教えだとします。『観無量寿経』には善根功徳を積んだり、瞑想したりして往生する教えが説かれています。様々な善を行って浄土に生まれようとする人のことで、この人たちは仮の浄土に往きます。

第二十願は『阿弥陀経』の教えで、自力の念仏の人。他力の念仏になっていないので、仮の浄土に生まれます。

そして他力の念仏の人は第十八願、『無量寿経』に説かれている教えです。

親鸞は、第十九願から第二十願に入り、ついには第十八願へと到ることを『教行信証』に書いています。これを「三願転入《さんがんてんにゅう》」と言います。以前にもお話ししましたね。

「三願転入」は、二つの点でよく議論されています。一つは、これは親鸞が自分の体験を述べたものだろうか、それとも経典の教えを図式化したものだろうか、といった論点です。もう一つは、我々も第十九願・第二十願・第十八願と転入していかねばならないのか、それともそんな必要はなくて、いきなり第十八願に行けばいいのか、という問題です。

親鸞はほとんど自分の経歴について書き遺さなかったので、これが果たして自身の体験かどうかは不明です。ですが、比叡山から離れて法然門下へと入ったことを、**「建仁辛酉の暦、雑行《ぞうぎょう》を棄てて本願に帰す」**（『教行信証』「化身土巻」）と書いています。これなどは、三願転入思想のベースとなった経験でしょう。それに「三願転入」の文章は、実感がこもった筆致なので、親鸞自身の歩みと重なっていたと思われます。

私は、親鸞の〝信心〟に、道元が語る〝悟り〟と共通している印象をもっています。信心の智慧によって、迷いの自分が見えてくる。その身のまま如来と等しくなる、それが親鸞の信心です。道元が言う「座禅をすれば迷いの自分が見えてくる」と同じです。

ただ、禅は師匠によって導かれますが、浄土真宗は全員横並びなので、依り処となるのは経典です。経典から外れてはいけない。

経典に基づいた教えの体系があるのに、それを無視して、地獄に行くと言っている人たちを批判したのが第十七条です。

■第十八条を読む

［第十八条］

一　仏法の方《かた》に、施入物《せにゆうもつ》の多少にしたがつて、大小仏《だいしょうぶつ》に成るべしといふこと。この条、不可説なり、不可説なり。比興《ひきょう》のことなり。

まづ、仏《ぶつ》に大小の分量を定めんこと、あるべからず候ふか。かの安養浄土《あんにょうじょうど》の教主《きょうしゅ》（阿弥陀仏）の御身量《ごしんりょう》を説かれて候ふも、それは方便報身《ほうべんほうじん》のかたちなり。法性《ほっしょう》のさとりをひらいて、長短《ちょうたん》・方《ほう》

円のかたちにもあらず、青《しよう》・黄《おう》・赤《しやく》・白《びやく》・黒《こく》のいろをもはなれなば、なにをもつてか大小を定むべきや。念仏申すに、化仏《けぶつ》をみたてまつるといふことの候ふなるこそ、「大念《だいねん》には大仏《だいぶつ》を見、小念《しようねん》には小仏《しようぶつ》を見る」（大集経・意）といへるが、もしこのことわりなんどにばし、ひきかけられ候ふやらん。かつはまた、檀波羅蜜《だんばらみつ》の行《ぎよう》ともいひつべし。いかに宝物を仏前にもなげ、師匠にも施すとも、信心かけなば、その詮なし。一紙《いつし》・半銭《はんせん》も仏法の方に入れずとも、他力にこころをなげて信心ふかくは、それこそ願の本意にて候はめ。すべて仏法にことをよせて、世間《せけん》の欲心《よくしん》もあるゆゑに、同朋《どうぼう》をいひおどさるるにや。

（現代語訳：寺や僧侶などに布施として寄進する金品が多いか少ないかにより、大きな仏ともなり、あるいは小さな仏ともなるということについて。

このことは、言語道断、とんでもないことであり、筋の通らない話です。

まず、仏のお体に対して、大きいとか小さいとかを決めることなど、あってはならないことでしょう。経典に阿弥陀仏のお体の大きさが説かれてはいますが、それは方便として示された仮のすがたです。真実のさとりを開いて、長いとか短いとか、四角いとか円いとかの形を超え、また青・黄・赤・白・黒などの色を離れた仏の身となるのなら、どうして大きいとか小さいとかを決めることができるでしょうか。

念仏すると、仏のすがたを見させていただくことがあるそうです。そのことは経典に、「大きな声で念仏すれば大きな仏を見、小さな声で念仏すれば小さな仏を見る」とあるのですが、あるいはこの説などにこじつけて、大きな仏や小さな仏になるなどというのでしょうか。

一方、その寄進は、仏になるための布施の行ともいえるのですが、どれほど財宝を仏前にささげ、師に施したとしても、本願を信じる心が欠けていたなら、何の意味もありません。寺や僧侶に対して、たとえ一枚の紙やほんのわずかな金銭を寄進することすらなくても、本願のはたらきにすべておまかせして、深い信心をいただくなら、それこそ本願のおこころにかなうことでありましょう。

結局、世俗的な欲望もあるために、仏の教えにかこつけてこのようなことをいい、同じ念仏の仲間をおどされるのでしょうか。）

［解説］

■法身・報身・応身

「仏法の方《かた》に、施入物《せにゅうもつ》の多少にしたがつて、大小仏《だいしょうぶつ》に成るべしといふこと。この条、不可説なり、不可説なり。比興《ひきょう》のことなり。」


冒頭に「**不可説なり**」を二回も述べています。相当、憤っている感じです。「**この条、不可説なり**」は「もうとんでもないこと」ですし、「**比興のことなり**」は「全く筋が通らない」という意味です。

当時の念仏道場の主宰者や、各グループのリーダーの多くは、人々のお布施によって暮らしていました。そんな中、お布施をたくさんした方が大きな仏になるんだとか、少なかったら小さな仏になるんだとか、そんなことを言っていた人たちがいたのでしょう。

「仏の大小の分量、仏の体が小さいとか大きいとか、そもそもそれが間違っている。そんなことはない。浄土の阿弥陀様に形があるわけではないし、色があるわけでもないんだ」と唯円は言います。

大乗仏教では、仏に三つの姿があると説きます。この条に出てくる**「報身《ほうじん》」**、そして**「応身《おうじん》」**と**「法身《ほっしん》」**です。

「法身」は、真理そのものです。何の差別もない、全てが一体となった「如《にょ》」「涅槃」と呼ばれる世界。形や色などない。法そのもの。それが仏の本体です。これに対して、修行の結果（報い）として姿を現し、衆生救済の完全な功徳を備えた仏身を「報身」と呼びます。我々がイメージする阿弥陀仏や、薬師如来などは「報身」です。本当は「法身」なのですが、それだと我々とあまりにもかけ離れているので「報身」としての働きをもつのです。

「応身」は、実際の生身の身体を持った仏のことで、お釈迦様のことです。ですから、大仏や小さい仏などと言うのは、この理屈さえもわかっていないだろうとする唯円の指摘です。

■「信心かけなば、その詮なし」

しかし、唯円は、「念仏すると、仏のすがたを見させていただくことがあるそうです」とも言います。『大集月蔵経《だいじゅうがつぞうきょう》』（※『大方等大集経《だいほうどうだいじっきょう》』六十巻のうち、第四十六〜五十六巻に収められた「月蔵分」）という経典に載っているのです。私も原典に直接当たったわけではないのですが、法然が書いた『選択本願念仏集《せんじやくほんがんねんぶつしゅう》』に出て来ます。

「大念《だいねん》には大仏《だいぶつ》を見、小念《しょうねん》には小仏《しょうぶつ》を見たてまつる」（『選択本願念仏集』本願章）

しかし、法然は大きい声という意味で大念と書いており、「大きな念仏は大きな仏に響き、小さな念仏は小さな仏に響きますよ」と述べています。それを取り違えたのか、意図的に変えているのかわかりませんが、「たくさんの金品を納める人は大きな仏を見ることができますよ、少ししか納めない人は小さい仏しか見られませんよ」ということを言っていた人がいたのですね。それで唯円はこの条を書いたわけです。

「かつはまた、檀波羅蜜《だんばらみつ》の行《ぎょう》ともいひつべし。いかに宝物を仏前にもなげ、師匠にも施すとも、信心かけなば、その詮なし。」

「檀波羅蜜」は、皆さんご存知の女優の壇蜜さんの芸名の語源となりました。葬儀社に勤めておられたときの仏教の講義で聞いた、「檀波羅蜜」の教えを素晴らしいと思って壇蜜とつけたそうです。「檀波羅蜜」は、「六波羅蜜」の中の一つで、ダーナ（檀那）の実践、つまり布施を実践する教えです。「布施波羅蜜《ふせはらみつ》」とも言います。

お布施にもいろんな種類があります。金品を出すお布施は、「財施」と言いますが、金品だけがお布施ではないのです。相手に恐れを与えないという「無畏施《むいせ》」もお布施ですし、仏法や正しい教えを人に説く「法施《ほうせ》」もお布施です。たとえば、「この間、練心庵でこんな法話を聞いた」と語っていただくのも、立派な法施になるわけです。

唯円は、この「布施波羅蜜」について、「本当の檀波羅蜜はそうじゃないんだ」と言っているのです。どれほどたくさんの宝物を寄付しても、信心がない人はダメですし、わずかな物さえ施せない人がいても、他力の信心が深ければ、それこそが仏様の願いにかなった人だとしています。仏様の願いにどれだけかなっているかが、重要だと言うのです。

「いかに宝物を仏前にもなげ、師匠にも施すとも、信心かけなば、その詮なし。」

世俗的な欲望を満たすために、仏法にかこつけて言って、同じ仲間を脅しているんじゃないか、と唯円は厳しく言及しています。

■柔らかな心に気付くとき

振り返りますと、第十六条、第十七条は、「この道に全てを任せていく。自分のはからいを捨てて任せていく」というところがキモとなっています。

第十八条は、世俗の欲望に搦《から》めとられてつまずいてしまう人たちへの批判と読むことができそうです。

この章の冒頭にも言いましたが、『歎異抄』は、「そっちにいくのは具合が悪いですよ」といったストッパーの役割を果たしています。

誰もが歩める道は、フリーハンドな部分が多くて、誤解も生まれやすいし、自分勝手な解釈も生まれやすい。だからこそ『歎異抄』のような本が生まれました。

「勝手な解釈」と「教条化」の両方に注意していかねばならないと思います。勝手な解釈には、危うさがあります。と同時に、教えを文字通り受け止めてしまう、硬直した態度も良くないでしょう。柔らかな心が大切です。

倫理も同じですよね。これが善だ、などと教条的になるのはダメでしょうし、勝手な理屈を振り回すのも具合が悪い。

あらためて、第三十三願の柔軟心《にゅうなんしん》が味わい深く思えてきます。

親鸞は、信心のことを「柔軟心」と表現しています。道元も、「悟りとは柔軟心である」としています。仏教において、仏の光に照らされて柔らかな心になる、というのはとても大きなテーマであると言えます。

また身体も柔らかくなるのでしたね。「俺の身体は俺のものだから、どこまでも自由にしていいんだ」というのは固い身体のような気がします。他者と連動できる身体が、柔らかな身体ですよね。自分の枠が強い身体もあれば、他の人と同調できる柔らかな身体もあります。

教えに触れて心が柔らかくなったというのは、なかなか説明が難しいです。ですが、仏教の教えを聞き続けていて、あるときに、「ああ、なんて頑なな心だったんだ」と実感する。そのとき、柔らかな心を知るでしょう。

■柔軟心と金剛心は同時に成立する

もう一つ、親鸞は、「信心とは金剛心だ」とも言っています。

金剛心というのは何者にも壊されることのない心、つまりとても硬い心のことです。信心は、とても柔らかくて、とても硬いという、まさにAイコール非Aみたいな、仏教独特のレンマの理屈になります。

自分の都合というのはどこまで行ってもなくなりません。それはもう親鸞の説いた通りでしょう。我々は、息を引き取る瞬間まで、自分の都合を振り回しながら、自分というものにすがりながら生きるのです。しかし、それがどこかで柔らかくなっていくのだと思います。

親鸞は、我々は酒に酔っているような状態だと表現しました。しかし、仏教の道を歩むことによって、だんだん酔いは覚めていくと述べています。自分の都合というものはなくなりませんが、柔らかくはなっていく。

その一方で、この道を歩んでいくんだとする心はどんどん強くなって、固くなって、何にも壊されることがない。これは仏の心そのものだから、決して壊れることがない。それが柔らかな心と固い心の同時成立でしょう。

逆に、この道を歩むというのがグニャグニャで、自分の都合だけ金剛のように固くなっていたら、ダメですよね。「柔軟心と金剛心」、よくよく味わっていかねばなりません。

【第十章】「迷える私」が信心を生む（後序～奥書）

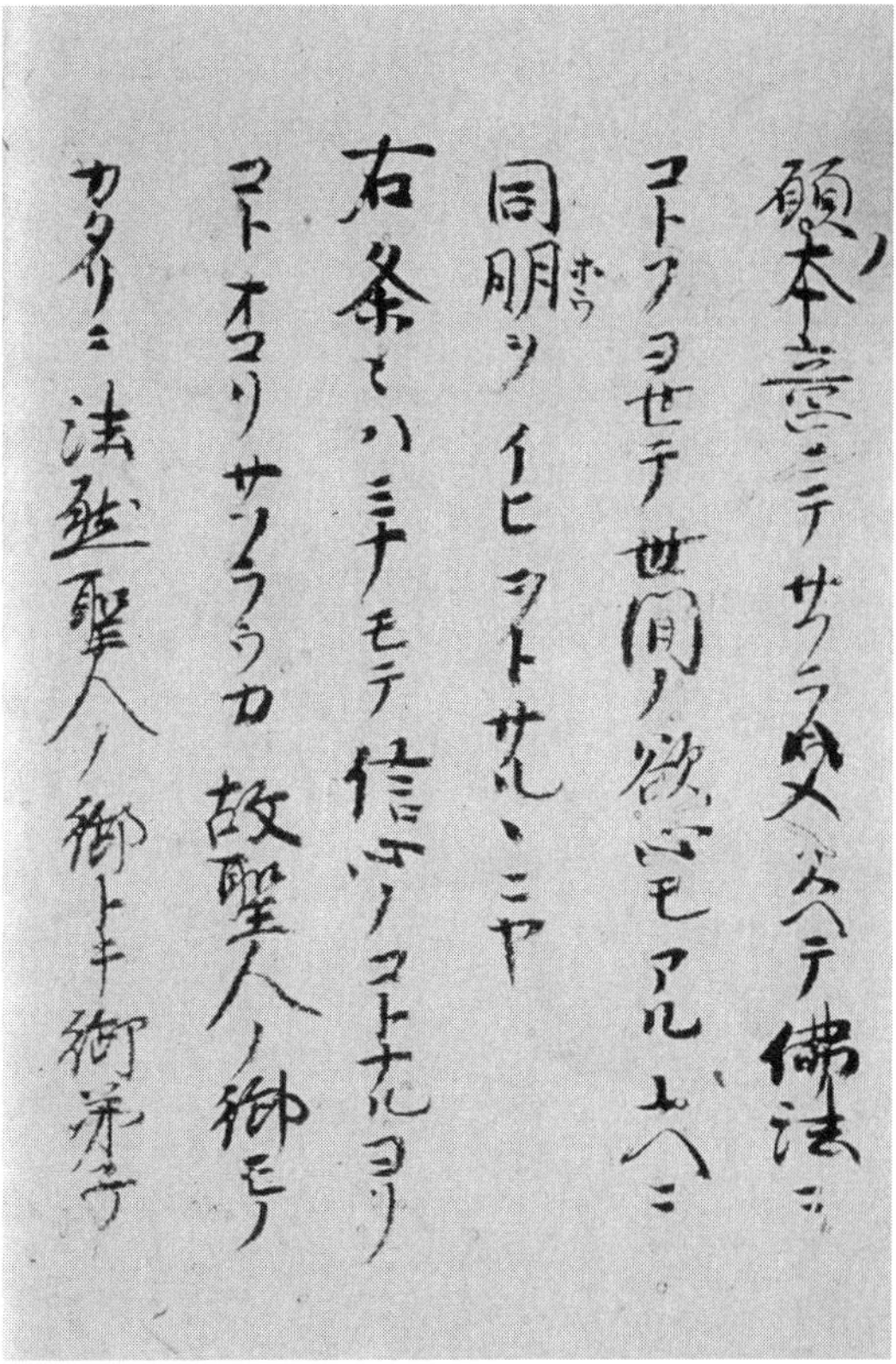
願ノ本意ニテサフラハメスヘテ佛法ニ
コトヲヨセテ世間ノ欲心モアルユヘニ
同朋《ホウ》ヲイヒヲトサルヽニヤ
右条々ハミナモテ信心ノコトナルヨリ
コトオコリサフラフカ故聖人ノ御モノ
カタリニ法然聖人ノ御トキ御弟子

「蓮如上人書写本」（本願寺蔵）

■生けらば念仏の功積もり、死なば浄土へ参りなん

『歎異抄』も、いよいよ「後序」となりました。講座の前に、法然の言葉をご紹介しましょう。

「いけらば念仏の功つもり、しなば浄土へまゐりなむ。とてもかくても、此身には思ひわづらふ事ぞなきと思ひぬれば死生ともにわづらひなし。」（『法然上人行状絵図』第二十一巻）

とてもシンプルに念仏者の道を表現しています。

これまで『歎異抄』を読んできた中で、「ただほれぼれと称えるのが他力の念仏だ」といった表現がありました。これは、親鸞の言葉というより、唯円の感性ではないかと思います。すごく素朴な念仏観で、当時の北関東の念仏や、西山派の影響も見られると考えられます。後ほど、法然門下の各派にも触れていきます。

それでは「後序」を読んでいきましょう。

■後序を読む

［後序］

右条々は、みなもつて信心の異なるよりことおこり候ふか。故聖人（親鸞）の御物語に、法然聖人の御時、御弟子そのかずおはしけるなかに、おなじく御信心のひともすくなくおはしけるにこそ、親鸞、御同朋《おんどうぼう》の御中《おんなか》にして御相論《ごそうろん》のこと候ひけり。そのゆゑは、「善信（親鸞）が信心も、聖人（法然）の御信心も一つなり」と仰せの候ひければ、勢観房・念仏房なんど申す御同朋達、もつてのほかにあらそひたまひて、「いかでか聖人の御信心に善信房の信心、一つにはあるべき

ぞ」と候ひければ、「聖人の御智慧《おんちえ》・才覚ひろくおはしますに、一つならんと申さばこそひがごとならめ。往生の信心においては、まつたく異なることなし、ただ一つなり」と御返答ありけれども、なほ「いかでかその義あらん」といふ疑難《ぎなん》ありければ、詮《せん》ずるところ、聖人の御まへにて自他の是非を定むべきにて、この子細を申しあげければ、法然聖人の仰せには、「源空が信心も、如来よりたまはりたる信心なり。善信房の信心も、如来よりたまはらせたまひたる信心なり。さればただ一つなり。別の信心にておはしまさんひとは、源空がまゐらんずる浄土へは、よもまゐらせたまひ候はじ」と仰せ候ひしかば、当時の一向専修《いつこうせんじゅ》のひとびとのなかにも、親鸞の御信心に一つならぬ御《おん》ことも候ふらんとおぼえ候ふ。いづれもいづれも繰り言にて候へども、書きつけ候ふなり。露命《ろめい》わづかに枯草《こそう》の身にかかりて候ふほどにこそ、あひともなはしめたまふひとびと〔の〕御不審をもうけたまはり、聖人（親鸞）の仰せの候ひし趣《おもむき》をも申しきかせまゐらせ候へども、閉眼《へいがん》ののちは、さこそしどけなきことどもにて候はんずらめと、歎《なげ》き存じ候ひて、かくのごとくの義《ぎ》ども、仰せられあひ候ふひとびとにも、いひまよはされなんどせらるることの候はんときは、故聖人（親鸞）の御こころにあひかなひて御もちゐ候ふ御聖教《おんしょうぎょう》どもを、よくよく御覧《ごらん》候ふべし。おほよそ聖教には、真実・権仮《ごんけ》ともにあひまじはり候ふなり。権《ごん》をすてて実《じつ》をとり、仮《け》をさしおきて真《しん》をもちゐるこそ、聖人（親鸞）の御本意《ごほんい》にて候へ。かまへてかまへて、聖教をみ、みだらせたまふまじく候ふ。大切の証文ども、少々ぬきいでまゐらせ候うて、目やすにして、この書に添へまゐらせて候ふなり。聖人（親鸞）のつねの仰せには、「弥陀《みだ》の五劫思惟《ごこうしゆい》の願をよくよく案ずれば、ひとへに親鸞一人《いちにん》がためなりけり。さればそれほどの業をもちける身にてありけるを、たすけんとおぼしめしたちける本願のかたじけなさよ」と御述懐候ひしことを、いままた案ずるに、善導の「自身はこれ現《げん》に罪悪生死《しょうじ》の凡夫《ぼんぶ》、曠劫《こうごう》よりこのかたつねにしづみつねに流転《るてん》して、出離《しゅつり》の縁あることなき身としれ」（「散善義」）といふ金言《きんげん》に、すこしもたがはせおはしまさず。さればかたじけなく、わが御身にひきかけて、われらが身の罪悪のふかきほどをもしらず、如来の御恩のたかきことをもしらずして迷へるを、おもひしらせんがためにて候ひけり。まことに如来の御恩といふことをば沙汰なくして、われもひとも、よしあしといふことをのみ申しあへり。聖人の仰せには、「善悪のふたつ、総じてもつて存知《ぞんじ》せざるなり。そのゆゑは、如来の御こころに善《よ》しとおぼしめすほどにしりとほしたらばこそ、善きをしりたるにてもあらめ、如来の悪《あ》しとおぼしめすほどにしりとほしたらばこそ、悪しさをしりたるにてもあらめど、煩悩具《ぼんのうぐ》足《そく》の凡夫、火《か》宅無常《たくむじょう》の世界は、よろづのこと、みなもつてそらごとたはごと、まことあることなきに、ただ念仏のみぞまことにておはします」とこそ仰せは候ひしか。まことに、われもひともそらごとをのみ申しあひ候ふなかに、ひとついたましきことの候ふなり。そのゆゑは、念仏申すについて、信心の趣をもたがひに問答し、ひとにもいひきかするとき、ひとの口をふさぎ、相論《そうろん》をたたんがために、まつたく仰せにてなきことをも仰せとのみ申すこと、あさましく歎き存じ候ふなり。このむねをよくよくおもひとき、こころえらるべきことに候ふ。これさらにわたくしのことばにあらずといへども、経釈《きょうしゃく》の往《ゆ》く路《じ》もしらず、法文《ほうもん》の浅深《せんじん》をこころえわけたることも候はねば、さだめてをかしきことにてこそ候はめども、古親鸞《こしんらん》の仰せごと候ひし趣、百分が一つ、かたはしばかりをもおもひいでまゐらせて、書きつけ候ふなり。かなしきかなや、さいはひに念仏しながら、

直《じき》に報土《ほうど》に生れずして、辺地《へんじ》に宿をとらんこと。一室《いっしつ》の行者のなかに、信心異《しんじんこと》なることなからんために、なくなく筆を染《そ》めてこれをしるす。なづけて「歎異抄」といふべし。外見あるべからず。

（現代語訳：これまで述べてきた誤った考えは、どれもみな真実の信心と異なっていることから生じたものかと思われます。今は亡き親鸞聖人からこのようなお話をうかがったことがあります。法然上人がおいでになったころ、そのお弟子は大勢おいでになりましたが、法然上人と同じく真実の信心をいただかれている方は少ししかおられなかったのでしょう。あるとき、親鸞聖人と同門のお弟子がたとの間で、信心をめぐって論じあわれたことがありました。

　といいますのは、親鸞聖人が、「この善信の信心も、法然上人のご信心も同じである」と仰せになりましたところ、勢観房、念仏房などの同門の方々が、意外なほどに反対なさって、「どうして法然上人のご信心と善信房の信心とが同じであるはずがあろうか」といわれたのです。そこで、「法然上人は智慧も学識も広くすぐれておられるから、それについてわたしが同じであると申すのなら、たしかに間違いであろう。しかし、浄土に往生させていただく信心については、少しも異なることはない。まったく同じである」とお答えになったのですが、それでもやはり、「どうしてそのようなわけがあろうか」と納得せずに非難されますので、結局、法然上人に直接お聞きして、どちらの主張が正しいかを決めようということになりました。

　そこで法然上人に、詳しい事情をお話ししたところ、「この源空の信心も如来からいただいた信心です。善信房の信心も如来よりいただかれた信心です。だからまったく同じ信心なのです。

別の信心をいただいておられる人は、この源空が往生する浄土には、まさか往生なさることはありますまい」と法然上人が仰せになったということでありました。

ですから今でも、同じ念仏の道を歩む人々の間で、親鸞聖人のご信心と異なっておられることもあるのだろうと思われます。

どれもみな同じことの繰り返しではありますが、ここに書きつけておきました。枯れ草のように老い衰えたこの身に、露のようにはかない命がまだわずかに残っているうちは、念仏の道を歩まれる人々の疑問もうかがい、親鸞聖人が仰せになった教えのこともお話ししてお聞かせいたしますが、わたしが命を終えた後は、さぞかし多くの誤った考えが入り乱れることになるのではないかと、今から歎かわしく思われてなりません。ここに述べたような誤った考えをいいあっておられる人々の言葉に惑わされそうになったときには、今は亡き親鸞聖人がそのおこころにかなって用いておられたお聖教をよくよくご覧になるのがよいでしょう。聖教というものには、真実の教えと方便の教えとがまざりあっているのです。方便の教えは捨てて用いず、真実の教えをいただくことこそが、親鸞聖人のおこころなのです。くれぐれも注意して、決して聖教を読み誤ることがあってはなりません。そこで、大切な証拠の文となる親鸞聖人のお言葉を、少しではありますが抜き出して、箇条書きにしてこの書に添えさせていただいたのです。

親鸞聖人がつねづね仰せになっていたことですが、「阿弥陀仏が五劫もの長い間思いをめぐらしてたてられた本願をよくよく考えてみると、それはただ、この親鸞一人をお救いくださるためであった。思えば、このわたしはそれほどに重い罪を背負う身であったのに、救おうと思い立ってくださった阿弥陀仏の本願の、何ともったいないことであろうか」と、しみじみとお話しになっておられました。そのことを今またあらためて考えてみますと、善導大師の、「自分は現に、深く重い罪悪をかかえて迷いの世界にさまよい続けている凡夫であり、果てしない過去の世から今に至るまで、いつもこの迷いの世界に沈み、つねに生れ変り死に変りし続けてきたのであって、そこから脱け出る縁などない身であると知れ」という尊いお言葉と、少しも違ってはおりません。そうしてみると、もったいないことに、親鸞聖人がご自身のこととしてお話しになったのは、わたしどもが、自分の罪悪がどれほど深く重いものかも知らず、如来のご恩がどれほど高く尊いものかも知らずに、迷いの世界に沈んでいるのを気づかせるためであったのです。

　本当にわたしどもは、如来のご恩がどれほど尊いかを問うこともなく、いつもお互いに善いとか悪いとか、そればかりをいいあっております。親鸞聖人は、「何が善であり何が悪であるのか、そのどちらもわたしはまったく知らない。なぜなら、如来がそのおこころで善とお思いになるほどに善を知り尽したのであれば、善を知ったといえるであろうし、また如来が悪とお思いになるほどに悪を知り尽したのであれば、悪を知ったといえるからである。しかしながら、わたしどもはあらゆる煩悩をそなえた凡夫であり、この世は燃えさかる家のようにたちまちに移り変る世界であって、すべてはむなしくいつわりで、真実といえるものは何一つない。その中にあって、ただ念仏だけが真実なのである」と仰せになりました。本当に、わたしも他の人もみなむなしいことばかりをいいあっておりますが、とりわけ心の痛むことが一つあります。それは、念仏することについて、お互いに信心のあり方を論じあい、また他の人に説き聞かせるとき、相手にものをいわせず、議論をやめさせるために、親鸞聖人がまったく仰せになっていないことまで聖人の仰せであるといい張ることです。まことに情なく、やりきれない思いです。これまで述べてきたことを十分にわきまえ、心得ていただきたいことと思います。

これらは決してわたし一人の勝手な言葉ではありませんが、経典や祖師がたの書かれたものに説かれた道理も知らず、仏の教えの深い意味を十分に心得ているわけでもありませんから、きっとおかしなものになっていることでしょう。けれども、今は亡き親鸞聖人が仰せになっておられたことの百分の一ほど、ほんのわずかばかりを思い出して、ここに書き記したのです。幸いにも念仏する身となりながら、ただちに真実の浄土へ往生しないで、方便の浄土にとどまるのは、何と悲しいことでしょう。同じ念仏の行者の中で、信心の異なることがないように、涙にくれながら筆をとり、これを書いたのです。「歎異抄」と名づけておきます。

同じ教えを受けた人以外には見せないでください。）

［解説］

■私の信心も法然上人の信心も一つ

「後序」は唯円の、「これまで述べてきた誤った考え、これはどうも真実の信心と異なっていることから生じたものだろう」という述懐から始まり、「親鸞聖人がおられたときに、このようなお話を伺ったことがあります」とエピソードの紹介に続きます。

親鸞がまだ若く、法然のところにいたときの話です。大勢のお弟子さんがいたのですが、その中でこんな論争が起こりました。

善信房と呼ばれていた若き親鸞が、「私の信心も法然上人の信心も一つである」と発言したところ、兄弟子の勢観房・念仏房たちが、「それはもってのほかの言い草だ。どうしてお前の信心と法然上人の信心とが一緒なんだ」と反論したのです。

それに対して親鸞は、「学識とか才能とか、そういうものが同じだというのなら間違っている。だが、浄土に往生する信心は一つであり、異なることはないんだ」と答えました。しかしみんなは納得せず、「法然上人に聞こうじゃないか」となったんですね。

法然に詳細を説明したところ、「この私の信心も如来よりいただいた信心で、そして善信房（親鸞）の信心も如来からいただいた信心。だから全く同じ信心です。別の信心をいただいている方は、私が往く浄土とはまた違うところに往かれるでしょう」と法然が答えたのです。

なかなかドラマティックな逸話です。

覚如の『御伝鈔』にも、同じ話が出てきます。『御伝鈔』の方には、勢観房・念仏房以外に、正信房（※一一七六〜一二五三年）という人物の名前があります。勢観房・念仏房にしても、正信房にしても、法然の高弟でした。

■改名からわかる親鸞の年齢

真宗教団の伝承では、この出来事は親鸞が三十四歳のときに起こったとされています。

これには根拠があります。まず、この場面で親鸞は、善信房と呼ばれています。ですから、三十三歳以降であることは間違いありません。親鸞が三十三歳になる年の四月に、法然から『選択本願念仏集』の書写を許されているのですが、このときはまだ善信ではありませんでした。

この書写は、わずかな人しか許されておらず、はっきりわかっているのは、親鸞の前に五人だけです。まずは、親鸞が尊敬した兄弟子、隆寛《りゅうかん》。この人は多念義系で、長楽寺《ちょうらくじ》流の流れを作りました。次に、幸西《こうさい》。この人は一念義系で、問題となった人でした。次に聖光房《しょうこうぼう》弁長。鎮西義の祖であり、現在の浄土宗の源流となった人です。そして証空《しょうくう》。善恵房と号しました。この人が今の西山派の派祖となります。最後が源智。本文にも出てきた勢観房です。法然の信頼が厚い人でした。法然が流罪になったときも同行していますし、臨終のときも一緒でした。重要な役割を担っていた人です。

そんな有名な五人の高弟にまじって、入門して四年ほどの親鸞が許されるのです。親鸞もこのことには感銘深かったようで、めずらしく自著に書き残しています。

書写が終わった時、法然に見せると、法然自らそれに『選択本願念仏集』というタイトルおよび「南無阿弥陀仏」と記入します。さらに、「**往生之業念仏為《おうじょうしごうねんぶつい》本《ほん》**（往生の業は念仏をもって本となす）」との文言と、親鸞の名前を書き足しました。それが「釈綽空《しゃくしゃっくう》」となっていて、善信になる前の名前なのです。この年の七月に、親鸞は夢のお告げで名前を変えており、それが「善信」です。

かつては綽空から善信になり、その後流罪の際に親鸞となった、とされていました。しかし、最近の研究では三十三歳のときに、「善信房親鸞」とした説が有力です。

というわけで、『歎異抄』のこの場面で善信と呼ばれていますから、親鸞が三十三歳の七月以降のことだと推測できます。三十五歳で流罪になっていますので、おおよそ三十四歳のあたりにこの事件が起こったとされているのです。

■大変な才覚のあった「四門徒五義」

この出来事は、「信心一異《しんじんいちい》の諍論《じょうろん》」と呼ばれています。

このときに親鸞と論争になった勢観房源智は、平清盛の曾孫に当たります。平家が没落したため、十三歳の時に母親が法然に預けました。ですから子供のときからずっと、法然門下にいるわけです。親鸞より十歳年下なのですが兄弟子です。前にもお話しした、法然が最期に語った法語『一枚起請文《いちまいきしょうもん》』は、源智に授けたものでしたね。この源智の流れは、後に「紫野門徒」と呼ばれました。

そして念仏房（※念仏房念阿《ねんあ》。一一五七～一二五一年）は、もともと天台宗の人でした。天台宗の人が法然を呼びつけて激しい論争を交わした「大原問答」の際に、法然の受け答えを聞いていたそうです。そこから、法然に帰依しました。念仏房は嵯峨にある釈迦堂の再建に助力したり、往生院を建立したりと活躍しました。

この二人が『歎異抄』に出てきたわけです。そしてもう一人、『御伝鈔』に出てきた正信房湛空《たんくう》は、嵯峨門徒というグループを作ります。

室町時代の文献に、法然の弟子たちの、四つの門徒と五つの解釈「四門徒五義」が載っています。すなわち、「信空の白川門徒」「湛空の嵯峨門徒」「源智の紫野門徒」「親鸞の大谷門徒」と、「隆寛の多念義（長楽寺流）」「証空の西山義」「聖光の鎮西義」「幸西の一念義」「長西の九品寺義」を指します。

多岐に渡る才覚が、法然の元に集まっていたことが分かりますね。

■「如来よりたまはりたる信心」は法然・親鸞の合作

ところで、この**「如来よりたまはりたる信心」**ですが、『歎異抄』では法然がそう発言したとなっています。しかし、法然の残した文献を読んでも、「如来よりたまはりたる信心」というのはどこにもありません。

もちろん法然は、「立派な人が称えても、愚か者が称えても念仏は一つ。精神統一して称えようが、普段のままで称えようが念仏は同じ」という立場でしたので、「如来よりたまはりたる信心」という思想は持っていたと思います。しかし、現存している文献の中にその言葉はないのです。

『歎異抄』には何度も、「はからいがないのが、他力念仏だ」と出てきました。そこに、自分の知見や学識が入り込む余地はありません。ですから、この「如来よりたまはりたる信心」、との表現は、自分のはからいがないという意味になると思います。

本願寺派勧学であった梯實圓《かけはしじつえん》師が、「この言葉はこの場面で生まれた、法然と親鸞の合作じゃないか」と述べていました。

親鸞は自著の中で、「如来よりたまわりたる信心」「如来よりたまわりたる念仏」との思想を展開しています。親鸞思想の特徴だと思います。そして、それは法然の教えの中で生まれてきたのです。

そうなると、第六条の、**「親鸞は弟子一人《いちにん》ももたず候ふ。」**というフレーズもよく分かってきます。親鸞にとって法然は間違いなく師ですし、自分は弟子です。親鸞のもとにも弟子が大勢いました。しかし、それはある種のご縁の表現なのです。

他力の念仏、他力の信心からすれば、師弟は等しい。なぜなら「如来よりたまわりたる念仏」であり、「如来よりたまわりたる信心」だからです。

■「仏法」と「迷える私」の共同作業

親鸞は、「信心は智慧だ」と言いました。『正像末和讃』には、**「信心の智慧にいりてこそ仏恩報ずる身とはなれ」「信心の智慧なかりせば　いかでか涅槃をさとらまし」**とあります。また、「智慧の念仏」とも表現しています。

自分の信心も念仏も、如来の慈悲であり、智慧である。あるいは、「信心が菩提心だ」とも言います。信心成立のときに往生は定まります。ですから、信心の問題は大変大きなことなのです。

自分の中の虚妄と向き合い続けたのが、親鸞の仏道です。「自分の中に真実はないのだから、如来の働きによって信心が発生する。だからこそ、誰もが平等に救われるんだ。個々人の能力や努力じゃないんだ」というわけです。

信心とは、「迷える私」がいるから生まれるものです。ですから、「迷える私」の姿が見えてきたときに、真実の信心が出現したことになります。あるいは、真実の信心が出現するから、「迷える私」が見えてきます。

「仏法」と「迷える私」の共同作業で歩みが進んでいきます。

■「無根の信」と親鸞の緊張感

「如来よりたまはりたる信心」を、親鸞は「無《む》根《こん》の信《しん》」と表現しました。自分の中に真実はないのに、真実が発生するのです。

その言葉が書かれているのは、『教行信証』の「信巻」、阿闍世《あじゃせ》の救いのところです。

阿闍世は、提婆達多（ダイバダッタ）と並ぶ、仏典史上の極悪人です。救われない存在として、親殺しの男として、初期の仏典に取り上げられています。しかし大乗仏教では、阿闍世が救われるのかどうかがテーマとして浮上してきます。大乗仏教の『涅槃経』では、阿闍世は救われるのです。

そのことを親鸞は「無根の信」と表現するのです。それだけではなく親鸞は、提婆達多も阿闍世も「権化《ごんけ》の仁《にん》」だとも言います。これは、菩薩が姿を変えて自分を導いてくれる人、という意味です。「なぜ仏典に、提婆達多や阿闍世のような極悪人が説かれているのか。それは自分のためだ」と、親鸞は実存的に経典を読んでいきました。

ここで少し付言したいのですが、しばしば親鸞の思想を本覚《ほんがく》思想（※東アジアの仏教を源流とし、日本で独自の発展を遂げた思想。悟りは本来的に内在しており、現象世界はそのまま悟りの世界だとする）のようにとらえている人と出会います。「我々はもう救われているから、それに気づくだけなんだ」といった一念義系的な捉え方ですね。確かにそういう言説があるにはありますし、今の真宗教団にもそういう傾向はあります。

しかし、親鸞の思想は、本当はそうではありません。もっと厳しい、緊張感があるものです。唯円の書いているものが素朴すぎるというのはここなのです。ですから、以前にも言いましたが、素朴な念仏観が当時の関東の宗教風土にあったのかと思います。

■伝えようとしていることはひとつ

それでは『歎異抄』の「後序」に戻りましょう。

「どれもみな同じことの繰り返しではありますが、ここに書きつけておきました」

と唯円は述べます。全くその通りだと思います。同じような話が何度も繰り返されています。唯円はそのことを百も承知で、おかしな解釈をする人がいるために、様々な方向からアプローチしながら、たった一つのことを伝えようとしたのです。

「自分はもう枯れ草のように老いた身で、露のような命がまだ残っているうちは、念仏の道を歩まれる人々の疑問も聞いたり、親鸞聖人が仰せになった教えのことも聞かせることができますが、私の命がついえた後はさぞかし多くの誤った考えが入り乱れるのではないかと、今から歎かわしく思われてなりません。ここに述べたような誤った考えを言い合った人々の言葉に惑わされそうになったときは、今は亡き親鸞聖人のお心にかなって用いられた御聖教を、よくよくご覧になるのがいいでしょう」と綴っています。

この辺りは今でも続く、真宗の「きちんと御聖教に基づいて解釈をする」という体質が見えます。もともと仏教はそういう方法論をとります。唯円も、自分勝手な解釈をするのではなくて、経典に基づいてきちんと味わっていかなくてはいけないと書いているのです。

「御聖教中には、真実の教えと方便の教えとが入り混じって説かれている、そこをちゃんと見分けなければなりませんよ」ということです。

■大切な証文は結局どれだった？

そして、「そのために大切な証文を抜き出して、箇条書きのようにしてこの本に添えております」とあります。「はじめに」でもお話しした、「大切な証文が何かわからない」問題ですね。いくつか説がありました。

現在、一番支持されているのは、「上下二巻」説です。これまでに見てきたように、『歎異抄』の第一条から第十条までと、第十一条から第十八条までは、ずいぶん性格が違います。

前半は親鸞の語録です。後半は『歎異抄』の主旨である、様々な異説を取り上げての論評や批判です。このことから、第一条から第十条までが大切な証文で、『歎異抄』の本体は第十一条から第十八条とする説です。
　確かに一番妥当だと思います。ただ、肝心の第十条が、区切りなしに繫がっている書き方をしています。ですから、あえて「上下二巻」に分かれていたと考えなくていいのではないでしょうか。前半部分の親鸞の語録が「大切な証文」だけれど、本としては続きものであったということかもしれません。原典が残っていない上に、紛失の可能性も捨てきれないので、いずれにしても推測でしかありませんが。

■「親鸞一人がためなりけり」

　そして、「聖人のつねの仰せ」が登場します。

「聖人（親鸞）のつねの仰せには、『弥陀《みだ》の五劫思惟《ごこうしゆい》の願をよくよく案ずれば、ひとへに親鸞一人《いちにん》がためなりけり。さればそれほどの業をもちける身にてありけるを、たすけんとおぼしめしたちける本願のかたじけなさよ』と御述懐候ひしことを、」

　阿弥陀仏は、法蔵菩薩という修行者のときに、五劫もの長い時間をかけて誓願を完成させます。これを「**五劫思惟の願**」と言います。「五劫思惟の像」を、見たことがありますか。螺《ら》髪《ほっ》が伸びて、アフロヘアのようになっているのです。面白いことを考えますよね。長い時間の表現なのです。
　法蔵菩薩が悟りを開くための長い間の取り組みは、「**ひとへに親鸞一人がためなりけり**」なのです。

「なぜ阿弥陀仏は存在するのか、私のためだ、私一人を救うために仏はいるんだ」
　そういうことを、親鸞は常々語っていたのです。
「それほどの業を俺は抱えているんだ、それほどの業を持った身だからこそ、（俺を救うために）この仏の願いはあるんだ」と言うのです。ちょっとシビれるところですよね。なぜ法蔵菩薩は五劫もの長い間、取り組まなければならなかったか。五劫という期間は何を表しているのか。それは「それほどの業を抱えた自分」の表れです。この私は、菩薩が五劫も苦悩せねばならないほどの存在である、と親鸞は受け止めていたのです。

　これは宗教の本質を表す言葉だと思います。もちろん、同じ道を歩く人たちが集うのも宗教にとって本質的な部分だと思いますが、その一方で「この教えは私のためにこそある」は信の問題の核に関わることです。もし、『歎異抄』の中で一つだけ文言を選べと言われたら、私はここを選びます。

　この「親鸞一人がためなり」という言葉は、前にも出てきた「二河白道」のことでもありますね。

「汝一心正念《いっしんしょうねん》にして直ちに来れ」（『愚禿鈔』「二河譬釈」）と仏が呼びかける場面がありますが、この「汝」も単数形です。「汝たち」ではありません。仏はたった一人に「我に任せよ」と呼びかけるのです。

　近代の実存哲学の祖と呼ばれているキェルケゴールは、信仰の道は「単独者」となって歩むのだと言います。単独者として、自分の実存（現実存在）と向き合い、神と対峙する、そのとき飛躍が起こると言うのです。

キェルケゴールなどを読むと、親鸞がよくわかったりするのはそういうところです。近代実存哲学が構築されることによって、親鸞の言わんとしていることが伝わりやすくなったと言えるでしょう。『歎異抄』を通した親鸞が、近代になって多くの人の関心を引いたのはこのあたりが理由かと思います。

■「機の深信」、「法の深信」

「いままた案ずるに、善導の『自身《じしん》はこれ現《げん》に罪悪生死《しょうじ》の凡夫《ぼんぶ》、曠劫《こうごう》よりこのかたつねにしづみつねに流転《るてん》して、出離《しゅつり》の縁あることなき身としれ』（「散善義」）**といふ金言《きんげん》に、すこしもたがはせおはしまさず。」**

「散善義」の金言ですね。この部分、「機《き》の深信《じんしん》」と呼ばれているところになります。

どこまでいっても救われないとする「機の深信」と、間違いなく救われるとする「法《ほう》の深《じん》信《しん》」のセットで、「二種深信」と呼びます。親鸞の信心の内実はこれです。

先ほどの親鸞の「**それほどの業をもちける身**」が「機の深信」の部分に当たります。それを聞いていた唯円は、善導のこの文章とリンクさせているわけです。「**すこしもたがはせおはしまさず。**」ですので、「善導の言葉と少しも違っていません（まさにこのことを表しているんだ）」ということです。

「**さればかたじけなく、わが御身にひきかけて、われらが身の罪悪のふかきほどをもしらず、**

如来の御恩のたかきことをもしらずして迷へるを、おもひしらせんがためにて候ひけり。」

そしてこちらの**「如来の御恩のたかきこと」**が「法の深信」に当たる部分ですね。「機の深信」と常にセットになります。

親鸞が自分自身のこととして、「如来の御恩が高いことも知らずに迷いの世界に沈む私たちのことを、気づかせてくれるためです」と書いています。

■「案ずれば」――迷いを掘り下げていく

親鸞の「つねの仰せ」には、**「弥陀《みだ》の五劫《ごこう》思惟《しゆい》の願をよくよく案ずれば」**と出てきますが、**「よくよく案ずれば」**の文言は、第九条にも**「よくよく案じみれば」**と出てきたのを覚えておられますか。唯円が質問した場面です。『歎異抄』の最初には、**「ひそかに愚案《ぐあん》を回《めぐ》らして」**と出てきますが、これも同じような意味ですよね。

「ひそかに愚案を回らして」や**「よくよく案ずれば」**は、深く内面を掘り下げていく真宗の仏道の特徴だと思います。禅だと、「そんな頭、断って捨てろ」とか、「考えれば考えるほど、迷いの深みにハマっていくんだ」などと言うかも。

第九条や「後序」にある**「よくよく案ずれば」**には、コンコンと湧き出るどうしようもない愚かさと執着心が込められている気もします。

■ブッダの「一切智」

「本当に私たちは、如来の御恩がどれほど尊いかということを問うこともなく、いつもお互いに善いとか悪いとかそればかり言い合っております」と唯円は続けます。

「聖人の仰せには、『善悪のふたつ、総じてもつて存知《ぞんじ》せざるなり。そのゆゑは、如来の御こころに善《よ》しとおぼしめすほどにしりとほしたらばこそ、善きをしりたるにてもあらめ、如来の悪《あ》しとおぼしめすほどにしりとほしたらばこそ、悪しさをしりたるにてもあらめど、煩悩具足《ぼんのうぐそく》の凡夫、火宅無常《かたくむじょう》の世界は、よろづのこと、みなもつてそらごとたはごと、まことあることなきに、ただ念仏のみぞまことにておはします』とこそ仰せは候ひしか。」

これで**「聖人の仰せ」**は二回目ですね。

親鸞は、「私は善も悪もわからないんだ」と言っていたのです。なぜなら、「如来が善だと判断できるほど、善のことをわかっているわけではなく、如来が悪だと判断するほど、悪についてわかっているわけではない」というわけです。

「一切智」をそなえていることは、如来（ブッダ）の大きな特徴です。阿羅漢《あらかん》（※最高の悟りに達した聖者）も悟りを開いているのですが、ブッダだけが「一切智」を持っています。ここが阿羅漢とブッダの違いです。

『歎異抄』のこの部分でも、仏は全てを知り通した存在なので、そこから見た善やそこから見た悪のような判断は、自分にはできない、と言っています。

そして**「煩悩具足の凡夫」**は、これまでも出てきましたが、煩悩を完備した凡夫ですね。

「火宅無常の世界」は、仏教用語で、しばしば使われる表現です。苦しみに満ちた世界を、燃え盛る家に喩えたもので、『法華経』に出てくる比喩として知られています。そんな世界の中で生きている我々にとって、**「ただ念仏のみぞまことにておはします」**のだと親鸞は言います。

そして唯円は、「本当に私もあなたも、虚しいことばかり言い合ってはいますが、とりわけ心が痛むことが一つあるんだ」と続けます。それが何かというと、「念仏の道についてお互いに論争しあったり、あるいは相手を論破したりするとき、相手にものを言わせず、議論を断つために、親鸞聖人が全く言ってもいないことを、これは親鸞聖人の仰せであると言い張ること」、これが、大変悲しくやりきれないと述べています。

唯円は、「これまで述べてきたことを十分わきまえて、心得ていただきたいと思います」と何度目かの念を押します。

■「不可知」と「雑毒の善」

ここでのポイントは、**「善悪のふたつ、総じてもつて存知せざるなり。」**というところです。第二条にも、**「地獄におつべき業《ごう》にてやはんべるらん、総じてもつて存知せざるなり。」**とありましたね。

「存知せざる」とは、知り通すことはできない、不可知であることの表明です。ゴータマ・ブッダも不可知なことに対しては黙して語らずという態度をとったわけですが、親鸞も善と悪の問題を「突き詰めたらわからないんだ」とするのです。

キリスト教も、不可知の問題に取り組んできました。神の御心はわからないという態度を大事にします。

東日本大震災が起こったときに、アメリカのテレビ局から取材が来ました。「この状況を仏教はどう考えるんですか、神はなぜこんな事態を起こしたと思いますか」という質問に、「仏教は、神が起こしたとは捉えないのです」と答えたら、相手の記者がすごく驚いていました。神の意思こそが宗教だと思っていたようです。

その記者は他の宗教者にも取材していましたが、キリスト教やイスラム教の人は「神の御心はわからない」と答えたそうです。当時のローマ教皇も同様の意見を述べていましたね。それを聞いてがっかりした人もいたらしいのですが、私は神への信仰を持つ人の誠実な態度だと感じました。神の意思がわかると言う方が傲慢ですよね。

ただ、『歎異抄』で言っている「不可知」は、そういうのとは少し違います。

親鸞が、**「善悪のふたつ、総じてもつて存知せざるなり。」**と語るのは、自分の都合を捨てられないからなのです。どんなに善だと言われているものも、必ず自分の都合が混じっている。だから本当の善や悪を見極められないとします。

第三章でも述べましたが、親鸞はこれを、「雑毒《ぞうどく》の善」と表現しました。

自分が「善だ」としているものを、掘り下げていったら「自分の都合にとって善」だったりするわけです。善とは何か、悪とは何か。それは、真実の心がないものにとっては分かり得ないのです。

■百分の一ばかり思い出して書きました

唯円は、「ここに書いてあるのは決して自分の言葉じゃないんだ」と言います。「仏教の深い教えを心得ているわけではありませんから、きっとおかしなところもあるでしょう。しかし、今は亡き親鸞聖人の仰ったことを百分の一ばかり思い出して書きました」としています。そして最後にこう書きます。

「かなしきかなや、さいはひに念仏しながら、直《じき》に報土《ほうど》に生れずして、辺地《へんじ》に宿をとらんこと。一室《いっしつ》の行者のなかに、信心異《しんじんこと》なることなからんために、なくなく筆を染《そ》めてこれをしるす。なづけて『歎異抄』といふべし。外見あるべからず。」

「さいわいに、念仏との縁がありながら真実の浄土に生まれず、方便の浄土（仮の浄土）に留まってしまうこと、これは悲しいことです。同じ念仏者の中で、信心の異なることがないように、涙を流しながら筆をとり、これを書きました。『歎異抄』と名付けます。同じ教えを受けた人以外には見せないでください」

そんな結びになっています。これは念仏者という当事者たちの書であることを強調していますね。

これを泣く泣く書いたというのも、『歎異抄』の態度の特徴です。自分を正しい側において、間違っている人を裁く書ではありません。間違っている人を見るにつけ、ああ、私が聞いたのと全然違うじゃないか、悲しいなあと、歎く書なのです。

■信心は値遇体験

前出の信楽峻麿先生はよく、信心と「値遇《であい》体験」について語っていました。

「あう」という漢字は、たくさんあります。「会」は蓋のある甑《こしき》の形から生まれた漢字で、ごった煮のように「あつまる」の意をもっているそうです。一方、「逢」は、糸偏を付けたら「縫」になります。縫い合わせるように、二つのものが逢う。恋人に「逢う」などで使います。「遭」は、災害に遭うときに使います。たまたまばったり偶然にあう、「遇」もあります。

信楽師は、親鸞は教えに出あったとき、必ず「値《あ》う」と書いていると言っていました。今の常用漢字表では使わない読み方なのですが。「値」は、これは寸分違わず、ピタッと「値う」ときに使います。師によると、「親鸞は、念仏の教えと値ったとき、この字を使っている。まさに自分のための教えに値ったという実感がそうさせているんだ」とのことです。

修行して悟りを開くことのできない自分のための教えに出値《であ》ったという思いが、この「値う」を使わせたのでしょう。「値遇《ちぐう》」とも書いていますので、たまたま出遇う縁があったとの実感ももっていたのでしょう。

また、信楽先生は「であう」で大切なのは、嘘に「であう」ことだとも言っていましたね。不思議な話ですが。

「嘘にであう」というのは、「真実にであう」の裏表だと思います。「真実にであうんだ」と言われると構えてしまうところがありますが、「嘘にであうんだよ」と言われると、なんとも妙味があります。自分の嘘とであう。ニセモノだとわかっていく。自分のニセモノ性に目覚めていく。それが信心なのでしょう。「信心」は「智慧」だと親鸞は言っています。自分のニセモノ性に目覚めると同時に、仏法の救いが知らされるのです。

■「流罪記録」を読む

［流罪記録］

後鳥羽院《ごとばのいん》の御宇《ぎょう》、法然聖人《しょうにん》、他力本願念仏宗を興行《こうぎょう》す。時に、興福寺の僧侶、敵奏《てきそう》の上、御弟子のなか、狼藉子細《ろうぜきしさい》あるよし、無実の風聞《ふうぶん》によりて罪科《ざいか》に処せらるる人数《にんじゅ》の事。

一　法然聖人ならびに御弟子七人、流罪。また御弟子四人、死罪におこなはるるなり。聖人（法然）は土佐国《とさのくに》　幡多《はた》　といふ所へ流罪、罪名《ざいみょう》藤井元彦《ふじいのもとひこ》男《おとこ》云々《うんぬん》、生年《しょうねん》七十六歳なり。

親鸞は越後国《えちごのくに》、罪名、藤井善信《ふじいのよしざね》云々、生年三十五歳なり。

浄聞房《じょうもんぼう》　備後国《びんごのくに》　澄西禅光房《ちょうさいぜんこうぼう》　伯耆国《ほうきのくに》　好覚房《こうかくぼう》　伊豆国《いずのくに》　行空法本房《ぎょうくうほうほんぼう》　佐渡国《さどのくに》

幸西成覚房《こうさいじょうかくぼう》・善恵房《ぜんえぼう》二人《ににん》、同じく遠流《おんる》に定《さだ》まる。しかるに無動寺《むどうじ》の善題大僧正《ぜんだいだいそうじょう》、これを申しあづかると云々。遠流の人々、以上八人なりと云々。

死罪に行はるる人々

一番　西意善綽房《さいいぜんしゃくぼう》

二番　性願房《しょうがんぼう》

三番　住蓮房《じゅうれんぼう》

四番　安楽房《あんらくぼう》

二《に》位法印尊長《いのほういんそんちょう》の沙汰《さた》なり。

親鸞、僧儀《そうぎ》を改めて俗名《ぞくみょう》を賜ふ。よつて僧にあらず俗にあらず、しかるあひだ、禿《とく》の字をもつて姓《しょう》となして、奏聞《そうもん》を経られをはんぬ。かの御申《おんもう》し状《じょう》、いまに外《げ》記庁《きのちょう》に納まると云々。流罪以後、愚《ぐ》禿《とく》親鸞と書かしめたまふなり。

（現代語訳：後鳥羽上皇の御治世のころ、法然上人は、他力本願念仏の一宗を興し、世にひろめられた。そのとき、興福寺の僧たちが、それは仏の教えに背くものであるとして朝廷に訴えた。そして、法然上人のお弟子のなかに無法な振舞いがあったという根も葉もないうわさによって、処罰された人々は次の通りである。

法然上人、およびそのお弟子の七人は流罪となり、また、お弟子の四人は死罪に処せられた。法然上人は、土佐の国の幡多というところに流罪となり、罪人の名としては藤井元彦、男性などとあり、年齢は七十六歳であった。

親鸞は、越後の国に流罪となり、罪人の名としては藤井善信などとあり、年齢は三十五歳であった。

浄聞房は備後の国に、禅光房澄西は伯耆の国に、好覚房は伊豆の国に、法本房行空は佐渡の国に流罪となった。

成覚房幸西と善恵房の二人は、同じく流罪と決まったが、無動寺の慈鎮和尚が願い出て二人の身柄を引き受けたという。流罪に処せられた人々は、以上の八人であったという。

死罪に処せられた人々は、一、善綽房西意、二、性願房、三、住蓮房、四、安楽房であった。

これらの刑は、二位の法印尊長の裁定である。


親鸞は、流罪になったとき、僧籍を取り上げられて俗名を与えられた。そこで、僧侶でもなく俗人でもない身となったのである。これにより、禿の字を自分の姓として、朝廷に申し出て認められた。その書状が今も外記庁に納められているという。

このようなわけで流罪の後は、自分の名前を愚禿親鸞とお書きになるのである。）

■当時、問題視されていたこと

「承元《じょうげん》の法難」で処罰された人の名前が列挙されています。そこに親鸞の名前もありますね。横曾根門徒の人が作った、親鸞の手紙を五通集めた『血脈文集《けちみゃくもんじゅう》』という文集があるのですが、それの後ろにも同様の流罪記録の文章が付いています。

法然は土佐（高知県）に流罪とありますが、実際には讃岐（香川県）で刑期を務めることになりました。当時、僧籍は公的なものですから、それを剥奪されて、俗名を付けられて、流罪ということになります。法然は「藤井元彦」と付けられました。通常、藤原氏の出身だと藤井と付けられるそうなのですが、法然は藤原氏ではないのに、そう付けられています。


「浄聞房《じょうもんぼう》　備後国《びんごのくに》　澄西禅光房《ちょうさいぜんこうぼう》　伯耆国《ほうきのくに》　好覚房《こうかくぼう》　伊豆国《いずのくに》　行空法本房《ぎょうくうほうほんぼう》　佐渡国《さどのくに》

幸西成覚房《こうさいじょうかくぼう》・善恵房二人《ぜんえぼうににん》、同じく遠流《おんる》に定《さだ》まる。しかるに無動寺《むどうじ》の善題大僧正《ぜんだいだいそうじょう》、これを申しあづかると云々。遠流の人々、以上八人なりと云々。」

弟子たちの名前も載っています。行空法本房は、かなり問題があったようで、この騒動が起こる前に法然は破門にしています。幸西成覚房は、極端な一念義を主張したと言われています。

一二〇四年（元久元年）、比叡山の方から「どうやら法然グループはとんでもない団体らしい」との評判が立ち、「念仏停止《ちょうじ》」の声が挙がりました。それに対して、法然のグループは「七箇条《しちかじょう》の制誡《せいかい》」（※専修念仏者に関する七つの誡《いまし》め）を作成して、事態を収拾します。

ここには、「他の仏や菩薩を決して軽視しません」や、「念仏とは別の道を歩んでいる人を非難しません」や、「悪いことをしても差し障りはありませんなどと言いません」と書かれており、当時、何が問題になっていたのか窺い知ることができます。

この「制誡」に、法然以下、百九十名の弟子たちが署名しています。親鸞はその八十七番目に、「綽空」の名前で署名しています。このとき、親鸞が尊敬していた兄弟子・聖覚などが活躍して、一旦は収まるのです。しかし次の年、興福寺から朝廷に「興福寺奏状」が提出されます。そこには法然グループの「九箇条の過失」が記されていました。

九箇条の一番目は、「勝手に新しい宗派を立てた、それは間違いだ」、と書かれています。当時、宗派というのは国の管理のもとにトップダウンで認められていたのですが、法然の浄土宗は下から興隆してきたものですので、非難されたのです。あるいは「阿弥陀仏中心になってしまって釈尊を軽んじている」と指摘されています。

「興福寺奏状」は、解脱房貞慶《げだつぼうじょうけい》（※一一五五〜一二一三年、平安末期から鎌倉初期の法相宗の僧。主著に『愚迷発心集』）が下書きを作ったと言われています。貞慶は、明恵と同じように、お釈迦様への思いが強い僧侶でした。明恵と同じく、戒律復興運動（※中国の宋の影響を受け、南都で起きた）をしていたのです。

また、奏状の中には「神仏を軽んじている」との非難もあります。貞慶は日本の神を大切にする人でしたので、法然たちの活動が納得できなかったのだと思われます。

このとき、流罪記録にも名前が出ている行空と遵西《じゅんさい》（安楽房）に出頭命令が出たのですが、法然は行空を破門にすることによって事態の収拾を図ります。ひとまずそれで落ち着きかけたのですが、一二〇七年（建永二年）、安楽房と住蓮房が起こしたスキャンダルによって、最終的には、この「流罪記録」通りの処罰が行われることになります。

安楽房と住蓮房はとても声明《しょうみょう》が美しく、お説教も上手だったんですね。この二人が宮廷の女官たちに影響を与え、それが問題になったようです。『愚管抄』（※一二二〇年成立、鎌倉時代初期の史論書。慈円著）に、伊賀の局と坊門の局という女官の二人が、安楽房と住蓮房の法会に参加し、院の許可も得ずに出家したという出来事が書かれています。これに後鳥羽院が激怒したのをきっかけに、法然や親鸞は流罪、安楽房と住蓮房は打首に処される結果になったと言われています。

■単なる謙遜ではない「愚禿親鸞」

『教行信証』の「化身土巻」にも承元の法難についての記述があります。

「主上臣下、法に背き義に違《い》し、忿《いか》りを成し怨みを結ぶ。」

後鳥羽上皇以下、道理に反するようなことをして、怒りと怨みの心をいだいた、と書いています。このことに言及した後、次のように述べています。

「しかればすでに僧にあらず俗にあらず。このゆゑに禿《とく》の字をもつて姓《しょう》とす。」

「流罪記録」にも**「禿《とく》の字をもつて姓《しょう》となして、」**とありますね。

親鸞は、罪人としてつけられた藤井善信という名前は使わずに、「禿」の名字を使ったのです。親鸞は流罪以降、「愚禿」と署名をしています。

どうして「禿」なのかについては、二つの説があります。ひとつは天台宗の最澄（※七六六〜八二二年、平安初期の僧、天台宗の開祖）が言う「禿人《とくにん》」のこと。姿は剃髪しているけれど、世俗に埋没している名ばかりの僧侶のことです。

もうひとつは、「かむろ（禿）」のことを指す説。「かむろ」というのは、髻を結わない頭のことなので、剃髪せずに伸ばしているその姿を禿と称したとするものです。俗人でちゃんと髻も結わないのは、罪人の姿なのだと指摘する人もいます。片方は剃髪している姿で、片方は髪の毛を伸ばしている姿ですから、二つの説はまるで反対の内容ですね。

いずれにせよ、この「禿」「愚禿」の名乗りというのは、単なる謙遜ではありません。自分のことを愚かだと表明するのは、他の僧侶の著述でもしばしば見られます。しかし、親鸞はそういう例に倣ったわけではなく、徹底した自己内省と人間観に基づいて愚禿を名乗ったのです。

■「非僧非俗」という生き方

さて、「非僧非俗」について少し考えてみましょう。

公的な僧籍を剥奪されたので非僧です。でも、これは、刑期が終わったらまた復帰できるのです。ところが親鸞は、生涯戻しませんでした。「非僧」のまま生きることを選んだのです。ですから、公的に認められている、戒律を守る僧侶ではないのです。また、「非僧」とは、僧侶・俗人の分け隔てなく、誰もが歩む道という意味も内含しているのではないでしょうか。「非僧」だからといって、世俗の価値に生きるわけではありません。親鸞は仏道を歩み続ける人なのです。ひたすら仏道を歩み続けるという意味では、「非俗」です。「念仏のみぞまこと」ですから、世俗とは違う価値で生きています。それが「非僧にして非俗」です。

国家体制の中の仏教からはみ出す人は、もともといました。代表的存在に「聖《ひじり》」がいます。念仏を勧めて諸国をまわる「念仏聖」、『法華経』を世に広める「持経聖《じきょうひじり》」、あるいは所属していた場所によって、「高野聖」や「善光寺聖」などと呼ばれる人もいました。また、所属していたお寺を離れてしまう「聖」のことを、「別所聖」と言います。

有名な永観《えいかん》や良忍《りょうにん》や叡空《えいくう》は、「別所聖」です。法然も「別所聖」で、比叡山のメインラインから外れ、ついには山を降りた人でした。

行動形式で分けると、「勧進聖」があります。寄付を集める人ですね。あるいは「遊行聖」があります。出家者は家を出てお寺で暮らしますが、そこさえ出てしまい遊行するのです。聖の多くは僧形《そうぎょう》で、妻子もいたりします。ある種の破戒僧です。芸能民も僧形で芸能をしていたので、私はこれらを「半僧半俗文化」と呼んでいます。日本仏教は、半僧半俗文化がすごく豊かで面白いと思います。

「半僧半俗」にはいろんなバリエーションや実例があります。しかし、「非僧非俗」は、親鸞ならではの立ち位置だと思います。どちらも否定し、どちらにも着地しません。刃の上を歩くような、大変緊張感のある、親鸞独自の道だったのだろうと思います。

■奥書を読む

それでは、蓮如の添書きにいきましょう。

［奥書］

右この聖教《しょうぎょう》は、当流大事《とうりゅうだいじ》の聖教となすなり。無宿善《むしゅくぜん》の機《き》においては、左右《さう》なく、これを許すべからざるものなり。

釈蓮如（花押）

（現代語訳：この『歎異抄』は、わが浄土真宗にとって大切な聖教である。仏の教えを聞く機縁が熟していないものには、安易にこの書を見せてはならない。

釈　蓮如）

■蓮如の警告

『歎異抄』は、私たち真宗者にとって大切な書物なのだ、仏の教えを聞く機縁が熟していないものには、安易に見せてはならない、と書いています。

蓮如はどうしてこれを書いたのでしょう。やはり、『歎異抄』自体が特定の人向けの書物だったからだと思われます。また、少し意地悪な見方をすれば、『歎異抄』と自分の解釈とに異なる部分があるので、積極的に見せなかったのかもしれません。

ここに「無宿善」という言葉が出てきます。宿善がないのが「無宿善」です。これは親鸞にない言葉です。親鸞は、「宿業」や「宿縁」は使いましたが、「宿善」や「無宿善」の用例はありません。蓮如は蓮如で独自の思想体系があります。当然、『歎異抄』に添わないところもあったでしょう。

この添書を普通にそのまま読めば、誤読の恐れがあるため、みだりに見せてはいけないとの警告なんでしょうね。悪人こそが救われる、念仏を喜べない、本願ぼこりは必ずしも悪くない、等々。あぶない言説が並んでいる書です。だから蓮如は『歎異抄』に警告を付言した。

そして、そのあぶなさは、親鸞が自己の虚妄性、世間の虚妄性と厳しく対峙したところに起因します。

そこが抜け落ちてしまうと、『歎異抄』を受け取り損なう。蓮如の警告から、あらためてこの書の特異性が知らされます。

あとがき

「はじめに」でも述べましたが、本書は月に一度開催していた講座を書籍化したものです。語りを文章にすると、どうしても重複する部分が出てきます。私自身の語調や口癖などもかなり反映されています。それも含めて、お話を聞いている雰囲気でお読みいただければと思います。

講座では、本願寺出版社の『歎異抄（文庫判）』を使って、みんなで読み進めていきました。そのため、同書の現代語訳を本書にもそのまま載せています。転載を快諾してくださった本願寺出版社に感謝致します。窓口になってくれた本願寺出版社の中山尚文さん、お世話になりました。

結果的に新書としては分厚い本となりました。文藝春秋の石橋俊澄さんにはご苦労をかけました。すみません。石橋さんの人柄のおかげで、私も肩に力を入れずに書籍化を実現することができました。この場を借りて、あらためて御礼申し上げます。また、原稿にまとめてくれたライターの多谷ピノさん、ありがとうございました。

なにより最後まで読んでくださったみなさんに、心よりの感謝を申し上げます。

釈　徹宗

釈　徹宗（しゃく てっしゅう）

如来寺住職、相愛大学副学長／人文学部教授。1961年大阪府生まれ。大阪府立大学大学院博士課程修了。専門は宗教思想で、NPO法人リライフ代表も務める。『落語に花咲く仏教　宗教と芸能は共振する』（朝日選書）で第5回河合隼雄学芸賞を受賞。『図解でやさしくわかる　親鸞の教えと歎異抄』（ナツメ社）、『法然親鸞一遍』（新潮新書）、『いきなりはじめる仏教生活』（新潮文庫）、『とんぼの本　仏教入門　親鸞の「迷い」』（梅原猛との共著、新潮社）、『日本霊性論』（内田樹との共著、NHK出版新書）など著書多数。

文春新書

1283

歎異抄《たんにしょう》 救《すく》いのことば

2020年10月20日　第1刷発行
2023年 3 月10日　第2刷発行

著　者　　釈　徹宗
発行者　　大松芳男
発行所　株式会社　文藝春秋

〒102-8008　東京都千代田区紀尾井町3-23
電話（03）3265-1211（代表）

印刷所　理想社
付物印刷　大日本印刷
製本所　大口製本

定価はカバーに表示してあります。
万一、落丁・乱丁の場合は小社製作部宛お送り下さい。
送料小社負担でお取替え致します。

ISBN978-4-16-661283-3